मार्कण्डेय : व्यक्तित्व एवं कृतित्व

मार्कण्डेय : व्यक्तित्व एवं कृतित्व

हिमांगी त्रिपाठी

लोकभारती प्रकाशन

लोकभारती प्रकाशन
पहली मंजिल, दरबारी बिल्डिंग, महात्मा गांधी मार्ग
प्रयागराज-211 001
वेबसाइट: www.lokbhartiprakashan.com
ईमेल : info@lokbhartiprakashan.com

शाखाएँ : 1-बी, नेताजी सुभाष मार्ग, दरियागंज
नई दिल्ली-110 002
अशोक राजपथ, साइंस कॉलेज के सामने
पटना-800 006
36 ए, शेक्सपियर सरणी, कोलकाता-700 017

पहला संस्करण : 2023

ग्राफिक ऑफसेट
प्रयागराज द्वारा मुद्रित

Markandey Vyktitva Aur Krititva
by Himangi Tripathi

ISBN : 978-93-93603-86-9

मूल्य: ₹ 695

शेखर जोशी की स्मृति को

सादर

अनुक्रम

भूमिका

मार्कण्डेय आजादी के बाद हिन्दी कहानी में चर्चित नाम हैं। वे हिन्दी-उर्दू पट्‌टी में पूर्वांचल और अवध की सांस्कृतिक विशिष्टता के अप्रतिम रचनाकार हैं। उनकी कहानियों में लोकजीवन अपनी पूरी जीवन्तता में धड़कता है। प्रेमचन्द के बाद हिन्दी कहानी को फिर से गाँव की तरफ मोड़ने का श्रेय मार्कण्डेय को दिया जाता है। फणीश्वर नाथ रेणु, शिव प्रसाद सिंह, भीष्म साहनी, अमरकान्त, निर्मल वर्मा, कमलेश्वर, राजेन्द्र यादव जैसे कहानीकार उनके समकालीन रहे।

मार्कण्डेय इलाहाबाद विश्वविद्यालय में प्रवेश लेने के बाद से इलाहाबाद के ही होकर रह गए। एम.ए हिन्दी के विद्यार्थी रहते हुए ही वे अपनी कहानियों से इतने चर्चित हो गए थे, कि धर्मवीर भारती, रामकुमार वर्मा, विजयदेव नारायण साही जैसे वरिष्ठ लेखकों और अध्यापकों के प्रिय हो गए। इसके अलावा हिन्दी के दो बड़े कवियों सुमित्रानन्दन पन्त और महादेवी वर्मा का सानिध्य और स्नेह इनको मिला। पन्त जी कालाकांकर, प्रतापगढ़ में रहते थे और महादेवी जी इलाहाबाद में। इन सबका असर ऐसा रहा कि मार्कण्डेय ने अपना पूरा जीवन लेखन को समर्पित कर दिया और इलाहाबाद छोड़कर कहीं नहीं गए। इतना ही नहीं उन्होंने कभी कोई नौकरी भी नहीं की।

मार्कण्डेय अपने समय के वरिष्ठ साहित्यकारों के प्रिय होने के साथ-साथ राजनीतिज्ञों के भी प्रिय थे। मार्कण्डेय का पहला कहानी संग्रह 'पानफूल' 1954 ई. में प्रकाशित हुआ। इसकी चर्चा राम मनोहर लोहिया तक पहुँची। उन्होंने अपनी संस्तुति लगाकर संग्रह को लेखकीय अनुदान के लिए रूसी दूतावास में भेजा। उस समय रूस में हिन्दी भाषा को सीखने की एक नीति वहाँ की सरकार ने लिया था, जिसके अन्तर्गत वह हिन्दी लेखकों को अनुदान देती थी। दूसरी तरफ मुनीश्वर दत्त उपाध्याय, जो अवध के प्रभावशाली कांग्रेस नेता और सांसद थे, वे मार्कण्डेय को राजनीति में लाना चाहते थे। वे जब भी मार्कण्डेय को पत्र लिखते या मिलते तो यही कहते, कि तुम साहित्य के लिए नहीं, राजनीति के लिए बने हो! वे हमेशा मार्कण्डेय को दिल्ली लाने के लिए दबाव बनाते रहे लेकिन मार्कण्डेय इलाहाबाद छोड़कर जाने को तैयार नहीं थे। हरिवंश राय

बच्चन जब इलाहाबाद छोड़ कर दिल्ली गए, तो वे भी लगातार पत्र लिखकर मार्कण्डेय को दिल्ली बुलाते रहे और दूतावास में नौकरी करने के लिए कहते रहे पर मार्कण्डेय जी का इलाहाबाद से ऐसा लगाव था, कि वे उसे कभी छोड़ नहीं पाए। छः महीने के लिए रेडियो की नौकरी किए लेकिन जैसे ही लखनऊ ट्रांसफर हुआ, उसे भी छोड़ दिए। यह एक अजीब संयोग है कि अपने दो सहपाठियों, कमलेश्वर और दुष्यन्त कुमार को दिल्ली में स्थापित करवाने में मार्कण्डेय पूरी तरह से सक्रिय रहे (जिसका पता इनके आपसी पत्राचार से चलता है) और खुद दिल्ली से दूर रहे।

इनकी कहानियाँ आज के गाँव की पृष्ठभूमि पर हैं। इसमें सामाजिक समस्याओं और ग्रामीण यथार्थ का वर्णन मोहक भाषा में प्रस्तुत हुआ है। इनकी भाषा में उत्तर प्रदेश के गाँवों की बोलियों की अधिकता होती है, जिससे कहानी में यथार्थ पृष्ठभूमि का निरुपण होता है। प्रेमचन्द ने जहाँ कहानी को छोड़ा था, मार्कण्डेय ने गाँवों की कहानी को वहीं से आगे बढ़ाया और आजादी के बाद के हिन्दी इलाकों के ग्रामीण जीवन का सबसे संजीदा और विश्वसनीय शब्दचित्र प्रस्तुत किया।

मार्कण्डेय का पहला कहानी संग्रह 'पान-फूल' 1954 ई. में नवहिन्द प्रकाशन हैदराबाद से छपा। मार्कण्डेय ने कहानी-लेखन 1948 ई. में शुरू किया। मार्कण्डेय तब प्रतापगढ़ में रहते थे और वहाँ चल रहे किसान आन्दोलन से गहरे प्रभावित थे।

प्रतापगढ़ के इस किसान आन्दोलन में कांग्रेस के समाजवादी नेता आचार्य नरेन्द्र देव की भूमिका महत्त्वपूर्ण थी। आचार्य नरेन्द्र देव मार्क्सवाद की कक्षाएं चलवाया करते थे। मार्कण्डेय इन कक्षाओं में शामिल होते थे।

प्रारम्भिक कहानियों में 'रक्तदान', हैदराबाद निजाम के खिलाफ लड़ रहे किसानों के त्याग और बलिदान पर केन्द्रित कहानी थी, 'गरीबों की बस्ती', जो मार्कण्डेय की पहली लिखी हुई कहानी है, भारत-पाक विभाजन के बाद बंगाल के साम्प्रदायिक दंगों पर केन्द्रित है।

'गुलरा के बाबा' मार्कण्डेय की किसी पत्रिका में छपी पहली कहानी है। यह हैदराबाद से निकलनेवाली पत्रिका 'कल्पना' में 1951 ई. में छपी। इस कहानी में मानवीय सम्बन्ध के महत्त्व को दिखाया गया है।

'पान-फूल' मार्कण्डेय की एक अन्य सर्वाधिक चर्चित कहानी है। यह कहानी लोक-कथाओं के ढंग की है। स्त्रियों को केन्द्र में रखकर मार्कण्डेय ने कई कहानियाँ लिखी हैं। कहानी के लिए नारी पात्र चाहिए, प्रिया सैनी, मिस

शान्ता और माही को प्रतिनिधि कहानी के रूप में रखा जा सकता है। कहानी के लिए नारी पात्र चाहिए की जमुना बारी के आठ पति जैसे नए बनते राष्ट्र और लोकतन्त्र में स्त्री के सामाजिक अस्तित्व के आठ द्वार हैं जिनसे पार पाकर ही स्त्री बतौर मनुष्य खुद को स्थापित कर सकती है।

संध्या, रमोला, लक्ष्मी, रशीदा से होते हुए कहानी जमुना बारी तक पहुँचती है। संध्या, रमोला, लक्ष्मी, रशीदा अपनी सामाजिक आर्थिक स्थिति में जमुना बारी से ऊपर के स्तर पर रहती हैं, लेकिन अभी उन्हें मनुष्य का दर्जा नहीं प्राप्त है।

ये सभी स्त्रियाँ लड़ती हैं और खुद को निर्णायक बनाती हैं। माही, मिस शान्ता, सूर्या और प्रिया सैनी भी खुद को निर्णायक बनाती स्त्रियाँ हैं, जिन्हें मार्कण्डेय ने अपनी कहानियों का मुख्य पात्र बनाया है। उन्हें एक आइडेंटिटी के बतौर वे पेश करते हैं और कहानी का नाम सीधे इन्हीं पात्रों के नाम पर रखते हैं। वर्णवादी समाज में स्त्री की पहचान बिना पुरुष के नहीं होती। अर्थात माँ, पत्नी, प्रेमिका, बहन आदि से अलग उसे नहीं जाना जाता है।

मार्कण्डेय जब प्रिया सैनी, मिस शान्ता, माही, सूर्या जैसे नाम से कहानी लिखते हैं तो यह पितृसत्तावादी समाज की स्त्री को लेकर रची गई व्यवस्था का संरचना भंग है, उससे अलग एक नई बात है।

इन कहानियों के भीतर से गुजरने पर वह और स्पष्ट होता है। प्रिया सैनी, माही, सूर्या, मिस शान्ता स्त्री को लेकर स्थापित सारी पितृसत्तात्मक नैतिकता के आधार को अस्वीकार कर देती है। वे अपने जीवन को लेकर खुदमुख्तारी तय करती हैं।

पुरुष को अपने जीवन में निर्णायक नहीं होने देती हैं। नए आजाद हुए राष्ट्र में स्त्री के तरफ से आ रही यह नई आकांक्षा थी, जिसे मार्कण्डेय अपनी कहानियों में व्यक्त करते हैं।

मार्कण्डेय नई कहानी के सिद्धान्तकार भी थे। नई कहानी को लेकर उस दौर की बहसों में उन्होंने अग्रणी भूमिका निभायी। श्रीपत राय ने नई कहानी पत्रिका में जब 'आज की कहानी' नाम से स्तम्भ शुरू किया तो उसमें पहला लेख मार्कण्डेय का छपा। इसके बाद शिव प्रसाद सिंह, नामवर सिंह व लक्ष्मीकान्त वर्मा का लेख इस स्तम्भ के अन्तर्गत छपा। इसमें कुछ छह लेख ही छपे, लेकिन नई कहानी को 1954 से 1956 ईस्वी के बीच आन्दोलन का रूप इन्हीं लेखों ने दिया और उसकी वैचारिकी को सामने रखा। मार्कण्डेय की भूमिका इसमें महत्त्वपूर्ण है।

मार्कण्डेय ने 1956 ईस्वी में नया साहित्य प्रकाशन भी शुरू किया। 1969 ईस्वी में मार्कण्डेय ने 'कथा' पत्रिका निकालनी शुरू की। कथा पत्रिका ने साहित्य, संस्कृति और विचार के क्षेत्र में निर्णायक असर डाला। इलाहाबाद को हिन्दी साहित्य की धुरी बनाए रखने में कथा पत्रिका की महती भूमिका रही।

मार्कण्डेय साहित्यिक नेता और संगठक भी रहे। उनके इर्द-गिर्द अनेक रचनाकारों उभरे और हिन्दी साहित्य में अग्रणी बने। उन्होंने इस क्षेत्र में भैरव प्रसाद गुप्त की परम्परा को विस्तार दिया।

मार्कण्डेय का व्यक्तित्व बहुआयामी था और इतना बड़ा था कि उनका कृतित्व उसमें छिप जाता रहा। उनके रचनात्मक अवदान पर हिन्दी आलोचना में प्राय: चुप्पी रही। मार्कण्डेय का समस्त साहित्य लोकभारती प्रकाशन से प्रकाशित है। इसलिए लोकभारती प्रकाशन से 'मार्कण्डेय का व्यक्तित्व और कृतित्व' पुस्तक का प्रकाशन महत्त्वपूर्ण है और एक मायने रखता है। इस पुस्तक की लेखिका हिमांगी त्रिपाठी ने अपने श्रम और मेधा से इस पुस्तक में मार्कण्डेय के रचनात्मक व्यक्तित्व के सभी पहलुओं को विवेचित करने की कोशिश की है। यह पुस्तक छात्रों के लिए उपयोगी साबित होगी।

—दुर्गा सिंह

मार्कण्डेय : व्यक्तित्व एवं कृतित्व

हिन्दी साहित्य में अनेक विधा होने के बावजूद भी कहानी एक ऐसी विधा है जो सबका ध्यान अपनी ओर आकृष्ट करती है। चाहे आजादी के पूर्व का समय हो या पश्चात् का किन्तु अनेक कथाकारों ने कहानियों के माध्यम से स्वयं द्वारा देखे, सुने व भोगे हुए यथार्थ को शब्दबद्ध किया है। स्वतन्त्रता से पूर्व यदि हम प्रेमचन्द के उपन्यास एवं कहानी साहित्य का अवलोकन करें तो हम पाएंगे कि प्रेमचन्द ने अपनी अधिकांश रचनाओं को ग्रामीण परिवेश के यथार्थ से जोड़ा है। समाज की परिस्थितियों को हूबहू अपनी रचनाओं में यथार्थवादी रूप में दर्शाना प्रेमचन्द की खासियत थी। प्रेमचन्द के बाद कई लेखकों ने इसी राह को अपनाया। प्रेमचन्द की परम्परा को अग्रसर करने में मार्कण्डेय, रेणु और शिवप्रसाद सिंह प्रमुख थे। आजादी के पूर्व व पश्चात् की परिस्थितियों का यथार्थांकन इन कहानीकारों ने अपनी कहानियों में किया। कथाकार के रूप में अपनी अमिट पहचान बनानेवाले मार्कण्डेय ने भी आम जन के जीवन की अनेकानेक ऐसी घटनाओं को चित्रित किया है जिसे पढ़कर हम उसी यथार्थ को महसूस करने लगते हैं। एक अच्छे कथाकार की यही पहचान होती है कि वह अपनी रचनाओं के माध्यम से पाठक को इतना डुबा दे कि उससे बाहर निकलने का मन ही न करे। कथाकार के अतिरिक्त कवि, उपन्यासकार, नाटककार और सम्पादक के रूप में भी मार्कण्डेय जाने जाते हैं परन्तु पाठकों के बीच उन्हें सर्वाधिक ख्याति कथाकार के रूप में ही मिली।

बहुमुखी प्रतिभा के धनी मार्कण्डेय का जन्म 2 मई, 1930 ई. को जौनपुर जिले के एक छोटे से गाँव बराई में हुआ था। किसान परिवार में जन्मे मार्कण्डेय अपने परिवार के सबसे बड़े पौत्र थे और इसी कारण इन्हें लाड़-प्यार मिलना स्वाभाविक था। मार्कण्डेय के बाबा श्री महादेव सिंह संस्कृत के अच्छे विद्वान थे और धार्मिक अन्धविश्वासों व रूढ़ियों के प्रबल विरोधी थे। मार्कण्डेय को अपने बाबा से बहुत लगाव था क्योंकि उनकी हर छोटी-से-छोटी इच्छा को भी बाबा पूरी किया करते थे। अचानक दिल का दौरा पड़ने से बाबा की मृत्यु हो गई और मार्कण्डेय पूरी तरह टूट गए किन्तु बाबा के दिए हुए संस्कार मार्कण्डेय के भीतर

हमेशा विद्यमान रहे। मार्कण्डेय की माता मोहरा देवी अत्यन्त ही धर्मभीरु और सरल हृदया थीं । गरीबों के प्रति उनके हृदय में अपार ममता थी। जब वह नववधू बनकर आई थीं तब घर की चौखट को लाँघना मना था किन्तु अपने कोमल हृदय के कारण घर के पिछवाड़े रहनेवाली अत्यन्त गरीब, निस्सहाय वृद्धा दुखना को रात के अन्धकार में चुपके से खाना पहुँचा आती। बालकृष्ण पांडेय इस द्रष्टव्य को व्यक्त करते हुए कहते हैं-''जब वह दुल्हन बनकर आई थी और घर की चौखट नहीं लाँघ सकती थी, अपनी बखरी के पिछवाड़े एक झोपड़ी में रहनेवाली असहाय दुखना को, रात चुपके से खुद खाना पहुँचा आती थी। बाद में उसी दुखना को आधार बनाकर मार्कण्डेय ने प्रसिद्ध कहानी 'महुए का पेड़' लिखी।'' अशिक्षित होने के बावजूद अपने बेटे को सदैव ज्ञान की बातें ही सिखाती रहीं और हमेशा उन्हें आगे बढ़ने के लिए प्रेरित करती रहीं। मार्कण्डेय के पिता ताल्लुकदार सिंह प्रतापगढ़ में अपने सम्बन्धी की रियासत की देख-रेख किया करते थे। बाबा की मृत्यु के पश्चात् आगे की पढ़ाई के लिए वह अपने पिता के पास प्रतापगढ़ आ गए और वहीं के 'प्रताप बहादुर कॉलेज' में प्रवेश लिया। कॉलेज में प्रवेश के बाद जब वह कॉलेज गए तो उस दिन कॉलेज से लगी सड़क पर किसानों की सभा में भाषण देने के लिए पंडित जवाहरलाल नेहरू कुंडा जा रहे थे। उस समय प्रतापगढ़ की रियासत अंग्रेजों की भक्त थी और इसी कारण कॉलेज में इतनी सख्ती थी कि कोई 'गाँधी जी' की जयकार भी नहीं कर सकता था किन्तु उस दिन कुछ बच्चों का काफिला कक्षा से निकलता हुआ 'जवाहरलाल नेहरू' की जय बोलने लगा। किसी के हाथ में झंडा न देखने के कारण मार्कण्डेय दौड़कर हॉस्टल गए और अपने बाबा का दिया हुआ झंडा ले आए। इंटर की पढ़ाई पूरी करने के बाद विद्यादेवी नाम की कन्या से मार्कण्डेय का विवाह हुआ। इस विवाह के विषय में बालकृष्ण कहते हैं-''गाँव में छोटे-छोटे लड़के-लड़कियों की शादी करने का रिवाज था। सन् 1948-49 में परिवारवालों ने बहुत सम्भालकर और अपनी तरफ से काफी समझ बूझकर विद्या जी से उनकी शादी कर दी थी। पत्नी एक सच्ची भारतीय गृहिणी थीं।'' विद्या जी अपने सास-स्वसुर की सेवा करना अपना धर्म समझती थीं। मार्कण्डेय जी के अन्तिम क्षणों तक वह सदैव उनकी परछाईं बनकर उनका साथ देती रहीं। भले ही मार्कण्डेय के पास आर्थिक साधनों की कमी थी किन्तु अपने बच्चों की उच्च शिक्षा में उन्होंने कोई कमी नहीं रखी। उनकी दोनों बेटी डॉ. स्वस्ति सिंह (स्त्री रोग विशेषज्ञ) और सस्या सिंह (असिस्टेंट प्रोफेसर) और एक बेटा सौमित्र सिंह (एडवोकेट), हैं। इस तरह मार्कण्डेय ने अपने तीनों बच्चों को एक बेहतर जीवन दिया ।

इंटर पास करने के बाद उच्च शिक्षा प्राप्त करने के लिए मार्कण्डेय को इलाहाबाद आना पड़ा और यहीं पर रहकर उन्होंने आगे की पढ़ाई पूर्ण की। उन्हीं के शब्दों में-''प्रतापगढ़ के बाद उच्च शिक्षा के लिए इलाहाबाद विश्वविद्यालय आ गया और यहाँ सर गंगानाथ छात्रावास में रहने लगा। यहीं से मैंने हिन्दी से एम. ए. किया और 'सन्त कबीर में लोकतत्व' शीर्षक शोध निबन्ध के लिए डॉ. रामकुमार वर्मा के निर्देशन में काम करने लगा लेकिन इसी कालखंड में मैं साहित्य से जुड़ गया। ''यहीं पर रहकर उनकी भेंट ओ. पी. भटनागर और पी. सी. जोशी जैसे विचारकों से हुई और यहीं से उनकी सोच में और गहराई आने लगी तथा उन्होंने जीवन यात्रा में एक नई शुरुआत की-वह था उनका लेखन। धीरे-धीरे मार्कण्डेय साहित्य जगत की ओर बढ़ने लगे और उनकी पहली कविता 'पथ के रोड़े' नाम से प्रकाशित हुई ।

मार्कण्डेय को पान-तम्बाकू खाने का शौक था और इसी शौक के चलते 2007-08 में गले की परेशानी से जूझने लगे और जाँच कराने पर पता चला कि उन्हें गले में कैन्सर है। 18 मार्च, 2010 को दिल्ली के रोहिणी स्थित राजीव गाँधी कैन्सर इन्स्टीट्यूट में उनका बैकुंठ वास हो गया। अपनी साहित्य साधना का अमरत्व चतुर्दिक फैलाता एक कर्मयोगी महाप्रस्थान पर चला गया। पीछे रह गईं साहित्य संवेदनाओं की स्मृतियाँ, साहित्य सृजन की धरोहरें, वैचारिक विरासत जो आनेवाली पीढ़ियों को युगों-युगों तक ऊर्जा प्रदान करती रहेंगी।

इलाहाबाद में रहते हुए मार्कण्डेय ने साहित्य जगत में बहुत काम किया और वह दौर भी नई कहानी आन्दोलन की शुरुआत का था। मधुरेश के शब्दों में-''शिक्षा और साहित्य के मामले में तब इलाहाबाद एक अच्छी और बड़ी शाखावाला शहर था। जब वे इलाहाबाद आए नई कहानी आन्दोलन शुरू हो चुका था।'' इलाहाबाद में मार्कण्डेय का अधिकांश जीवन श्री कृष्णदास जी के यहाँ बीता और यहीं सुमित्रानन्दन पन्त, महादेवी वर्मा, मोहन राकेश, भगवतशरण उपाध्याय, उपेनद्रनाथ अश्क, अमरकान्त, शेखर जोशी, कमलेश्वर और दुष्यन्त कुमार जैसे अनेक लेखकों व साहित्यकारों से उनकी मुलाकात हुई। जीवन में अनेक उतार-चढ़ाव आने के बाद भी मार्कण्डेय ने अपना लेखन जारी रखा जिसके चलते उन्हें एक ऐसे कहानीकार के रूप में जाना जाने लगा जो ग्रामीण परिवेश को लेकर कहानियाँ लिखता था। नई कहानी के स्तम्भ मार्कण्डेय ने अपने ज्ञान को केवल किताबों तक ही सीमित न रखते हुए उसे देश और समाज की दयनीय परिस्थितियों का मनन करने में भी केन्द्रित किया क्योंकि किसानों, मजदूरों के प्रति हुए अत्याचार को देखकर उनके हृदय में उन शोषितों के लिए गहरी सहानुभूति थी। स्वयं उन्हीं के

शब्दों में-''यहाँ मेरे जीवन की सारी मान्यताओं को धक्का लगा और मुझे दो वर्ग के अन्तर्विरोधों का साक्षात दर्शन, गरीब लोगों पर बेइन्तिहा अत्याचार और अन्याय की लोमहर्षक घटनाएँ रात भर मुझे सोने नहीं देती थी। मनुष्य-मनुष्य के बीच अन्तर को ऐसी निर्मम स्थिति से अवगत होकर मेरी जीवन सम्बन्धी सारी पूर्व मान्यताएँ खंड-खंड हो गईं। 'सन् 1948 ई. में हुए साम्प्रदायिक दंगों को लेकर ही मार्कण्डेय ने अपनी पहली कहानी 'गरीबों की बस्ती' लिख तत्पश्चात 1948 ई. में ही तेलंगाना के किसान संघर्ष पर 'रक्तदान' लिखीं जो कि उनके संग्रह 'हलयोग' में रेखांकित हुई। उसके अलावा 'शहीद की माँ', 'आम का बगीचा', 'खोया हुआ स्वर्ग' नामक कहानियाँ 'आज' और 'भारत' नामक दैनिक अखबारों में प्रकाशित हुईं ।

इलाहाबाद मे शरद जयंती के आयोजन के उपरान्त अनेक युवा लेखक उभरकर सामने आए जिसमें अनेकानेक कहानियों का पाठ हुआ। मार्कण्डेय ने भी इस कार्यक्रम में अपनी कहानी 'गुलरा के बाबा' का पाठ किया और प्रशंसा अर्जित की। मार्कण्डेय 'गुलरा के बाबा' को ही अपनी पहली कहानी स्वीकार करते हैं क्योंकि साहित्यिक पत्रिका में छपनेवाली यह उनकी पहली कहानी थी। पचास के दशक में साहित्यिक पत्र-पत्रिकाएँ सर्वाधिक महत्त्वपूर्ण मानी जाती थीं, किन्तु दक्षिण भारत के अहिन्दी प्रान्त से प्रकाशित होने वाली हैदराबाद की मासिक पत्रिका 'कल्पना' में मार्कण्डेय की अनेक कहानियाँ प्रकाशित हुईं। शेखर जोशी कहते हैं-''प्रारम्भ में कल्पना के माध्यम से ही मार्कण्डेय की कहानियाँ साहित्य जगत में चर्चित हुईं और उनका पहला कहानी-संग्रह 'पानफूल' नवहिन्द पब्लिकेशन्स से ही 1954 में प्रकाशित हुआ।'' इस पत्रिका में मार्कण्डेय 1954 से 1959 ई. के बीच साहित्य समीक्षा का एक स्तम्भ साहित्यधारा 'चक्रधर' उपनाम से लिखते थे। 'कल्पना' पत्रिका में कार्य करने के बाद 'माया' पत्रिका में भी उन्होंने सम्पादन का कार्यभार सँभालते हुए दो विशेषांक निकाले। 'माया' पत्रिका का एक अन्य विशेषांक 'भारत-1965' इन्हीं के सम्पादन में निकाला गया जिसमें धर्म पर चर्चा करते हुए सुमित्रानन्दन पन्त, सम्पूर्णानन्द, अब्दुल रहमान आदि बड़े-बड़े साहित्यकारों ने अपना लेख प्रस्तुत किया और यह विशेषांक बहुत चर्चित भी हुआ।

बहुआयामी प्रतिभा के धनी मार्कण्डेय ने सन् 1969 ई. में त्रैमासिक पत्रिका 'कथा' का सम्पादन इलाहाबाद से प्रारम्भ किया जो वर्तमान में दिल्ली से प्रकाशित हो रही है। इस पत्रिका को निकालने के पीछे उनका मुख्य उद्देश्य था - जनवादी साहित्य को बढ़ावा देना, युवा लेखकों में नवीन विचारों का बीज बोना, सामाजिक-राजनैतिक आदि विषय चिन्तन को विस्तार देना। उनके सम्पादकत्व रूप को दर्शाते हुए अमरकान्त कहते हैं-''मार्कण्डेय बड़े अच्छे सम्पादक हैं, उन्हें और अच्छे

अवसर मिले होते और उन्होंने कुछ स्वीकार किए होते तो उनकी सम्पादन के क्षेत्र में काफी धाक जम गई होती।'' अमरकान्त जी का यह कथन स्पष्ट करता है कि मार्कण्डेय बहुत स्वाभिमानी थे और इसी स्वाभिमान के चलते उन्होंने अपने लेखकीय जीवन से कोई समझौता नहीं किया और पाठकों के समक्ष हमेशा एक कथाकार, उपन्यासकार और आलोचक के रूप में जाने गए।

मार्कण्डेय के आठ कहानी संग्रह प्रकाशित होने के साथ-साथ उनके दो उपन्यास, दो कविता-संग्रह, एकांकी और आलोचना की पुस्तक भी प्रकाशित हुई है। इनके आठ कहानी। संग्रह इस प्रकार है -'पानफूल' (1954), 'महुए का पेड़' (1955), 'हंसा जाई अकेला' (1957), 'भूदान' (1958), 'माही' (1962), 'सहज और शुभ' (1964), 'बीच के लोग' (1975), और 'हलयोग' (2012)। इनमें से सात कहानी-संग्रह मार्कण्डेय के समक्ष ही प्रस्तुत हो चुके थे जबकि 'हलयोग' संग्रह उनकी मृत्यूपरान्त प्रकाशित हुआ। इसके साथ ही 'सेमल के फूल' (1956) और 'अग्निबीज' (1981) नामक दो उपन्यास भी प्रकाशित हुए। भले ही मार्कण्डेय को एक काव्यकार के रूप में पहचान नहीं मिली किन्तु कविता लेखन के प्रति भी वह सजग थे। काव्यजगत में उनके दो कविता-संग्रह प्रकाशित हुए जिसमें पहला 'सपने तुम्हारे थे' नाम से 1956 ई. में जबकि दूसरा 'यह पृथ्वी तुम्हें देता हूँ' 2013 में प्रकाशित हुआ। इन दोनों काव्य-संग्रहों में प्रारम्भ से लेकर अन्त तक की उनकी सभी कविताएँ संकलित हैं। मार्कण्डेय का एकांकी-संग्रह 'पत्थर और परछाइयाँ' 1956 ई. में 'राजकमल प्रकाशन' द्वारा प्रकाशित हुआ जिसमें आठ एकांकी हैं जो इस प्रकार है -'पत्थर और परछाइयाँ', 'चिड़ियाखाना', 'अँधेरी झाँकी', 'मैं हारूँगा नहीं', 'डंकाबुआ' 'दो पैसे का नमक', 'रसोईघर' और 'रूपक'। जिस प्रकार से कहानी व उपन्यास में उन्होंने ग्रामीण वातावरण की समस्याओं को उठाते हुए दर्शाया है उसी प्रकार अपने एकांकी में भी आम जनजीवन का यथार्थांकन प्रस्तुत किया है। आलोचना पुस्तक 'कहानी की बात' जो कि 1984 ई. में 'लोकभारती प्रकाशन इलाहाबाद' से प्रकाशित हुई में हिन्दी के महानतम लेखकों पर समीक्षात्मक लेख लिखे गए हैं। स्वतन्त्रता के बाद कहानी के विकास की अपेक्षा आलोचना का उतना विकास नहीं हो पाया था। स्वयं कथाकार के शब्दों में-''स्वतन्त्रता प्राप्ति के बाद के वर्षों में कहानी चर्चा के केन्द्र में थी लेकिन कथा आलोचना की किसी परम्परा के अभाव में कुछ आलोचक नितान्त वैयक्तिक अथवा सैद्धान्तिक स्तरों पर, कहानियों की समीक्षाएँ किया करते थे। नई कहानी आन्दोलन की बहुआयामी प्रकृति का साथ देने के लिए कहानी के साथ आलोचना का जैसा विकास होना चाहिए था, वह नहीं हो

पाया था।'' मार्कण्डेय की इस आलोचना पुस्तक में 14 महत्त्वपूर्ण लेखकों को शामिल किया गया है, जो इस प्रकार है-'निर्मल वर्मा-अतीत और भविष्य से मुक्त निरे वर्तमान में', 'शेखर जोशी-विछोह या विरक्ति की कथा', 'अमरकान्त-समय नए सवालों के उठने का', 'राजेन्द्र यादव-सूचनाधर्मी परिवेश में वास्तविकताओं की बुझौवल', 'कृष्णा सोबती-अनोखी रीति इस देह तन की', 'रामकुमार वर्मा-हर एक की अपनी ही आवाज', 'मोहन राकेश-सामाजिक भाष्य के सामने प्रश्नचिह्न', 'भीष्म साहनी-बोधहीनता एक नई सच्चाई', 'भैरवप्रसाद गुप्त-आँख की पट्टी', 'उपेन्द्रनाथ अश्क-अश्क के नाम एक औरत का खत', 'यशपाल-कहानी वहाँ की' और 'पांडेय बेचन शर्मा 'उग्र'-अम्मा का नाम गुलाबो'। कहानी विधा की ओर सबका ध्यान अधिक गया है इस कारण मार्कण्डेय के इस आलोचनात्मक पुस्तक का शीर्षक 'कहानी' विधा से सम्बन्धित ही है।

मार्कण्डेय के साथ-साथ कथा-साहित्य के क्षेत्र में बहुत से ऐसे कहानीकार है जिनका जन्म लगभग आसपास हुआ और उनकी लेखनशैली भी सामान्यतः एक साथ शुरू हुई। स्वतन्त्रता के पूर्व जन्मे उन तमाम कहानीकारों ने आजादी के पहले व बाद की परिस्थितियों को देखा था। यही कारण था कि उनकी कहानियाँ सामान्य तौर पर आजादी के बाद की स्थिति को ही बारीकी के साथ प्रस्तुत करती थी क्योंकि आजादी के पहले हुए अत्याचारों को खत्म करने का समय अब आ चुका था परन्तु पूँजीपति वर्ग जब अपने अधिकारों का उपयोग कर निम्नवर्ग पर अब भी अपना रुतबा जमाए हुए है तब कहीं-न-कहीं हमें लगा कि हम आजादी से आज भी कोसों दूर हैं। कथाकार मार्कण्डेय ने कुछ ऐसी ही परिस्थितियों को अपनी अनेक कहानियों में सम्मिलित किया। मार्कण्डेय के साथ ही कम-से-कम दर्जनों युवा कहानीकारों ने हिन्दी कथा क्षेत्र में एक साथ कदम रखा और अपनी कहानियों को ऐसे विषय प्रदान किए जो आमजन की समस्या पर था। अमरकान्त, राजेन्द्र यादव, मन्नू भंडारी, उषा प्रियंवदा, कमलेश्वर, मोहन राकेश, भीष्म साहनी, निर्मल वर्मा, शिवप्रसाद सिंह, फणीश्वर नाथ रेणु आदि कहानीकार आते हैं। इनमें से कोई शहरी जीवन को लेकर कहानियाँ लिखता तो कोई ग्रामीण अंचल को लेकर, कोई स्त्री-पुरुष सम्बन्धों को उजागर करता तो कोई समाज के प्रत्येक पहलुओं को खोलता नजर आता।

नई कहानी आन्दोलन एवं मार्कण्डेय

नई कहानी आन्दोलन में कथाकार मार्कण्डेय की प्रमुख भूमिका रही। इस आन्दोलन को लेकर अनेक कथाकारों एवं विचारकों ने इसे अपने-अपने हिसाब से व्याख्यायित किया। कहानी को लेकर अकहानी, सचेतन कहानी आदि आन्दोलन चलाए गए जिसमें से नई कहानी आन्दोलन प्रमुख था। इस आन्दोलन के विषय में संक्षिप्त जानकारी इस प्रकार है-

(क) नई कहानी आन्दोलन एवं मुख्य प्रवृत्तियाँ

स्वातन्त्र्योत्तर दशक में जिस प्रकार से मनुष्यों के जीवन में परिवर्तन दिखाई पड़ता है उसी प्रकार से साहित्य की लेखन शैली में भी बदलाव दिखाई पड़ता है। आजादी के बाद के समय में हिन्दी साहित्य के क्षेत्र में अनेक प्रकार के परिवर्तन आए क्योंकि 1950-51 के बाद के समय में हिन्दी कथाकारों की युवा पीढ़ी ने हिन्दी कहानी को एक नवीन दिशा की ओर मोड़ा। नई कहानी में एक तरफ शहरी मध्यवर्ग से सम्बन्धित कहानियाँ थी तो दूसरी तरफ ग्रामीण परिवेश से सम्बन्धित कहानियाँ थीं। नई कहानी का दौर जैसे-जैसे आगे की ओर बढ़ा तो वह मध्यवर्ग तक सिमटकर रह गया किन्तु कुछ युवा कथाकारों ने इसे एक नई दिशा दी और उसी दिशा की ओर उन्होंने कहानी को मोड़ दिया। हिन्दी कथा-जगत में 'नई कहानी' के दौर में जिन लोगों ने हिन्दी कहानी को नवीन विषय एवं सोच प्रदान की उनमें कथाकार मार्कण्डेय प्रमुख थे। इनके अतिरिक्त शेखर जोशी, अमरकान्त, शिवप्रसाद सिंह, मोहन राकेश, राजेन्द्र यादव, कमलेश्वर आदि कहानीकारों ने नई कहानी की ओर अपना कदम बढ़ाया। नई कहानी के मुखिया भैरवप्रसाद गुप्त के शब्दों में-''वर्ष 1955 के आसपास हिन्दी ने अपने विकास का एक नया मार्ग अपनाया। निश्चित ही यह मार्ग प्रेमचन्द और प्रगतिशीलों का था। यहीं से नई कहानी का प्रारम्भ हुआ।'' मार्कण्डेय तथा समकालीन रचनाकारों ने नई कहानियों को इस प्रकार से निखारा जिनसे पाठक पूरी तरह से अनभिज्ञ था। ये लोग उस यथार्थ से पाठकों को रू-बरू कराते थे जो हमारे समाज की सच्चाई है। जहाँ एक

ओर इनकी कहानियों में निम्नवर्गीय आम आदमी की स्थिति को रेखांकित किया है वहीं दूसरी ओर स्त्री-पुरुष के सम्बन्धों को भी बड़ी बारीकी के साथ प्रस्तुत किया है। प्रसिद्ध कहानी लेखिका नमिता सिंह कहती हैं कि-''नई कहानी के दौर में ये लोग केवल रचनाकर्मी ही नहीं थे बल्कि नई कहानी की बदली हुई संवेदना, शिल्प और विषयों को अग्रसारित करते हुए उसे एक आन्दोलन का रूप भी दे रहे थे।'' मार्कण्डेय अपने रचना लोक में ग्रामीण जीवन से सम्बन्धित कहानियों को लेकर कथाकारों की पंक्ति में अग्रणी थे।

मार्कण्डेय छठवें दशक के महत्त्वपूर्ण कहानीकार हैं। हिन्दी कथा जगत के छठें दशक को नई कहानी की महत्त्वपूर्ण उपलब्धियों के नाम से जाना जाता है। किसी ने इसे 'पहचान' का नाम दिया। किसी ने 'प्रक्रिया' कहा। डॉ.सुरेश सिन्हा नई कहानी के सन्दर्भ में कहते हैं-''नई कहानी सामाजिक सीमाओं के अन्तर्गत अपने युग, यथार्थ, समय परिवेश और व्यक्ति को देखने, परखने एवं मूल्यांकन करने की प्रक्रिया है, जो यथार्थ को उचित सन्दर्भ में अभिव्यक्ति देने का प्रयास करती है।'' जहाँ सुरेश सिन्हा इसे प्रक्रिया से जोड़ते हैं वहीं डॉ. रामदरश मिश्र 'पहचान' से जोड़ते हुए कहते हैं-''इस 'पहचान' में अनुभूति तो है ही प्रखर बौद्धिक दृष्टि भी है।'' हिन्दी कहानी जगत में तथा स्वतन्त्रता के पश्चात यह ऐसा पहला आन्दोलन था, जिसमें अनेक कहानीकार लिख रहे थे। उन कहानीकारों में मार्कण्डेय भी थे। नई कहानी आन्दोलन ने युवा वर्ग के भटकावों को कहानी के माध्यम से प्रस्तुत करने का प्रयास किया, किन्तु इन युवाओं को खासकर आम जन और उनकी स्त्रियों पर जबरन अत्याचार ही भीतर से तोड़कर रख देता था। ऐसे ही युवा वर्ग पूँजीपति वर्ग के इशारों पर न चाहकर भी नाचते रहते थे। नई कहानी में ऐसे ही कथाकेन्द्र को प्रस्तुत किया गया है जो शहरी एवं कस्बे से हटकर गाँव और नगर के यथार्थ को उजागर करती है।

सन् 1950 के बाद का दौर हिन्दी कथा जगत के लिए एक ऐतिहासिक दौर था क्योंकि इसी समय नई युवा हस्तियों ने कथा संसार के क्षेत्र में पदार्पण किया।''इस कालखंड में नए कहानीकारों की एक पूरी पाँत सक्रिय होती दिखाई देती है और 'नई कहानी' का चर्चा-परिचर्चा इसी पूरी पाँत की सक्रियताओं की ही ऐतिहासिक देन है।'' इस नई पीढ़ी के युवाओं में मार्कण्डेय के साथ-साथ और भी अनेक कहानीकार शामिल हैं। यह समय आजादी के तुरन्त बाद का था, जिसमें अनेक प्रकार की आशाएँ, उम्मीदें, अशिक्षा, गरीबी, असमानता, जाति सम्प्रदायवाद, रूढ़ि एवं आडम्बर आदि अनेक विषयों के बारे में इन कहानीकारों ने गम्भीरता से विचार किया और अपनी कहानियों में सम्मिलित किया। नई कहानियों में अनेक प्रकार

की कहानियाँ सम्मिलित हैं जैसे-मार्कण्डेय का 'हंसा जाई अकेला', अमरकान्त की 'डिप्टी कलेक्टरी', शेखर जोशी की 'कोसी का घटवार' और 'बदबू', राजेन्द्र यादव की 'एक कमजोर लड़की की कहानी' आदि कई कहानियाँ नई कहानी की श्रेणी में आती हैं।

नई कहानी आन्दोलन के आधार-स्तम्भ मार्कण्डेय का संग्रह 'हलयोग' ने तो तहलका मचा दिया क्योंकि इसमें संकलित कहानियाँ नई कहानी के सन्दर्भ को लेकर ही लिखी गई थीं। भले ही मार्कण्डेय, शेखर जोशी और अमरकान्त की त्रयी उतनी अधिक चर्चा में नहीं थी जितनी मोहन राकेश, राजेन्द्र यादव और कमलेश्वर की थी किन्तु 'नई कहानी' का नामकरण मार्कण्डेय की कहानियों के आधार पर ही किया गया जिसका श्रेय नामवर सिंह को जाता है। स्वयं मार्कण्डेय कहते हैं कि "महीन से महीन बदलाव को पकड़ लेना चाहिए, यही नई कहानी की उपलब्धि है।" दरअसल मार्कण्डेय अपने पूरे जीवन को साहित्य के क्षेत्र से इस प्रकार जोड़ चुके थे जिसमें उनकी स्वयं की संवेदनाएँ थीं। कथाकार मार्कण्डेय ने जिस प्रकार से अपनी कहानियों को ग्रामीण परिवेश से जोड़कर एक नया रूप दिया वह उनकी कुशल कार्यक्षमता को दर्शाता है। कहानी में इस तरह का बदलाव लोगों को अपनी ओर आकृष्ट कर रहा था जिसके चलते लोग इस प्रकार की कहानियों की तरफ बढ़ रहे थे और बड़ी ही रोचकता के साथ कहानियों का अध्ययन करते थे क्योंकि "नई कहानी में ऐसा नयापन भी आया जिसमें पढ़ने का एक सुख था। पानी के बुलबुले जैसा एक सुख जरूर था और पाठकों के भीतर मौजूद रहस्य के अनेक स्तरों को और गहरा कर देने की खासियत भी।" दरअसल आजादी के पूर्व लोगों की स्थिति बहुत दयनीय थी उन पर जबरन अत्याचार करना, स्त्रियों का शोषण करना तथा उन्हें बेच देना, मासूम बच्चों से जबरन कार्य करवाना आदि कई ऐसे काम थे जिनसे आम जनता बहुत हतप्रभ थी, लेकिन जब हमारा देश अंग्रेजों की गुलामी से आजाद हुआ तो लोगों को आशा की किरण दिखाई दी परन्तु बहुत जल्द पूँजीपति, दबंग लोगों ने निम्नवर्ग के साथ पुनः वही अत्याचार किए जो अंग्रेज लोग करते आए थे। इसलिए निम्नवर्ग के लिए आजादी का कोई मतलब नहीं था। जब कथाकार ने आजाद भारत के बाद पनपती हुई व्यक्तिगत कुंठा, बेकारीजन्य, स्त्री-पुरुष सम्बन्ध, गरीब के प्रति शोषण आदि विसंगतियों को देखा तो इन सभी विषयों को नवीन दृष्टि से चित्रित करते हुए उसे नई कहानी का रूप दिया।

नई कविता के आसपास विकसित होनेवाले नई कहानी आन्दोलन में कहानी की नवीनता को लेकर प्रारम्भ में बहुत बहसें हुई क्योंकि नई कहानी किसी एक विचारधारा से प्रभावित नहीं थी और अनेक पुरानी और नई मान्यताएँ कहीं जुड़ी

तो कहीं टूटती हुई दिखाई पड़ी। परन्तु कथाकार मार्कण्डय ने अपनी कहानियों को ग्राम बोध से ही जोड़ा क्योंकि उनकी विचारधारा ग्रामीण परिवेश के इर्द-गिर्द ही घूमती दिखाई पड़ती है। निर्मल वर्मा नई कहानी को दो भिन्न-भिन्न धाराओं से जोड़कर कहते हैं-''नई कहानी में युग मूल्यों की संवेदना को नए सिरे से शुरू नहीं किया। वह मात्र स्वीकार की रचना विधा न होकर अस्वीकार और स्वीकार दोनों पर आधारित प्रक्रिया बनी। एक ओर जहाँ उसके सामने अतीत के झिलमिलाते हुए भावलोक को छोड़ने की समस्या थी वहीं दूसरी ओर नई वास्तविकताओं को ग्रहण करने के लिए समसामयिक समाज और जीवन में नित नए परिवर्तनों को अभिव्यक्ति देने का सवाल था। इसलिए काल यहाँ इकहरे भावबोध की अन्तर्धारा की तरह एक सम धरातल पर प्रवाहित न होकर दो ऐसी भिन्न धाराओं से जुड़ा, जहाँ टूटने की अवधारणा हमेशा बनी रही। वस्तुतः इसी अवधारणा ने नई कहानी को जन्म दिया।'' इस वक्तव्य को कथाकार ने अपनी आलोचना पुस्तक 'कहानी की बात' में दर्शाया है। जहाँ निर्मल वर्मा ने अपने इन विचारों को उजागर किया वहीं ''कहानी की बात' न केवल नई कहानी की पहचान और परख का एक प्रयास है बल्कि एक कहानीकार के आलोचकीय दृष्टि एवं पक्ष का परिचय भी है।'' कहने का तात्पर्य है कि प्राचीन कहानी जिस बिन्दु पर समाप्त होती है, नई कहानी वहीं से प्रारम्भ होती है।

मार्कण्डेय पचास, साठ, सत्तर और अस्सी दशकों के कहानीकार हैं, उन्होंने कहानियों में अनेक प्रकार के विषयों को उठाया और सर्वहारा वर्ग की संघर्षशीलता को रेखांकित किया। इन्होंने अपनी कहानी में ऐसे अनेक विषयों को सम्मिलित किया जिनसे आम मनुष्य जूझ रहा था और अनेक अत्याचार सह रहा था। नई कहानी के विषय में शिवकुमार मिश्र कहते हैं-''नई कहानी के दौर में एक समय जब कहानी एक बार फिर से मध्यवर्गीय जीवन और मध्यवर्गीय चरित्रों की या फिर नगर जीवन की सीमित चौहद्दियों में, उनसे जुड़ी समस्याओं में ऊब-डूब करने लगी थी, मार्कण्डेय उन कहानीकारों की संगति में अपनी विशिष्ट पहचान को लेकर सामने आए जिन्होंने ग्राम्य जीवन तथा साधारण वंचित उपेक्षित जीवन-सन्दर्भों को परिप्रेक्ष्य में उभारा और नई कहानी के रचनावृत्त को विशद बनाया, उसे हिन्दुस्तान की प्रतिनिधि ग्राम्य जीवन की वास्तविकता से जोड़े रखा, प्रेमचन्द की रचना-दृष्टि, उनकी कथा परम्परा को न केवल संरक्षित किया, बदले समय सन्दर्भों में अनुभव तथा विचार की नई जमीन में उसे कुछ और विकसित किया।'' कथाकार मार्कण्डेय ने जीवनपर्यन्त ग्राम्य जीवन से सम्बन्धित कहानियों को ही लिखा। इनके किसान चरित्र जीवन की जिन परिस्थितियों में चित्रित हुए हैं वे

आधुनिक समय के भूमि सुधारों एवं विकास योजनाओं से सम्बन्धित है। इन किसानों की समस्याएँ तो आजादी के बाद की विकास-योजनाओं को अभिव्यक्त करती है। इसके साथ ही अनेक समस्याओं को मार्कण्डेय की कहानियाँ बड़े ही सहज रूप में व्यक्त करती है।

मुख्यत: यदि 'नई कहानी' के विषय की बात करें तो उस समय की प्राय: सभी कहानियाँ समाज की ओर उन्मुख थी क्योंकि 'नई कहानी' के समय के कहानीकारों का मुख्य उद्‌देश्य कहानी को स्वयं के सन्दर्भ से जोड़ते हुए समाज के अनेक पहलुओं को उजागर करना था। एक बातचीत के दौरान 'नई कहानी' के विषय में बताते हुए कहते हैं-"नई कहानी के समय में लिखी गई सारी की सारी कहानियाँ समाजोन्मुख हैं क्योंकि वे सारे के सारे नवीन कथाकार सामाजिक सन्दर्भों के यथार्थ से जुड़े हुए थे। व्यक्तिवाद और फार्मूलाबद्ध कहानियों के खिलाफ ही 'नई कहानी' का आन्दोलन था। कहानी को अपने सन्दर्भों से जोड़ना और जीवन में जो सुख है, तकलीफें हैं उनको कहानियों में ले आना ही इन कहानीकारों का उद्‌देश्य था।" आजादी के बाद उपजे मोहभंग एवं परिस्थितियों को देखकर मार्कण्डेय एवं उनके समकालीन रचनाकारों को इतना आघात पहुँचा कि उन्होंने अपनी कहानियों को यथार्थ के धरातल पर ला खड़ा किया। यद्यपि उस समय ग्रामीण-वातावरण को लेकर कहानियाँ लिखनेवाले या तो मार्कण्डेय थे या शिवप्रसाद सिंह या फणीश्वरनाथ रेणु।

नई कहानी आन्दोलन में अनेक प्रकार की प्रवृत्तियाँ भी उभरती हुई दिखाई पड़ी, जिनमें अनेक बिन्दुओं को रेखांकित करना परमावश्यक है। इस आन्दोलन की एक खासियत यह थी कि इसने अनेक नवीन विचारों, नवीन लेखन पद्धति एवं समाज की नई-नई परिस्थितियों को उजागर किया। नई कहानी की प्रवृत्तियों में सोद्‌देश्यता, राजनीतिक पक्षधरता, मानवीय चिन्ता, ठोस यथार्थ जीवन-दृष्टि, प्रगतिशील रचनात्मक दृष्टि, लोकगीतों का प्रयोग, देशज शब्दों का प्रयोग, वस्तुपरक दृष्टि आदि अनेक प्रकार की प्रवृत्तियाँ 'नई कहानी' के अन्तर्गत आती हैं। वस्तुत: नई कहानी के सन्दर्भ में अपने विचार व्यक्त करते हुए डॉ. रावसाहेब जाधव कहते हैं कि "नई कहानी भोगे हुए जीवन सत्य पर अधिक बल देती है। नई कहानी किसी प्रकार आग्रह, आदर्शों और मान्यताओं की कहानी नहीं है। यह कहानी प्रवृत्तियों की है और उसका मूल स्रोत जीवन का यथार्थ है। यह कहानी समकालीन जीवन को उसकी समग्रता के साथ समझने का प्रयास करती है। नई कहानी मात्र गाँव या नगर तक सीमित नहीं रही। गाँव, कस्बा, नगर और महानगर के जीवन के अलग-अलग स्तर पर जीवन की विसंगतियों, बदलते मूल्यों,

मर्यादाओं तथा नई स्थितियों को समझने का प्रयास नई कहानी में हुआ है।'' नई कहानियों की प्रमुख प्रवृत्तियों पर एक दृष्टि डालना आवश्यक है जो इस प्रकार है-

'नई कहानी आन्दोलन' का जब विकास हुआ तो उस समय कहानियों में 'नएपन का आग्रह एवं अन्वेषणशीलता' प्रमुख रूप से दिखाई पड़ती है। कहानी में नयापन किसी रचना के चलते नहीं पैदा हुआ बल्कि आजादी के बाद की जो परिस्थितियाँ साधारण लोगों के जीवन में दिखाई दे रही थी उसी वास्तविकता को कहानी में एक नए रूप में प्रस्तुत किया गया। दरअसल मार्कण्डेय उस रचनात्मकता पर विश्वास करते थे जो यथार्थ से सम्बन्धित हो न कि उस रचना पर जो केवल कल्पना पर आधारित हों। मार्कण्डेय एक ऐसे नवीन विषय की खोज में लगे थे जो यथार्थ पर आधारित होते हुए सामान्यजन के जीवन से जुड़ी हो। इसी खोज को साकार करते हुए उन्होंने एक ऐसा विषय ढूँढ़ा जो ग्रामीण वातावरण में पल रहे ऐसे मनुष्यों के यथार्थ से जुड़ा था जिसका जीवन पूँजीपति वर्ग के इशारों पर चलता था। समाज का बुर्जुआ वर्ग ऐसे किसानों को अपने अधीन रखता था जो हर स्थिति में उनसे दबा था। यदि कोई मनुष्य गाँव में बदलाव लाना चाहता था तो उसे दंड देकर लोगों का मुँह बन्द कर दिया जाता था। 'हलयोग' कहानी का पात्र चौथीराम इसका प्रमुख उदाहरण माना जा सकता है, क्योंकि गाँव के बच्चों को वह समानता का पाठ-पढ़ाकर ऊँच-नीच के भेद से दूर रखना चाहता था। इस भेदभाव को दूर करने की सजा उसे 'हलयोग' के रूप में दी गई। इसके साथ ही 'हंसा जाई अकेला' में भी 'पनारू' और 'हंसा' जैसे ऐसे चरित्रों को दर्शाया गया है जो ग्रामीण-वातावरण के साथ ही नितान्त साधारण हैं। ''जीवन के दुर्दमनीय यथार्थ की विवशता में दबे हुए इन चरित्रों की करुण स्थिति और भविष्य की ओर लगी उनकी दृष्टि में वही एक जमा हुआ कुहासा है और इसी भावभूमि पर नए विकास के सन्दर्भ में एक व्यंग्य वहाँ उभरता है। इस व्यंग्य के केन्द्र हैं-ग्रामीण राजनीति, खादी की टोपी, एसेम्बली के सदस्य और राजनीतिक अवसरवादिता और सामाजिक विसंगतियाँ।'' समाज में व्याप्त विसंगतियों को, नए विकास की मूल समस्याओं और स्वरूपों को 'हंसा जाई अकेला' कहानी में चित्रित किया गया है। इस कहानी के साथ-साथ 'भूदान', 'कल्यानमन', 'दौने की पत्तियाँ', 'महुए का पेड़' आदि कहानियों में पूँजीपति वर्ग की शक्ति का खुलासा होता है जहाँ वह गाँववालों की खुशहाली पर घेरा लगाए बैठा है। मार्कण्डेय ऐसे पीड़ित लोगों को जगाने का कार्य करते हैं और उन्हें ऐसे वर्ग के खिलाफ आवाज उठाने की हिम्मत देते हैं क्योंकि ''उनकी दृष्टि अब अनजाने चित्रों की जगह चित्रों के अनदेखे पहलुओं पर केन्द्रित है, जहाँ मनुष्य नई परिस्थितियों से ही नहीं, प्रकृति से भी संघर्ष कर रहा है और

इस संघर्ष में तात्कालिक पराजय झेलकर भी उसकी आस्था का ह्रास नहीं हुआ है। इन ग्राम कथानकों का यही पहलू यहाँ महत्त्वपूर्ण है।'' कथाकार मार्कण्डेय ने अपनी कहानियों में जहाँ एक ओर दबे-कुचले किसानों का चित्रण किया है वहीं दूसरी ओर गनेसी, चौथीराम, जैसे पात्रों की खोज की है जो कि अपने कर्तव्य को निभाते हुए समाज व बुर्जुआ वर्ग के खिलाफ आवाज उठाते हैं। जिस समय नई कहानी आन्दोलन की शुरुआत हुई उस समय युवा कहानीकारों के समक्ष एक ऐसी समस्या थी, जिसमें उन्हें अपनी कहानियों के विषय के लिए नवीन विषयवस्तु को खोजने की आवश्यकता थी। ''नए सन्दर्भों को खोजने का यह अर्थ नहीं कि अपने वस्तु क्षेत्र से बाहर जाया जाए। जीवन के नए सन्दर्भ अपने वातावरण से दूर कहीं नहीं मिलेंगे, उस वातावरण में ही ढूँढे जा सकेंगे। अभावग्रस्त जीवन की विडम्बना केवल खाली पेट और ठिठुरते हुए शरीर के माध्यम से ही व्यक्त नहीं होती। प्यार केवल सम्पन्नता और विपन्नता के अन्तर से ही नहीं हारता। ममता केवल बलिदान करके सार्थक नहीं होती। अनाचार का सम्बन्ध रिश्वत और बलात्कार के साथ ही नहीं है, और विश्वास केवल उठी हुई बाँहों के सहारे ही व्यक्त नहीं होता। हर रोज के जीवन में यह सब-कुछ अनेकानेक सन्दर्भों में और कई-कई रंगों में सामने आता है। आज के जीवन ने उन रंगों में और भी विविधता ला दी है। बात उन विविध रंगों को पकड़ने और कहानी की सांकेतिक अन्विति में अभिव्यक्ति करने की है। जीवन के नए सन्दर्भ कलात्मक अभिव्यक्ति के नए सन्दर्भ स्वत: ही प्रस्तुत कर देते हैं।'' इस तरह हम पाते हैं कि नए कहानीकारों ने नवीन विषयवस्तु को भले ही खोजने का प्रयत्न किया हो किन्तु उनके विषय वास्तव में नवीन नहीं थे क्योंकि ऐसा कोई विषय नहीं बचा था जिस पर कहानियाँ न लिखी गई हों। हाँ यदि हम शेखर जोशी की बात करें तो उन्होंने पहाड़ी जीवन को कहानी में डालकर थोड़ा कुछ नवीन कार्य अवश्य किया। ये समकालीन कहानीकार नवीन विषयों और सन्दर्भों की खोजबीन करने में लगे रहते थे और जहाँ उन्हें एक इंच मात्र भी कोई नई विषयवस्तु समझ आई तो उसे उन्होंने कहानियों में डाल दिया।

आजादी के बाद लिखी जा रही कहानियों में नवीन विषयों के साथ ही 'राजनीतिक पक्षधरता' को भी रेखांकित किया। हमारे समाज में चाहे जो भी समय रहा हो, किन्तु राजनीति हर जगह दिखाई पड़ती है। आजादी के पूर्व भी राजनीति को अंजाम देनेवाले कई लोग थे और आजादी के बाद भी हमारे देश में राजनीति कायम थी। राजनीतिक दृष्टिकोण के अनेक उदाहरण हमारे देश में, कविताओं में, कहानियों व अन्य उपन्यासों में दिखाई पड़ते हैं। समाज के लोगों ने अपने कुकर्मों के चलते राजनीतिक वातावरण को इतना अधिक दूषित कर दिया है कि ईमानदार

और अच्छे परिवार के लोग इसमें नहीं आना चाहते। दरअसल ''राजनीति' एक बहुत पवित्र शब्द था। इसमें 'नीति' का बास था। इसे 'राजधर्म' भी कहा गया था। मगर अब धर्म की जगह 'भ्रष्टाचार' ही राजनीति का आधार बन गया है।'' इस वक्तव्य के चलते मानवीय जीवन के ऐसे पहलू को दृष्टिगत किया गया है जिसमें यह साफ पता चलता है कि राजनीति में दोष नहीं राजनीति को चलानेवालों में दोष है। मार्कण्डेय ने भी कहानियों व 'अग्निबीज' उपन्यास के माध्यम से राजनीतिक पक्षधरता को उजागर किया है। उनके उपन्यास 'अग्निबीज' में 'ठाकुर ज्वाला सिंह' जैसे राजनीतिक पात्र के चरित्र को दर्शाया गया है। ज्वाला सिंह जैसे लोग जनता से झूठा वादा करके न सिर्फ उनके सपनों पर पानी फेरते हैं बल्कि अपनी राजनीतिक चाल से उनसे अपने कार्य भी करवाते हैं। मार्कण्डेय ने सरकारी योजनाओं के चलते ग्रामीणों के विश्वास, उनके सपनों को टूटते हुए अत्यन्त मार्मिक कहानी 'आदर्श कुक्कुटगृह' में दर्शाया है। 'आदर्श कुक्कुट गृह', 'भूदान', 'माई', 'हल लिए मजूर' आदि कहानियों में ऐसे राजनीतिक परिदृश्य को चित्रित किया गया है जिसमें आम मनुष्य चालाकी से भरे पूँजीपतिवर्ग की अमानवीयता को बर्दाश्त करता है। मार्कण्डेय की उपर्युक्त कहानियों में राजनीतिक पक्ष देखते हुए धनंजय वर्मा कहते हैं कि-''राजनीतिक पक्षधरता का रूप यहाँ भी उभरता है लेकिन यह इसी अर्थ में कि एक व्यापक अनुष्ठान की व्यावहारिक परिणति पर वह व्यंग्य है, लेकिन व्यंग्य का शिकार भूदान आन्दोलन नहीं, वह वर्ग है जिसकी साजिश से वह आन्दोलन असफल हुआ। ग्रामीण चरित्रों के सहज विश्वास और आस्था के उस वर्ग की कुटिल नीतियों की यह कहानी ग्रामों की वास्तविकताएँ तो उभारती हैं लेकिन साथ ही यह सवाल भी उठाती हैं कि हमारे नियोजित परिवर्तन और विकास की दिशा क्या हो?'' समाज को एक नए रूप में ढालने के लिए सर्वप्रथम अपने आचरण को सही करने की आवश्यकता है। समाज में अच्छे व बुरे हर प्रकार के लोग रहते हैं, किन्तु यह हमारा दायित्व है कि हम अच्छे लोगों की संगत रखें और बुरे लोगों को एक सही राह दिखायें। समकालीन रचनाकारों में शेखर जोशी, अमरकान्त, राजेन्द्र यादव, मोहन राकेश, कमलेश्वर, शिवप्रसाद सिंह, फणीश्वरनाथ रेणु आदि ने भी अपनी कहानियों के माध्यम से समाज की आम जनता को एक नई राह दिखाने का प्रयत्न मार्कण्डेय के साथ इन कहानीकारों ने भी किया है। ''जहाँ मार्कण्डेय राजनीतिक और आर्थिक सच्चाई को दिमाग में रखकर ('असम विकास') नई कहानी को आजादी के बाद का वास्तविक सन्दर्भ दे रहे थे, वहाँ भाषा, संवेदना, प्रतीक और इन्द्रियबोध का हवाला देकर नई कहानी को ''सार्थक सिद्ध करने में दिलचस्पी दिखा रहे थे। क्या यह कारण नहीं है कि नई कहानी से सम्बन्धित

मार्कण्डेय का तर्क आज के प्रसंग में भी पहले की भाँति उपयोगी है। जबकि बाकी व्याख्याकारों के सोच सीमित और समयबद्ध चिन्तन का बायस बना है।'' नई कहानी आन्दोलन को दिशा देनेवाले ''मार्कण्डेय एक साथ राजनीतिक चिन्तक है, साहित्य के व्याख्याकार हैं, मनुष्य मनोविज्ञान के विद्यार्थी हैं, नारी व्यवहार के समर्थक हैं और सूक्ष्म मानवीय अनुभूतियों में गहरी पैठ रखनेवाले रचनाकार हैं। यह कथाकार, सम्पादक और लेखक मार्कण्डेय का स्वाभाविक चरित्र है।'' यथार्थ को कहानियों के माध्यम से रेखांकित करनेवाले मार्कण्डेय ने तमाम कहानियों में राजनीतिक पक्ष को दिखाकर ऐसे लोगों के चरित्र को दर्शाया है जिनके बर्ताव और व्यवहार से निचला वर्ग परेशानियों से घिरा है। उनकी कहानियों में एक नहीं अनेक राजनीतिक परिदृश्य दिखाई पड़ते हैं।

हिन्दी कथा जगत में जिस समय नई कहानी आन्दोलन का विकास हुआ उस समय दर्जनों युवा कथाकारों ने कहानी के क्षेत्र में प्रवेश किया। उन्होंने उस समय की विसंगतियों को देखा था और इसी के चलते अनेक नवीन विषयों को कहानी का रूप दिया। ऐसे दर्जनों ''नए कहानीकार अपनी जानी बूझी जमीन से कहानी उठाते हैं, इसलिए उनकी कहानियों में गाँव, कस्बे और पर्वतीय प्रदेश अपनी सारी खूबियों के साथ जीवन्त रूप में आते हैं। मध्य वर्ग से आए ये लेखक अपने वर्ग के दायरे से बाहर जाकर गरीब कृषकों, भिखारियों और कारखानों के मिस्त्रियों, श्रमिकों तक से जुड़कर बिना किसी शर्म संकोच के उनके जीवन की कहानियाँ लिखते हैं।'' नई पीढ़ी के लेखकों ने नई कहानी में 'समसामयिक जीवन के विकास के सन्दर्भ' पर भी चर्चा की है। सामाजिक कहानी की अगर बात की जाए तो अनेक लेखक इसमें सम्मिलित हैं। इन सामयिक कहानी लेखकों में शेखर जोशी, अमरकान्त, भैरवप्रसाद गुप्त, राजेन्द्र यादव, कमलेश्वर, शानी, फणीश्वरनाथ रेणु के साथ ग्रामीण चितेरे मार्कण्डेय भी आते हैं, जिन्होंने आजादी के बाद के परिदृश्य को अपनी कहानियों का विषय बनाया। ''सामयिक कहानीकार पात्र के जीवन के मर्म-विशेष को उद्घाटित करने के लिए कहानीकार को ऐसे गर्भांग-समूहों की योजना करनी पड़ती है जो पात्र के विकास के अनुकूल अवस्थाएँ निर्मित कर सके। परिणाम यह होता है कि आज की अधिकांश कहानियाँ परिस्थिति के आम्रेडन से निर्मित होती है।'' जहाँ पर भीड़ के बीच में होने की बात कही जाए वहीं पर समसामयिक जीवन बोध होता है। यह जीवन मनुष्य के स्वभाव से सम्बन्धित होता है। मार्कण्डेय की अधिकांश कहानियों में उस समय के परिदृश्य को चित्रित किया गया है जो आजादी के बाद भी संघर्ष कर रही थी। आजादी के बाद निम्नवर्ग का मनुष्य पहली बार अपने हक व अधिकार के लिए लड़ता दिखाई पड़ता है। कहानी

'गुलरा के बाबा' में अहीर चैतू बाबा के मना करने के बाद भी सरपत काट लेता है और बाबा की शर्त को भी स्वीकार कर लेता है। शर्त में हार जाने के बाद बाबा उसे कोई दंड नहीं देते और चैतू को अपनी गलती का अहसास होता है। कहने का तात्पर्य यह है कि एक निम्नवर्ग के व्यक्ति ने उच्चवर्ग की बात न मानकर साहस का परिचय दिया। ऐसी ही एक कहानी है 'महुए का पेड़'। जहाँ एक बूढ़ी और वृद्ध महिला के साहस को कथाकार ने व्यक्त किया है। वह अपने महुए के पेड़ को अपने पुत्र की भाँति स्नेह करती है, किन्तु ठाकुर उसके तेज व्यवहार के कारण उस पेड़ को काटने का साहस नहीं जुटा पाता। किन्तु दुखना की गैरमौजूदगी में ठाकुर दुखना के पेड़ को गिरवा देता है और वह वृद्धा अपने पेड़ को गिरा हुआ देखकर अपने प्राण त्याग देती है। मार्कण्डेय ने एक वृद्धा के साहस को इस कहानी में चित्रित करते हुए यह बताने का प्रयास किया है कि जब-जब गरीब व निम्नवर्ग अपने अधिकार के लिए आवाज उठाता है तो ऐसे ही अनेक उपायों के द्वारा उसकी आवाज को हमेशा के लिए बन्द कर दिया जाता है।

आजादी के बाद के समय में मनुष्य के जीवन में व उसके विचारों में अनेक प्रकार के बदलाव आए। लोगों की विचारधाराएँ बदलीं और वे अब किसी के नीचे दबकर कार्य नहीं करना चाहते थे बल्कि अपने निर्णय स्वयं लेना चाहते हैं। मानव-जीवन में परिवर्तन होना एक आम प्रक्रिया है। हमारे समाज में जहाँ स्त्रियों को अपना जीवनसाथी चुनने का अधिकार नहीं प्राप्त था वहीं आज के समय में स्त्रियाँ अपने जीवनसाथी का चुनाव कर सकती हैं। विधवा-विवाह, पुनर्विवाह आज के समय में कोई गलत बात नहीं मानी जाती है। मार्कण्डेय ने 'कहानी के लिए नारी पात्र चाहिए' में पाँच अलग-अलग नारी चरित्रों के माध्यम से ऐसे ही विषयों को रेखांकित किया है। इस कहानी में सन्ध्यिा, रमोला, लक्ष्मी, रशीदा और जमुना अपने मन मुताबिक अपना जीवनयापन करती हैं। ये नारी पात्र किसी भी प्रकार के बन्धन को नहीं मानती और अपने जीवन को जीती हैं फिर चाहे वह सुखी हों अथवा दु:खी। मार्कण्डेय का संग्रह 'माही' तो ज्यादातर ऐसे ही विषयों पर आधारित है। कथाकार मार्कण्डेय की "ये कहानियाँ न तो यथार्थ की आन्तरिक आवश्यकता और वास्तविक समस्याओं से उद्‌भूत होकर आती है और न ही लेखक की अपनी चिन्तन-प्रक्रिया और व्यक्तित्व की समग्रता की प्रतिच्छाया बन जाती है। ग्राम कथानक से हटकर, एक नए क्षेत्र में प्रयोग की दृष्टि से इनका उल्लेख भले किया जाए, लेकिन इसमें प्रकल्पित स्थितियों का आरोपण और थोपा हुआ अनगढ़ शिल्प ऐसा कि न तो कथा के सूत्र समन्वित होते हैं और न ही नई वास्तविकता या समसामयिक जीवन का कोई नया सन्दर्भ ही उभरता है।" मार्कण्डेय की कहानियाँ

भले ही युवाओं की बदलती सोच के साथ अनेक विषयवस्तुओं को रेखांकित करती हो किन्तु जब समय की बात आती है तब परिवर्तन का निरन्तर रूप होते रहना स्वाभाविक है। इनकी कहानियाँ 60 के बाद की उन परिस्थितियों को सामने लाती है जिसमें तत्कालीन युवाओं के भीतर विसंगतियों से उपज रही उकताहट को मुक्ति के रूप में देखना चाहते हैं।

''सामयिक कहानी-लेखक व्यक्ति व्यापारों को केवल घटना के साथ जोड़कर कथावस्तु का निर्माण नहीं करता, वह एक ऐसा सन्तुलन बनाने की चेष्टा करता है जिसमें व्यापार कहानी की परावधि (Telos) की ओर सहज गति से बढ़ते हुए जीवन-प्रवाह का संकेत दे सके।'' मार्कण्डेय का यथार्थवादी नजरिया प्रायः सभी कहानियों में दिखाई पड़ता है साथ ही यह दोष भी दिखाई पड़ता है कि उन्होंने अपनी कहानियों को ऐसे विषय बोध से नहीं जोड़ा है जहाँ भावनात्मक नजरिया दब जाए। इस दोष का सबसे बड़ा कारण है-विचार का स्तर। इस सम्बन्ध में कहा भी गया है. "Thinking is a process exceedingly difficult to define, partly because it is subjective, partly because it is intangible and partly because it is not one octivity and accurs in a varicity of media, from words, mathematical symbols and images, to flashes of institution and inner certitude." सामयिक हिन्दी कहानी में समय एवं समाज की परिस्थितियों को बड़े ही मार्मिक रूप में व्यक्त किया गया है। मनुष्य की सामयिक जीवन परिस्थिति अपने प्रस्तार से ज्यादा उसके आन्तरिक रूप में जटिल दिखाई पड़ती थी। मानवीय भोग की यदि बात करें तो मार्कण्डेय की 'वासवी की माँ', 'हलयोग', 'सात बच्चों की माँ', 'संगीत, आँसू और इनसान', 'आदर्श कुक्कुटगृह' आदि कहानियाँ इस दृष्टि से उल्लेखनीय मानी जा सकती हैं। ये सभी कहानियाँ मानवीय जीवन की उन परिस्थितियों को उद्घाटित करती हैं जो मनुष्य और उसके जीवन को लगातार वैयक्तिकता में उलझाती रहती है। मार्कण्डेय मनुष्य के जीवन के इन्हीं पहलुओं को कहानियों में व्यक्त करते हैं।

जैसा कि हम सब जानते हैं कि नई कविता की तर्ज पर ही नई कहानी का विकास हुआ। आज के युग में लिखी जानेवाली जितनी भी कहानियाँ हैं वह सब नई कहानी की श्रेणी में आती हैं। परन्तु यदि हम वर्तमान समय की कहानियों के विषय की बात करें तो ऐसा कोई विषय नहीं है जिस पर पहले कहानियाँ नहीं लिखीं जा सकी। कहने का तात्पर्य है कि हर विषय को लेकर पहले भी कहानियाँ लिखी जाती रही हैं। प्रारम्भिक विषयों को ही आज की कहानियाँ खुले तौर पर व्यक्त कर रहीं हैं जिनसे उन्हें नई कहानी का स्वरूप दे दिया गया। नई कहानी में

'प्रगतिशील रचनात्मक दृष्टि' का भी बहुत प्रभाव पड़ा। यह प्रगतिशील रचनात्मक दृष्टि प्रेमचन्द की कहानियों व उनके उपन्यासों में भी दिखाई पड़ती है। मार्कण्डेय ने भी इसी रचनात्मक दृष्टि की ओर पदार्पण किया। प्रगतिशील विचारधारा वहाँ पाई जाती है जहाँ युवाओं, स्त्रियों और निम्नवर्ग के लोगों में अपने हक के लिए लड़ने की हिम्मत आ जाए। क्योंकि जब तक ये लोग अपने अधिकार के लिए आवाज नहीं उठाएँगे तब तक इन्हें कुछ भी प्राप्त होनेवाला नहीं। मार्कण्डेय इस विचारधारा के पक्ष में थे। वह स्वयं कहते हैं-''प्रगतिशील रचनात्मक दृष्टि को लेकर तीव्र संघर्ष चलाना पड़ा। मेरी वैचारिक स्थिति एकदम भिन्न थी और मैं लगातार समकालीन परिस्थितियों और जीवन सन्दर्भों में वास्तविकताओं की व्याख्या की माँग करता था। इस बार मुझे कई बार कड़ी आलोचना का सामना करना पड़ता था, लेकिन एक व्यापक सहमति का आधार सदा बना रहा और आपसी सौहार्द्र और स्नेह बढ़ता ही गया। नतीजा यह हुआ कि सृजनशील का एक नया वातावरण पैदा हुआ और राजनीतिक प्रस्तावों के मसौदे से उत्पन्न नारों के आधार पर लिखी जानेवाली कहानियाँ और कविताएँ धीरे-धीरे गौण होने लगी।'' प्रगतिशील रचनात्मक दृष्टि में परिस्थितियों में बदलाव के साथ यथार्थ भी बदलता है और इसी बदलाव के साथ रचनाकार का तादात्म्य और सम्बन्ध भी बदलता है। रचनाकार के सामने सबसे बड़ी समस्या यह होती है कि वह मनुष्य के आन्तिरिक उलझावों व उसकी बाह्य विसंगतियों को कहानी के माध्यम से किस प्रकार चित्रित करे कि वह यथार्थपरक लगे। कथाकार मार्कण्डेय की कुछ कहानियाँ प्रगतिशील दृष्टिकोण को लेकर लिखी गई हैं, जिसमें 'गुलरा के बाबा', 'हलयोग', 'बीच के लोग', 'मधुपुर के सिवान का एक कोना', 'हल लिए मजूर', 'भूदान', 'गनेसी' आदि।

स्वतन्त्रता प्राप्ति के बाद युवा मानव अपने अधिकारों के प्रति जागरूक होने लगा। वह अब अपने अधिकारों के लिए किसी भी प्रकार का समझौता करने को तैयार नहीं था। निम्नवर्ग का अपने अधिकारों के प्रति इस तरह से जागरूक होना उच्चवर्ग के लिए उलझन का कारण बन गई जिसकी वजह से कुछ लोगों ने अपने कठोर स्वभाव को नर्म बनाया। स्त्रियाँ भी अपने ऊपर होनेवाले जबरन अत्याचार का विरोध करने लगी। जहाँ उन्हें जीवनसाथी चुनने का कोई अधिकार नहीं था वहीं अब वे अपने निर्णय स्वयं लेने लगी। समाज का उच्चवर्ग किसानों व गरीबों को अपने पैर के नीचे ही रखना चाहता था क्योंकि वह निम्नवर्ग को उठता हुआ नहीं देख सकता था। प्रगतिशील साहित्यकारों ने ऐसे अनेक मुद्दों को रेखांकित किया है क्योंकि मार्कण्डेय के अनुसार ''प्रगतिशील साहित्यकार की जिम्मेदारी यही है कि वह उसी तरफ जनता को ले जाए जहाँ यह टकराहट तेज हो ताकि

इनका वर्ग चरित्र हमारे सामने खुले और हम यह देख सकें कि ये शक्तियाँ जनता के कितने नजदीक हैं और जनता की कितनी भलाई ये कर सकती हैं, जनता की मनोभावनाओं को कितनी दूर तक ये ले जा पाती हैं।'' मार्कण्डेय की भाँति तमाम कहानीकारों ने प्रगतिशील विचारधारा की इस कड़ी को अपनाया। नई कहानी की प्रवृत्तियों में प्रगतिशील दृष्टि इस मायने में महत्त्वपूर्ण है कि साहित्यकारों ने जिस बदलते हुए परिदृश्य और सोच को देखा उसे कहानी और उपन्यासों के माध्यम से बड़ी ही सजगता के साथ प्रस्तुत भी किया। आजादी के बाद देश में जिस विकास की आवश्यकता थी वह अधूरी ही रह गई, जिसके चलते लोगों में उत्साह की किरण कम दिखाई पड़ी। किन्तु ये परिस्थितियाँ बहुत दिनों तक टिकनेवाली नहीं थीं क्योंकि बदलाव प्रकृति का नियम है। देश में धीरे-धीरे लोगों में बदलाव तब दिखाई पड़ता जब युवाओं की टोलियाँ निकलने लगी और वे अधिकार के प्रति जागरूक होने लगे। इस तरह समाज प्रगति की ओर अग्रसर हुआ और लोगों की सोच में भी बदलाव आया।

समाज में पनपनेवाली विसंगतियों को मार्कण्डेय बड़ी ही बारीकी के साथ चित्रित करते हैं। उनकी दृष्टि ठोस यथार्थवादी जीवन की ओर अधिक टिकी है। उनकी अधिकांशत: कहानियों में हम निम्नवर्ग के ऐसे मुखड़ों को देखते हैं जो बिलकुल सत्य है। स्त्री जीवन की विडम्बनाओं, मजदूर एवं किसान की विसंगतियों, स्त्रियों पर जबरन अत्याचार, निम्नवर्ग पर अमानवीय व्यवहार एवं भूख से बिलखते बच्चों का चित्रण आदि वास्तविक परिस्थितियाँ मार्कण्डेय की कहानियों में दिखाई पड़ती है। नई कहानी के दौर में लिखी जा रही कहानियों में गहन मानवीय यथार्थ को इस तरह से सँजोकर रखा गया है कि वह अपनी पठनीयता और नवीन विषयों के लिए चर्चित हो गई। कोई भी कहानी चर्चा का विषय तभी बनती है जब उसमें मानवीय यथार्थ के बीज अंकुरित होते हुए दिखाई पड़े। कल्पना के माध्यम से लिखी गई सम्पूर्ण कहानी की विषयवस्तु में वास्तविकता का दिग्दर्शन न होने के कारण ही उसे पढ़ने में कोई आनन्दाभूति नहीं होती। कहानी में कल्पना का होना एक सीमा तक ही अच्छा होता है लेकिन जब तक कहानी यथार्थ के बोध को उजागर नहीं करती तब तक उसमें कहानी जैसा कुछ भी नहीं रहता है क्योंकि ''नई कहानियाँ की मूल धारा यही है कि जो नए यथार्थों को चित्रित करने के लिए तथा कहानी को एक नया रूप देने के लिए निरन्तर संघर्ष कर रही है। नि:सन्देह इसमें उलझाव, रूपहीनता, अमूर्तता का खतरा है क्योंकि हमारे सामाजिक, आर्थिक परिवेश में इसे पाने को जैसे काम का रूप दे दिया है लेकिन वास्तविकता के चित्रण के मार्ग से मौजूदा संक्रान्ति को जीवन संघर्षों के लिए उपयोगी बनाने के

क्रम तक ले जाने के लिए आज की वास्तविकता से आँखें चार करनी होगी।'' कथाकार मार्कण्डेय ने आज की वास्तविकता से आँखें मिलाईं और कहानियों के माध्यम से उसे रेखांकित किया। 'हंसा जाई अकेला', 'भूदान', 'बीच के लोग', 'पानफूल', 'सवरइया', 'मुन्शी जी', 'रामलाल' आदि अधिकांशत: कहानियाँ उनके यथार्थवादी नजरिये को दृश्यांकित करती हैं।

अपनी कहानियों को वास्तविकता से जोड़ने का प्रयत्न मार्कण्डेय ने जारी रखा। उन्होंने सामाजिक सन्दर्भों की छानबीन की और सांस्थानिक रूढ़ियों को भी जानने और समझने का प्रयत्न भी किया। अपनी इस समस्या को बताते हुए मार्कण्डेय कहते हैं-''मेरे सामने समस्या थी कि अपने कथा-सन्दर्भों को मैं किस तरफ से शुरू करूँ। कहाँ से शुरू करूँ कि भीतर के यथास्थितिवाद और बाहर के रोमान से बचकर वास्तविकताओं तक पहुँच सकूँ। शुरू के सारे प्रयत्नों के बाद मैंने पाया कि मुझे इन सन्दर्भों तक पहुँचने के लिए दोनों रास्ते अपनाने चाहिए क्योंकि बिना इसके मैं तत्कालीन साहित्यिक गतिविधियों में सीधा एक-न-एक से जुड़ जाऊँगा। गनीमत यह थी कि कथा में 'कल्पना' की मुख्य भूमिका को मैं अस्वीकार कर चुका था जिसने मुझे अपने विशेष सामाजिक सन्दर्भों में वास्तविकताओं तक पहुँचने में सहायता मिली। 'कल्यानमन', 'महुए का पेड़', 'नौ सौ रुपया' और 'एक ऊँट दाना' तथा 'जूते' जैसी कहानियों द्वारा मैंने स्थितियों की वास्तविकता को प्रत्यक्ष करने के लिए चरित्रों के मर्म और वास्तविक जीवन सन्दर्भों को उद्घाटित करने का प्रयत्न किया। तब से सामाजिक सम्बन्धों से लेकर भूमि की समस्या तक मेरी कहानियों के विषय बने रहे हैं।'' इस तरह मार्कण्डेय ने कहीं भूमि समस्या के यथार्थ को उजागर किया तो कहीं राजनीतिक पक्षधरता से जनता को रू-बरू कराया। कहीं पर स्त्रियों के यथार्थ रूप को उजागर किया तो कहीं समाज में पनप रही बेरोजगारी की समस्या से हमें परिचित कराया। ऐसे अनेक विषयों से उनका कथा-संसार भरा पड़ा है जिसमें यथार्थवादी नजरिये को ही अधिक मुख्यता प्रदान की है।

स्वतन्त्रता प्राप्ति के पूर्व हमारा देश अनेक विसंगतियों से जूझता हुआ दिखाई पड़ता है। भोली-भाली जनता को अंग्रेज बहुत सताते थे और घर की बहू-बेटियों पर जबरन अधिकार कर उनके साथ मनमाना सलूक करते थे। किसानों के ऊपर कर्ज का इतना बड़ा भार था कि वह चाहकर भी कुछ नहीं कर सकते थे। बहरहाल अनेक मुश्किलों का सामना करने के बाद अन्तत: 1947 ई. को जब हमारे देश को आजादी मिली तो जनता का प्रसन्न होना स्वाभाविक था। लोगों में अंग्रेजों के प्रति भय समाप्त हो गया और अब देश का हर एक प्राणी अपने आप में ही स्वतन्त्र हो

गया। आजादी के बाद ही हमारे देश में 'नई भावभूमियों का सृजन' दिखाई पड़ता है। दरअसल अब हर युवा देश में तरक्की लाने के लिए अनेक कार्यों में सुधार करना चाहता था। जैसे-सड़क का निर्माण, नहर निर्माण, नलकूप, गरीब किसानों को कर्ज मुक्ति, बाल-विवाह पर रोक आदि अनेक चीजों में सुधार की महती आवश्यकता थी। देश के निचले वर्ग का यह सपना बहुत ही जल्द टूटता हुआ तब दिखाई देता है जब गोरे लोगों की जगह हमारे ही देश के बुर्जुआ वर्ग ने ले ली। बुर्जुआ वर्ग सीधे-सादे ग्रामीण किसानों को झूठे सपने दिखाकर उनका सब-कुछ लूटकर भाग जाते हैं जबकि गाँव के भोले लोग अपने गाँव को उन्नति में पहुँचाने के लिए उन सबों की वह सारी बातें मानते हैं जिसका उन्हें कोई ज्ञान नहीं। 'आदर्श कुक्कुटगृह' में ऐसी ही सच्चाई को बड़ी ही बारीकी के साथ प्रस्तुत किया गया है। इस कहानी में विकास-योजनाओं के नाम पर भोले-भाले ग्रामीणवासियों की भावनाओं पर चोट करते हैं। सरकार की योजनाओं के बारे में बताते हुए बसावन रमजान से कहता है-"सरकार एक-से-एक अच्छी योजनाएँ हमारी भलाई के लिए बनाती जा रही है-नहर, नलकूप, रेल, तार लेकिन यह राष्ट्रीय विकास खंड तो भाई खूब है। एक बार मेम्बर बन जाओ, फिर चाहे रुपये उधार लो, चाहे बिजनेस करो, सबको सुविधा है।" इस तरह इस कहानी में नवीन भावभूमियों का सृजन तो दिखाई पड़ता है लेकिन कुछ ही समय के लिए। वस्तुत: यह कहानी गाँव में विकास के नाम पर बननेवाली योजनाओं पर करारा व्यंग्य तो करती ही है साथ ही ग्रामीणों के टूटते सपनों को भी चित्रित करती है।

स्वतन्त्रता प्राप्ति के बाद जहाँ एक ओर अनेक स्थितियों में बड़ी मात्रा में परिवर्तन दिखाई पड़ता है वहीं दूसरा वर्ग ऐसा भी था जिसकी स्थिति में कोई खास परिवर्तन नहीं हुआ। उनका जीवन जस का तस था। आजादी के बाद स्त्रियों की स्थिति में भी परिवर्तन को देखा जा सकता है क्योंकि "पुराने संस्कारों और नई परिस्थितियों के बीच नारी किस प्रकार पुरुष के अनेक टूटे-सन्दर्भों के बीच अकेली होती जाती है, उसकी मानसिक गठन और मनोविज्ञान में कैसे दिलचस्प परिवर्तन आते-जाते हैं। इसे आज की कहानी अधिक वास्तविक भूमि, अनेक सूक्ष्म-संश्लिष्ट धरातलों और विविध संवेदनशील पक्षों से चित्रित करती है।" युवा वर्ग अब अपने अधिकारों के लिए खुलकर विद्रोह करता है और बुर्जुआ वर्ग के पैरों तले वह अपने जीवन को बिताना नहीं चाहता था क्योंकि अब वह अनपढ़ से शिक्षित युवा वर्ग हो चुका था। उसने अपने विचारों के चलते ही समाज से रूढ़ियाँ, बाह्याडम्बर को दूर करने का प्रयास किया और छुआछूत जैसी सोच से स्वयं को मुक्त किया। किसान वर्ग में कुछ परिवर्तन दिखाई पड़ते हैं, परन्तु पूँजीपतियों के कर्ज तले वह

इतना दब चुके थे कि चाहकर भी उनके सामने वह अपनी बात नहीं रख पाते थे। युवा वर्ग अब अपनी की हुई मेहनत का मेहनताना चाहता था और अपने हक के लिए लड़ भी सकता था। लड़कियों के भीतर भी अपने हक एवं अधिकारों के प्रति लड़ने का साहस दिखाई पड़ने लगा। मार्कण्डेय ने भी कहानियों के माध्यम से युवा नारी के अनेकानेक चित्र अंकित किए हैं। जहाँ एक ओर उन्होंने मृणालिनी, सोना, रनियाँ जैसी स्त्रियों के चरित्र को दर्शाया है जो अपने मन मुताबिक जीवन जीने में असमर्थ हैं वहीं रमोला, सन्ध्या, लक्ष्मी के माध्यम से ऐसे चित्रों को भी दर्शाया है जो नारी जीवन की सभी बेड़ियों को तोड़कर जीवन जीती है। युवा वर्ग अब समाज के बन्धन से बाहर निकलकर विद्रोही हो गया और अपने अधिकार के प्रति जागरूक हो गया।

दरअसल नई कहानियों में जब हम अपने कहानीकारों की कहानियों पर घुसते हैं तो हम पाते हैं कि उनको पढ़ने के पश्चात् ही इनकी प्रवृत्तियों को खोजा जा सकता है। नई कहानी जब लेखनशैली के माध्यम से प्रारम्भ की गई तो उसमें मुख्यत: 'कथानक का ह्रास' दिखाई पड़ता है। नामवर सिंह ने अपनी पुस्तक 'कहानी: नई कहानी' में इस बात का जिक्र किया है। उनके मुताबिक जब नई कहानियाँ लिखी जा रही थी तो उनमें कथानक का मुख्य बिन्दु नहीं दिखाई पड़ता था अर्थात् कहानी में कोई कथा न होने के कारण भी वह नई कहानी की श्रेणी में आती थी। किन्तु नामवर सिंह के मुताबिक 'ह्रास' कथानक का नहीं बल्कि कथा का हुआ था और व्यक्ति चरित्र, विचार अथवा मूड ही कहानी का कथानक बन गया है। कथानक का ह्रास होने के बावजूद भी नए कहानीकारों ने इस छोटी सी कमी को दूर कर इसे पर्याप्त कहानी की श्रेणी में रख दिया। कहानीकारों ने बाद में कथानक में विस्तार दिया। कथानक के इस परिदृश्य के विषय में नामवर सिंह कहते हैं-"इस दिशा में नया कहानीकार कभी-कभी इतना अन्तर्गूढ़ हो जाता है कि आदि से अन्त तक केवल एक बात से बातें निकलती चली जाती हैं और बातों में से बात का यह निकलते जाना ही इतना मनोरंजक होता है कि एक कहानी बन जाती है। परन्तु यह कौशल वही दिखा सकता है, जिसके पास बातचीत की उत्कृष्ट कला हो और साथ ही भाषा की बारीकियाँ भी।" आजादी के बाद के कथाकारों ने कुछ ऐसी कहानियों का जिक्र किया जिसमें कथा न होने के बावजूद भी वह कहानी कहलाई। नई कहानी आन्दोलन को अग्रसर करनेवाले प्रख्यात कहानीकार मार्कण्डेय ने भी 'सहज और शुभ', 'आदमी की दुम' आदि अनेक ऐसी कहानियाँ लिखीं जो वास्तविक तौर पर कहानी नहीं कही जा सकती क्योंकि उनमें कुछ भी कथानक नहीं दिखाई पड़ता है। 'आदमी की दुम' में एक पिता अपने बेटे के जीवन

को सँवारने में पूरी जिन्दगी लगा देता है तो 'सहज और शुभ' कहानी के विषय में बलभद्र सिंह अपने विचार व्यक्त करते हुए कहते भी हैं कि-"कहानी में जीवन की समझ के सम्बन्ध में सहज ढंग से शुभ की ओर संकेत किया गया है। यह केवल बचपन की नहीं जीवन की समझ की कहानी है।" जीवन की सही समझ अब युवा पीढ़ी महसूस करने लगी थी और यही कारण था कि युवाजन अब खुलकर विद्रोह करने लगा था।

नई कहानियों में यदि गौर किया जाए तो उनमें एक मुख्य बिन्दु को भी उजागर किया गया है और वह बिन्दु है-'मार्मिकता एवं प्रतीकात्मकता'। युवा कहानीकारों की टोली में लेखकों ने अपनी कहानी में कई प्रकार के ऐसे विषयों को चित्रित किया है, जिसमें मार्मिकता को देखा जा सकता है। शेखर जोशी की कहानी 'कोसी का घटवार' में पहाड़ी बच्चे की दशा एवं व्यथा को कथाकार ने बड़े ही मार्मिक अन्दाज में प्रस्तुत किया है। राजेन्द्र यादव ने भी अत्यन्त ही मार्मिक कहानी 'जहाँ लक्ष्मी कैद है' में एक ऐसी लड़की की परिस्थितियों को दर्शाया है जिसका जीवन ही उसके लिए सबसे घातक है। मार्कण्डेय की अधिकांश कहानियों में भी 'मार्मिकता एवं प्रतीकात्मकता' आमतौर पर दिखाई पड़ती है। उनकी अत्यन्त ही प्रचलित एवं चर्चित कहानी 'पानफूल' को यहाँ रखा जा सकता है, जिसमें दो मासूम बच्चियों की मित्रता के सिवा किसी भी प्रकार का स्वार्थ नहीं दर्शाया गया। इस कहानी की सर्वप्रमुख विशेषता यह है कि यह गाँव की विसंगतियों, स्त्री जीवन की परिस्थितियों, पूँजीपति वर्ग के शासन आदि विषयों को एक कोने में रखकर बिलकुल नए सन्दर्भ को लेकर लिखी गई है। यह कहानी दो मासूम बच्चियों नीली और रीति तथा झबरा कुत्ता की मित्रता की कहानी है। ये तीनों एक-दूसरे से इस तरह जुड़े हुए हैं कि एक के बिना दूजा नहीं रह सकता। अपने गुड्डे-गुड़िया के ब्याह के लिए तीनों एक खेल खेलते हैं और खेल-खेल में ही बाउली में पान और फूल लाने के चलते तीनों अपनी जान गँवा बैठते हैं। इस कहानी का अन्त बड़े ही दुःखद रूप में कथाकार ने किया है। मानवीय भावनाओं को पहचानते हुए मार्कण्डेय ने इस कहानी में नए सन्दर्भ को ही प्रस्तुत किया है क्योंकि देश-दुनिया की उलझनों से मुक्त रखते हुए यह कहानी केवल बच्चों के आपसी प्रेम और सौहार्द्र को लेकर लिखी गई है।

नया कहानीकार वास्तविक जीवनबोध को चित्रित कर उसे समाज के सम्मुख लाने का प्रयत्न करता था। उनका यह प्रयत्न ही युवाओं के भीतर ऐसा बदलाव लाता है जो समाज के लिए आवश्यक था। यदि मार्कण्डेय की बात की जाए तो "मार्कण्डेय की कहानियों के पाठक यह बड़ी आसानी से महसूस करेंगे कि जीवन

के इन प्रसंगो से वे परिचित हैं। हाँ उन प्रसंगों से मार्कण्डेय जो गहरा अर्थ निकालते हैं, उससे पाठकों की चेतना जरूर समृद्ध होगी। उनकी प्राय: सभी कहानियों में कोई बड़ा और गहरा अर्थ संकेत का बोध होता है, जो पाठकों को प्रत्यक्ष यथार्थ की तुलना में अधिक समृद्ध करती है। यह ध्यान देने की बात है कि जीवन का यथार्थ साहित्य में आकर अधिक प्रभावशाली और अधिक ताकतवर बन जाता है। इस बात को मार्कण्डेय की कहानियों मे भी महसूस करते हैं।'' नई कहानी मार्मिकता के साथ-साथ प्रतीकों का सहारा भी लेती है। वैसे तो प्रतीकात्मक मुख्यत: कविता में प्रयोग की जाती है लेकिन पचास के बाद के कहानीकारों ने अपनी कहानियों में भी प्रतीकों का प्रयोग किया और इस तरह से कहानी ने भी प्रतीकों को अपनाया। कहीं-कहीं कथाकारों ने प्रतीक के माध्यम से इतनी बारीकी से बात कहने की कोशिश की है, कि पाठक उस बारीकी को ढूँढने के लिए ताकता ही रह जाता है। जैसे कहा जाता है कि सुबह की लाली आशा एवं उदारता का प्रतीक है ठीक उसी प्रकार कथाकारों ने अनेक कहानियों में प्रतीकों के माध्यम से बात कही है। इस श्रेणी में लिखी गई 'राजेन्द्र यादव' की कहानी 'अन्धा शिल्पी', 'आँखोंवाली राजकुमारी', 'अभिमन्यु की आत्महत्या', 'कुलटा', 'प्रश्नवाचक पेड़' आदि कहानियाँ आती हैं। राजेन्द्र यादव की 'प्रश्नवाचक पेड़' में शीर्षक के माध्यम से प्रकृति और जीवन के गहरे असुन्तलन और असंगति के प्रतीक को कहानी द्वारा चित्रित किया गया है। अज्ञेय ने प्रतीक के विषय में कहा है कि ''महत्त्व या मूल्य प्रतीक का या प्रतीक में नहीं होता, वह उससे मिलनेवाली अनुभूति की गुणात्मकता में होता है।'' 'गुलरा के बाबा' कहानी में जिस स्थान पर चमेलिया के दृश्य को इंगित किया गया है तो उस समय कहानी में प्रतीक दिखाई पड़ता है। चमेलिया का नृत्य गाँव के जवान, बूढ़ों के साथ-साथ बच्चों को भी आकृष्ट करता है। बच्चे नासमझी के कारण भले ही प्रतिक्रिया व्यक्त नहीं करते किन्तु अपने से बड़ों को नृत्य का आनन्द लेते हुए देखकर वह भी आनन्द में डूबे हैं। बचपन में जब बाबा पतुरिया के नन्हीं बच्ची के कुर्ते की छोर पकड़कर खींचते हैं तो वहाँ पर बैठे ठाकुर का ये वक्तव्य 'अभी से सीख रहा है' एक बड़ी ही गहरी बात की ओर इशारा करता है। मार्कण्डेय इस वाक्य के माध्यम से यह बताने का प्रयत्न कर रहे हैं कि जब हमारा आज वेश्याओं के नृत्य में आनन्दमग्न है तो हमारा कल कैसा होगा? अर्थात् बचपन में ही नृत्य का आनन्द लेनेवाले बच्चे कल भी यही करेंगे। इस कहानी में यहीं पर प्रतीकात्मक बिन्दु दिखाई पड़ता है। नामवर सिंह कहते हैं-''सचमुच यह प्रतीक संकेत-पद्धति बहुत-सी अस्वस्थ प्रवृत्तियों के लिए आवरण बन रही है। सेक्स-संकेत इन्हीं में से एक है। जब संकेत की पद्धति मालूम है, तो सेक्सी बातों का लोभ संवरण कैसे किया जाए?''

मार्कण्डेय की अत्यन्त प्रसिद्ध कहानी 'हंसा जाई अकेला' में भी प्रतीक दिखाई पड़ता है। हंसा का अन्धा होना ही एक प्रतीक है। हंसा को दिन में दिखाई देता है रात में नहीं। उसे रतौंधी की बीमारी से ग्रस्त बताया गया है, किन्तु उसका अन्धापन उन तमाम आँखवालों से बेहतर है जो किसी के भीतरी सौन्दर्य को नहीं देख पाता। शायद इसीलिए मार्कण्डेय ने उसके चरित्र में ऐसे विषय को प्रस्तुत किया है जो दिन में देख सकता है किन्तु रात में नहीं। यह कहानी प्रतीक रूप में ही समझी जाए तो बेहतर है। यदि हम 'सोहगइला' कहानी की बात करें तो रनिया के ब्याह में फूटे नगाड़े को बजाना ही प्रतीक है। इस फूटे ढोल को बजाकर ही वह अपना पेट पालता है। यदि यह ढोल नहीं रहेगा तो उसकी आजीविका का एकमात्र साधन भी नष्ट हो जाएगा और उसका परिवार भूखों मरेगा। कहने का तात्पर्य यह है कि यह फूटा हुआ ढ़ोल ही प्रतीक के रूप में चित्रित किया गया है। बड़े ही सांकेतिक शब्दों में यहाँ कथाकार ने एक गरीब के जीवन चरित्र की ओर इशारा किया है। कथाकार मार्कण्डेय की कहानी मानवीय ह्नदय को छू लेने के कारण मार्मिक है और बड़े ही सांकेतिक रूप में बहुत ही बड़ी बात को कह देना ही प्रतीकात्मकता है। इन दोनों ही रूपों में मार्कण्डेय की कहानियाँ देखी जा सकती हैं। इसके अतिरिक्त मार्कण्डेय की 'तारों का गुच्छा' कहानी में प्रतीक रूप में ही आसमान से तारों के एक गुच्छे के तोड़ लिए जाने की कल्पना को कथाकार ने इन शब्दों में दर्शाया है-''जाने क्यों, उसे लगता है, जैसे खिड़की के पास से गदराया आसमान झुक आया है वह खिड़की बन्द किए बैठी है। क्यों न वह तारों का एक गुच्छा तोड़ ले? कहीं उसने माँग ही लिया तो क्या होगा और वह चारपाई से नीचे उतरकर खिड़की खोल देती है। सचमुच रेल की ऊँची पटरियों पर तारों का घोल पुत गया है और दूर आसमान के सीमान्त में उसकी नुकीली धार धँसती चली गई है।'' नामवर सिंह सांकेतिकता के विषय में कहते हैं कि-''सांकेतिकता का सहारा पिछली पीढ़ी के लेखक कभी ही कभी लेते थे, जबकि आज का लेखक अकसर इसका सहारा लेता है। लेकिन इससे भी आगे बढ़कर कहा जा सकता है कि पहले की तरह आज की कहानी 'आधारभूत का विचार' को केवल अन्त में संकेत नहीं करती, बल्कि नई कहानी का समूचा रूप-गठन (स्ट्रक्चर) और शब्द-गठन (टेक्स्चर) ही सांकेतिक है। कहानी के दौरान लेखक जगह-जगह संकेत देता चलता है और यह सभी संकेत एक-दूसरे से इस तरह जुड़े रहते हैं कि एक संकेत प्राय: किसी पूर्ववर्ती तथा परवर्ती संकेत की ओर संकेत करता जाता है, इस प्रकार आधारभूत विचार द्रवीभूत होकर सम्पूर्ण कहानी के शरीर में भर उठता है, कहीं एक जगह स्थिर नहीं रहता।'' अत: हम कह सकते हैं कि नए कहानीकारों की कहानियाँ संकेत नहीं करती बल्कि स्वयं

संकेत कही जा सकती हैं। और इसी कारण आज के कहानीकार में प्रतीक-विधान के प्रयोग का सही बोध है।

राजेन्द्र यादव, कमलेश्वर, मोहन राकेश ने शहरी जीवन को बड़े ही नवीन रूप में तो चित्रित किया है साथ ही निम्न एवं मध्यम वर्ग की मनोचेतना के चित्र को भी दर्शाया है। इन कहानीकारों के ही साथी मार्कण्डेय, शेखर जोशी, अमरकान्त, शिवप्रसाद सिंह, फणीश्वरनाथ रेणु ने आंचलिक, ग्रामीण और नगर बोध की कहानियों की ओर अपनी लेखनी चलाई। इन कहानीकारों ने कहानी में 'मासूमियत' जैसे एक बड़े ही नर्म विषय की ओर कहानी का रुख मोड़ा। यदि देखा जाए तो प्रायः अधिकांश कहानियाँ मासूमियत को दर्शाती हैं। चंचल चौहान ने 'कथा' पत्रिका में 'सांग्स ऑफ इनोसेन्स' के नाम पर जो लेख प्रस्तुत किया है वह पूरा का पूरा मार्कण्डेय की कहानियों पर मासूमयित ढूँढ़ते हुए ही लिखा गया है। उनके मुताबिक "उस दौर के तीन कहानीकार (फणीश्वरनाथ रेणु, शेखर जोशी और मार्कण्डेय) 'साँन्स ऑफ इनोसेन्स' के रचनाकार हैं, इनकी कहानियों के कथानायकों की मासूमियत या तो छली जाती है, या अपनी अस्मिता खो बैठती है, इनमें 'मारे गए गुलफाम' की केन्द्रीय थीम ध्वनित होती रहती है, भारतीय समाज में ऐसे पात्र जो मासूमियत की नुमाइन्दगी करते हैं, आजादी के बाद के समाज में किस तरह जी पाते हैं या मर जाते हैं, उनकी शरीर और मनोचेतना के विश्वसनीय खाके इन कहानीकारों ने ही रचे।" कथाकार मार्कण्डेय की 'गुलरा के बाबा', 'पान-फूल', 'महुए का पेड़', 'हंसा जाई अकेला', 'भूदान' आदि कहानियों में चंचल चौहान ने मासूमियत की बात कही है। 'पान-फूल' तो मुख्य रूप से बच्चों की मासूमियत और उनके बड़बोलेपन को लेकर लिखी गई है। 'महुए का पेड़' नामक कहानी में भी बच्चों का जिक्र बार-बार आता है। दुखना अपने महुए के पेड़ को ही अपने बच्चे की भाँति समझती है, किन्तु तीर्थयात्रा में जाने के लिए पैसा एकत्रित करने जब वह दूसरे गाँव जाती है तो उसके पेड़ को कटवा दिया जाता है और उसकी मासूमियत पर प्रहार किया जाता है। "अंग्रेजी कवि वडर्-स्वर्थ ने जब अपने काव्यशास्त्र की रचना की तो उसमें भी मासूमियत के प्रतीक दुखना जैसे पात्रों को चुनने की सलाह दी क्योंकि उनका प्रकृति के साथ निकट का सम्बन्ध होता है।" 'भूदान' कहानी में भी मासूमियत तब छली जाती है जब जमींदार भोले-भाले किसान रामजतन को ठग लेता है। 'माई' कहानी में भी बच्चों की मासूमियत की ही बात कथाकार ने की है। मार्कण्डेय की ही भाँति शेखर जोशी ने भी 'दाज्यू' कहानी में एक पहाड़ी बच्चे की मासूमियत पर बड़े ही कड़े शब्दों से प्रहार किया है। साथ ही 'एक कमजोर लड़की की कहानी' में भी यही मासूमियत छली जाती है। मार्कण्डेय

ने अधिकांश कहानियों में मासूमियत को दर्शाकर यह बताने का प्रयास किया है उनकी कहानियाँ चाहे शहरी जीवन को लेकर लिखी गई हों या ग्रामीण जीवन को लेकर परन्तु उनका थीम तो मासूमियत ही है। तभी तो वह बड़े ही अलग अन्दाज में उसका चित्रण करते हुए दिखाई पड़ते हैं। अत: कहा जा सकता है कि-"मार्कण्डेय जी ने अपनी कहानियों में इसी मासूमियत को अपनी रचनाशीलता का विषय बनाया और उसकी जरूरत को रेखांकित किया, क्योंकि मुक्तिबोध की तरह वे भी जानते थे कि 'भोले भाव की करुणा क्रान्तिकारी सिद्ध होती है।'' इस तरह नई कहानी के कहानीकारों ने मासूमियत को भी एक उचित स्थान दिया है।

नई कहानी आन्दोलन का कहानीकार मुख्य रूप से 'मानवीय चिन्ता' के प्रति सजग था। स्वातन्त्र्योत्तर कहानी को मद्देनजर रखते हुए इन कहानीकारों ने कई बिन्दुओं को चित्रित कर पाठक को अपनी ओर खींचा। कहानियों में मनुष्य के जीवन, रूढ़ियों, आडम्बर, छुआछूत आदि अनेक विषयों के चलते मानव के प्रति चिन्ता व्यक्त की गई। दरअसल आजादी के पूर्व जिस जनता को अनेक परेशानियों का सामना करना पड़ा वही जनता आजादी के बाद बेचैन हो उठी और यह बेचैनी ही संघर्ष और कर्मठता का कारक बनी। समाज की यह परिस्थिति तमाम रचनाकारों की चुनौती का कारण बनी जिनसे निपटने के लिए उन्होंने अपनी कहानियों को माध्यम बनाया और मानव के प्रति अनेक प्रकार की चिन्ताओं को व्यक्त किया। यह चिन्ता मानव के विभिन्न क्षेत्रों को लेकर थी। कहीं पर उन्होंने स्त्री-जीवन के प्रति चिन्ता व्यक्त की है तो कहीं छोटे-छोटे बच्चों के प्रति। मार्कण्डेय ग्रामीण जीवन के कथाकार होने के नाते उनकी अधिकांश कहानियाँ गाँव पर केन्द्रित हैं। उन्होंने गाँव में निवास करनेवाले निचले वर्ग को ही मुख्य रूप से अपनी कहानी का विषय बनाया। गम्भीर चिन्तन करते हुए इन्होंने मानव की उन परिस्थितियों की ओर रुख किया है जिसके पास किसी भी प्रकार के कोई अधिकार नहीं थे। उनकी कहानी 'कल्यानमन' में एक विधवा और वृद्ध स्त्री के प्रति रचे गए षड्यन्त्र को बड़े ही मार्मिक रूप में व्यक्त किया है। इस कहानी में कथाकार ने मंगी की परिस्थिति को लेकर चिन्ता व्यक्त की है। यह कहानी विधवा स्त्री की तमाम उलझनों को व्यक्त करती है। यथार्थ कहानी का एक ऐसा बिन्दु है जिसके चलते कहानी का स्वरूप ही बदल जाता है। उनकी प्राय: सभी कहानियाँ मानवीय चिन्ता से दीप्त हैं। "मार्कण्डेय का विश्वबोध, उनकी यथार्थ चेतना, उनके प्रशस्त मानवीय सरोकार, उनका प्रातिनिधिक यथार्थ चित्रण और उनके अनुभवों का व्यापक संसार उन्हें अंचल जैसी किसी सीमित जमीन का वारिस बनने ही नहीं दे सकता, वह उसका अतिक्रमण करता है। अतएव छिटपुट उदाहरणों की बात छोड़ दें तो सम्भव है

कभी-कभी उनकी सर्जना में झलक गए हों, उनकी कहानियाँ आंचलिकता की चर्चा से अलग ही रखी जाएँ तो ज्यादा अच्छा होगा। समझदारी का तकाजा यही है।'' जिस गहराई के साथ कथाकार मार्कण्डेय मानव के प्रति चिन्ता को अपनी कहानी में व्यक्त करते हैं वैसा उनके समकालीन रचनाकारों ने नहीं किया। यह कहा जा सकता है कि इनके समकालीन रचनाकारों ने मनुष्य जीवन की आन्तरिक गहराई को जितना अधिक महसूस किया था उतना कहानियों में व्याख्यायित नहीं किया। परन्तु उसके बावजूद शेखर जोशी की 'दाज्यू', 'बदबू', 'कोसी का घटवार', अमरकान्त की 'जिन्दगी और जोक', 'डिप्टी कलक्टरी', मोहन राकेश की 'एक और जिन्दगी', 'मलबे का मालिक' आदि कहानीकारों की कहानियों में मानवीय चिन्ता के लक्षण दिखाई पड़ते हैं। अमरकान्त भी नई कहानी आन्दोलन के प्रणेता हैं। श्री भैरवप्रसाद गुप्त ने एक बार कहा था कि-''अमरकान्त के नाम के बिना आज की नई कहानी की कोई भी चर्चा अधूरी है।'' उनके इस कथन से यह ज्ञात होता है कि अमरकान्त ने भी नई कहानी आन्दोलन में मुख्य भूमिका निभाई और अपनी प्रसिद्ध कहानी 'जिन्दगी और जोंक' के माध्यम से मानव जीवन के प्रति गहरी संवेदना व्यक्त की। शेखर जोशी भी 'बदबू', 'कोसी का घटवार' आदि कहानियों के माध्यम से कलकारखाने में काम करनेवाले मजदूरों के प्रति संवेदना व्यक्त करते हैं तो कभी 'दाज्यू' में एक अबोध बालक की दशा को दर्शाते हैं। अतः इन कथाकारों की कहानियाँ मानव जीवन की संवेदना को दर्शाती है।

नई कविता की तर्ज पर ही नई कहानी आन्दोलन का जन्म होने के साथ ही इसकी अनेक प्रवृत्तियों की ओर ध्यान आकृष्ट किया गया। सर्वप्रथम निर्मल वर्मा की कहानी 'परिन्दे' को ही प्रथम नई कहानी माना गया है। समकालीन कहानीकारों में निर्मल पहले कहानीकार हैं जिन्होंने शहर, ग्राम, कस्बा और प्रेम को लेकर लिखी जानेवाली कहानियों के विषयों को छोड़कर मनुष्य की गहन समस्याओं को कहानी में उठाने की शुरुआत की। नई कहानियाँ जहाँ अनेक प्रवृत्तियों को जन्म देती हैं वहीं उसकी सबसे मुख्य विशेषता यह भी है कि नई कहानी में 'ग्राम कथा बनाम नगर कथा' का संघर्ष अधिक था। कुछ लेखक गाँव की कथा पर दृष्टि डाल रहे थे तो कुछ नगरीय जीवन को प्रस्तुत कर रहे थे, फणीश्वर नाथ रेणु को आंचलिकता की श्रेणी में रखा गया तथा शेखर जोशी और अमरकान्त कस्बाई जीवन पर लिखनेवाले कहानीकारों की कोटि में रखे गए। जहाँ ये कथाकार गाँव और कस्बे से सम्बन्धित थे वहीं मोहन राकेश, राजेन्द्र यादव, कमलेश्वर ने नगरीय जीवन को ही अपनी कहानी में स्थान दिया। मोहन राकेश, कमलेश्वर, राजेन्द्र यादव ने महानगर की समस्याओं को ही अपनी कहानियों के माध्यम से चित्रित किया। इस

बात की पुष्टि करते हुए नमिता सिंह कहती हैं-''महानगरीय परिवेश में रची-पगी इन लेखकों की कहानियों में अकेलेपन का संत्रास, नए आर्थिक संकट और उनके बीच रोजी-रोटी की समस्या, अस्मिता की पहचान के साथ डोरी की तरह खिंचती प्रेम और रोमांस की सन्देह उपस्थिति कथा संरचना को मजबूत आधार देने में सक्षम रही है।'' नई कहानी आन्दोलन दो रूप में जूझती हुयी दिखाई पड़ती है-ग्राम कथा और नगर कथा। ग्राम कथा पर आधारित मार्कण्डेय की कहानियों में 'गुलरा के बाबा', 'घूरा', 'कल्यानमन', 'नीम की टहनी', 'पानफूल', 'महुए का पेड़', 'सोहगइला', 'दौने की पत्तियाँ', 'हंसा जाई अकेला', 'भूदान' आदि ढेरों कहानियाँ ग्रामीण परिवेश को लेकर लिखी गई हैं। यही कारण था कि मार्कण्डेय को ग्रामीण जीवन का कथाकार कहा गया। आजादी के बाद बदल रही संरचना एवं संवेग को इन कहानीकारों ने भलीभाँति पहचाना और अनेक प्रकार के हो रहे बदलावों को अपनी आँख से देखा कि किस प्रकार जनता मोहभंग का शिकार हुई है। जो भी विकास-योजनाएँ गाँव की ओर बढ़ रही थी उसका फायदा गाँव के मुख्यत: बड़े किसान ही उठा रहे थे और गरीब किसान आजादी के बाद भी छला जा रहा था। वैसे देखा जाए तो ''मार्कण्डेय का रचना संसार गाँव से लेकर शहरों के महानगरीय बोध तक फैला है। वहाँ ग्रामीण पृष्ठभूमि पर अगर निरन्तर घटनेवाले प्रसंग और घटनाएँ हैं, वर्गीय संघर्ष है तो दूसरी ओर मध्यमवर्गीय जीवन में उपस्थित रोजमर्रा की भावनात्मक टकराहटें हैं, स्त्री-पुरुष सम्बन्धों के द्वन्द्व और मानसिक ऊहापोह की स्थितियाँ हैं।''

आजादी के पूर्व व बाद का आँखों देखा हाल इन कथाकारों ने कहानियों में चित्रित किया। कहानी में पहले ग्रामीण चित्रण ही अधिक देखा जाता रहा है। मुन्शी प्रेमचन्द ने भी अपनी कहानियों की शुरुआत गाँव को लेकर ही की। 'कफन' और 'पूस की रात' इसका प्रत्यक्ष उदाहरण हैं। प्रेमचन्द के उपन्यासों की संख्या अधिक है लेकिन उसमें भी वह ग्रामीण जीवन की ओर ही झुकते हैं और उसी को चित्रित करते हैं। एक ही जैसे विषय को लेकर लिखी जानेवाली कहानियों को पढ़कर पाठक के मन में ऊबन महसूस होने लगी। अब उसे किसी नए प्रकार की कहानियों को पढ़ने की आशा थी क्योंकि ग्रामीण सन्दर्भ की कहानियों में उसे किसी भी प्रकार के नवीन विषय नहीं मिले। तत्पश्चात शेखर जोशी की पहाड़ी जीवन से सम्बन्धित व कमलेश्वर, राजेन्द्र और राकेश की नगरीय जीवन से सम्बन्धित कहानियों ने एक बार फिर सबके ह्नदय पर राज किया। यदि शेखर जोशी चाहते तो 'ग्राम कथा बनाम नगर कथा' की धाराओं के संघर्ष में अपनी प्रगतिशील चेतना से लैस औद्योगिक जीवन को आधार बनाकर लिखी कहानियों की एक तीसरी धारा शेखर

जोशी निकाल सकते थे, लेकिन उन्होंने ऐसा नहीं किया। दरअसल उनकी कहानियाँ स्वयं में एक आन्दोलन है।'' समकालीन कथाकारों की कहानियों को ही दो वर्ग में बाँटा गया-ग्राम कथा और नगर कथा। ग्राम कथा और नगर कथा का यह संघर्ष चलता रहा और इन दो वर्गों में बँटे कहानीकारों ने अपनी-अपनी विचार पद्धति और रचनाशैली को कहानियों में व्यक्त किया। इस तरह नई कहानी आन्दोलन में ग्राम कथा एवं नगर कथा पर कहानियाँ लिखी गईं। यदि देखा जाए तो स्वातन्त्र्योत्तर दशक में नई कहानी को लेकर अनेक प्रकार के विवाद हुए। देवीशंकर अवस्थी भी ग्राम-कथा बनाम नगर-कथा के आन्दोलन का वर्णन करते हुए कहते हैं-''नई कहानी के अस्तित्व का प्रश्न यदि 1956 में उठाया गया था तो दिसम्बर, 1957 में प्रयाग में होनेवाले 'साहित्यकार सम्मेलन' तक 'नई कहानी' अभिधान को लगभग स्वीकर कर लिए गया। इस सम्मेलन में पठित तीनों निबन्धों (शिवपप्रसाद सिंह, हरिशंकर परसाईं और मोहन राकेश लिखित) के पहले ही वाक्यों में 'नई कहानी' का प्रयोग किया गया है। पर 'नई' को लेकर प्रारम्भ होनेवाले विवाद के साथ ही से ग्राम-कथा बनाम नगर-कथा का झगड़ा सामने आ चुका था। वस्तुत: यह विवाद भी मूलत: नएपन को लेकर था-किस प्रकार के लेखक नए यथार्थ को अधिक शक्ति और दृष्टि के साथ ग्रहण कर पा रहे हैं, यह समस्या लेखकों के सामने भी थी और आलोचकों के भी।'' कथाकारों की एक पूरी की पूरी टोली ने अपने-अपने मुताबिक नई कहानी पर टिप्पणियाँ प्रस्तुत की। नई कहानी व नई रचना को लेकर अनेक प्रकार के विवाद प्रस्तुत हुए। कुछ विचारकों ने निर्मल वर्मा की कहानी 'परिन्दे' को पहली नई कहानी माना तो कुछ ने भीष्म साहनी की 'चीफ की दावत' को। अनेक प्रकार से लेखकों एवं विचारकों ने नई कहानी के सन्दर्भ में अपनी विचारशैली को प्रस्तुत किया।

नई कहानियों की उपर्युक्त प्रवृत्तियों के अलावा भी अनेक प्रकार की प्रवृत्तियाँ दिखाई पड़ती हैं। कथाकार मार्कण्डेय की कहानियाँ नई कहानी की अधिकतर विशेषताओं को उजागर करती हैं। इन प्रवृत्तियों के अतिरिक्त 'देशज शब्द का प्रयोग', 'मुहावरों एवं लोकोक्तियों का प्रयोग', 'लोकगीतों का प्रयोग', 'व्यापक मनुष्यता के अनुभवों की सम्पन्नता', 'सोद्देश्यता' आदि अनेक विशेषताएँ हैं। शिल्प की दृष्टि से भी नई कहानियों में अनेक बदलाव देखे जा सकते हैं। यदि हम कथाकार मार्कण्डेय की बात करें तो ''मार्कण्डेय का परिवेश-बोध और संवेदना, सामाजिक जागरूकता का अधिक व्यापक और उपेक्षित क्षेत्रों में उपयोग, हिन्दी कहानी को 'ग्रामोन्मुख' करने की पहल नई ग्रहणशीलता कुछ ऐसी विशेषताएँ हैं जिनसे मार्कण्डेय की कहानियाँ, नई कहानी की उल्लेखनीय उपलब्धियाँ कही

जा सकती हैं।'' धनंजय वर्मा के इस वक्तव्य से हमें मार्कण्डेय की कहानियों के उस हिस्से के बारे में जानकारी प्राप्त होती है जहाँ वह उनके रचना कौशल को ग्रामीण बिन्दुओं से जोड़ते हैं। नई कहानी आन्दोलन को एक अलग रूप देनेवाले मार्कण्डेय ने ग्रामीण-सन्दर्भों के प्रयोग से ही हिन्दी साहित्याकाश में एक अनुपम उपलब्धि प्राप्त की।

(ख) नई कहानी आन्दोलन के प्रमुख कहानीकार एवं मार्कण्डेय:

नई कहानी आन्दोलन में भाग लेनेवाले अनेक कहानीकारों ने अलग-अलग विषयों को लेकर कहानियाँ लिखी तो थी किन्तु वह विषय कहीं न कहीं यथार्थ को इंगित करनेवाले रहते थे। इन कहानीकारों की एक पूरी पांत इस आन्दोलन में सक्रिय थी। और अपने नजरिये से जीवन से जुड़ी घटनाओं को दर्शाती थी। ऐसे कहानीकारों में मुख्यत: शेखर जोशी, अमरकान्त, मोहन राकेश, राजेन्द्र यादव, कमलेश्वर, मन्नू भंडारी, भीष्म साहनी आदि प्रमुख रूप से नजर आते हैं। अनेकानेक नवीन सन्दर्भ से जुड़ी कहानियाँ बड़ी ही रोचक और परिस्थिति के अनुकूल थी। मार्कण्डेय की कहानियों को प्रमुख कथाकारों की कहानियों से जोड़ते हुए तथा एक नवीनतम रूप में दर्शाने के लिए अनेकानेक कहानीकारों को पढ़ने व समझने का मौका मिला किन्तु यहाँ उस समय के कुछ महत्त्वपूर्ण कहानीकारों का विवरण ही प्रस्तुत किया गया है-

शेखर जोशी नई कहानी दौर के एकाकी ऐसे कथाकार हैं जिन्होंने सिर्फ कहानियों के माध्यम से अपनी पहचान बनाई। इन्होंने शतक से काफी कम कहानियाँ लिखीं किन्तु उपन्यास के क्षेत्र में इनकी कलम नहीं चल सकी। इनकी कहानियों का अधिकतर विषय परिवार न होकर समाज है। शेखर जोशी ने केवल पति-पत्नी के रिश्तों को अपनी कहानियों में स्थान दिया है बल्कि उसमें समाज के अनेक विषयों को रूपायित किया। हिन्दी कथा जगत में प्रेमचन्द के बाद जो एक पीढ़ी आती है उसका मार्कण्डेय के साथ-साथ शेखर जोशी भी अनुसरण करते दिखाई पड़ते हैं। शेखर जोशी ने पहाड़ी जीवन और वहाँ के परिवेश को अपनी कहानियों में अधिक स्थान दिया है। उनकी कहानियों में पहाड़ी परिवेश में जी रहे लोगों की जीवनशैली को बहुत ही सादगीपूर्ण अन्दाज से चित्रित किया गया है। हिन्दी कथा-क्षेत्र में पहाड़ी-जीवन को अपनी कहानियों का विषय बनानेवाले एकमात्र कथाकार कहे जा सकते हैं। ''शेखर जोशी हिन्दी के उन दुर्लभ कथाकारों में हैं जो आजादी के बाद के भारतीय समाज, खासतौर पर पहाड़ी जन-जीवन को अपनी कथाओं के माध्यम से गहराई से स्पर्श किया है।'' वह नई कहानी आन्दोलन

के सशक्त कथाकार हैं। इनकी अनेक प्रसिद्ध कहानियाँ हैं जिनमें से कुछ इस प्रकार हैं-'कोसी का घटवार', 'बदबू', 'दाज्यू', 'नौरंगी बीमार है', 'हलवाहा', 'आखिरी टुकड़ा', 'गलता लोहा', 'बोझ'।

'कोसी का घटवार' शेखर जोशी की बहुत चर्चित कहानी है। इसमें 'हंसा जाई अकेला' तथा 'एक दिन की डायरी' की भाँति असफल प्रेम को दर्शाया गया है। इन तीनों कहानियों की कथा प्रेम पर आधारित है। 'कोसी का घटवार' में गुसाँई सिंह और लछमा के असफल प्रेम को व्यक्त किया गया है और 'दूसरी स्तर पर आधुनिकतावादी मुहावरे से लैस नई कहानी की तर्ज पर 'अकेलेपन' और 'खालीपन' की कहानी है। गुसाँई लछमा से प्रेम करता है और इसी के चलते वह उससे विवाह करना चाहता है किन्तु लछमा के पिता इसकी इजाजत नहीं देते हैं। गुसाँई अपना दाखिला फौज में करा लेता है और जब वह रिटायर होकर आता है तो गाँव में गेहूँ पीसने की चक्की लगाता है। एक दिन उसकी आटा चक्की में लछमा गेहूँ पिसाने आती है तो गुसाँई के ह्रदय में उसके लिए संवेदनाएँ पुनः जाग उठती हैं और उसे विवाह के पहले लछमा की वह बात याद आ जाती है जिसमें उसने कहा था-''गंगानाथ ज्यू की कसम, जैसा तुम कहोगे मैं वैसा ही करूँगी।'' वह विधवा होने के बाद अपने बच्चों के साथ अपना जीवन व्यतीत कर रही है और इसी कारण वह गुसाँई से किसी प्रकार की कोई मदद नहीं लेती है। गुसाँई प्रेमवश उसके आटे में थोड़ा सा आटा और मिला देता है। लेखक के शब्दों में-''लछमा उस ओर पीठ किए बैठी थी। उसने (गुसाँई ने) जल्दी-जल्दी अपने निजी आटे की टीन से दो-ढाई सेर के करीब आटा निकालकर लछमा के आटे में मिला दिया और सन्तोष की एक साँस लेकर वह हाथ झाड़ता हुआ बाहर आकर बाँध की ओर देखने लगा।'' लछमा के जाने के बाद वह उसे उस कसम की याद दिलाता है, जो विवाह के पूर्व ली गई थी। कहानी में दोनों के एकाकी जीवन को बड़ी सहजता के साथ रेखांकित किया गया है और अन्त में भी दोनों के एकाकी जीवन को लेखक जोशी ने इन शब्दों में अभिव्यक्त किया है-''घट के अन्दर काठ की चिड़िया अब भी किट-किट की आवाज कर रही थी, चक्की का पाट खिस्सर चल रहा था और मयानी की पानी काटने की आवाज आ रही थी, और कहीं कोई स्वर नहीं, सब सुनसान निस्तब्ध।''

इस प्रकार कहानी में आंचलिक जीवन के वर्णन के साथ ही प्रेम के अधूरेपन को व्यक्त किया गया है। लछमा को ऐसी स्थिति में देखने के बाद भी गुसाँई सामाजिक भय के चलते उससे अपने दिल की बात नहीं कह पाता, किन्तु झिझकते हुए इतना ही कहता है-''कभी चार पैसे जुड़ जाएँ, तो गंगानाथ का जागर लगाकर भूल-चूक की माफी माँग लेना। पूत-परिवार को देवी-देवता के कोप से बचा रहना

चाहिए।'' असफल प्रेम को रेखांकित करती इस कहानी के समान ही कथाबिन्दु को उजागर करती मार्कण्डेय की कहानी 'एक दिन की डायरी' में भी प्रेम के ऐसे रूप को दिखाया गया है जहाँ शीला और कथावाचक चाहकर भी एक-दूसरे के साथ नहीं रह पाते। जबकि ''हंसा जाई अकेला' के हंसा और सुशीला को तो प्रेम की बहुत भारी कीमत चुकानी पड़ती है। सुशीला तो मर जाती है और हंसा विक्षिप्त हो जाता है।'' असफल प्रेम को ही व्यक्त करती इन कहानियों को पढ़ने पर इनमें कहीं न कहीं साम्यता दिखाई पड़ती है। वस्तुत: ''शेखर पूरी खामोशी से सब-कुछ कह देते हैं। प्रतीकों और बिम्बों के माध्यम से वे ऐसे वातावरण का सृजन करते हैं जिसमें पूरा वातावरण ही अंचल की अभिव्यक्ति बन जाता है। रचना-वस्तु का संयत उपयोग और अभिव्यक्ति के माध्यमों का सन्तुलन कहानी को महत्त्वपूर्ण बना देता है। बिना किसी आवेग के कहानी मन्थर गति से चलती हुई तृप्ति और सन्तोष देती है।''

शेखर जोशी की कहानी 'बदबू' कारखाने में काम करनेवाले लोगों के जीवन पर आधारित है। जब मास्टर इस कारखाने में काम करता है तो सभी मजदूरों की भाँति उसे भी अपने हाथों से बदबू आती है। वह अपने हाथों को जब सूँघता है तो घासी को एक बात याद आ जाती है और उसी बात के समर्थन में वह मजदूरों से कहता है-''ये भाई भी अभी हाथ-नाक पै ले जा-जा के सूँघ रहे थे तभी किस्सा याद आया। पहले-पहल हम भी ऐसे ही सूंघा करते थे। पर अब तो ससुरा पता ही नहीं लगता। कितनी बार तो साबुन नहीं मिलता, ऐसे ही पोंछ-पांछकर रोटी खाने बैठ जाते हैं।'' कारखाने में काम करनेवाले हर मजदूर को उस बदबू-भरे माहौल में रहने की आदत सी पड़ गई है और इसी कारण बदबू होने के बावजूद उन्हें उसका अहसास नहीं होता है। कारखाने में मजदूरों के साथ जो दुर्व्यवहार होता है उसे उन मजदूरों को अनायास ही सहना पड़ता है क्योंकि विरोध करने पर उनका तबादला या तो दूसरी जगह करा दिया जाता है या फिर नौकरी से निकाल दिया जाता है। पूँजीपति वर्ग का निम्नवर्ग के प्रति ऐसा दृष्टिकोण आज भी दिखाई पड़ता है। 'अल्बर्ट आइन्सटीन' ने कहा था कि ''दुनिया उन लोगों द्वारा नहीं नष्ट होगी जो बुराई करते हैं, बल्कि उन लोगों द्वारा जो बिना कुछ किए उसे देखते रहते हैं।'' शेखर जोशी ने कहानी के अन्त में यह बताने का प्रयत्न किया है-''जैसे आज वह भी घासी की तरह इस बदबू का आदी हो गया है। उसने चाहा कि वह एक बार फिर हाथों को सूँघ ले लेकिन उसका साहस न हुआ परन्तु फिर बड़ी मुश्किल से वह दोनों हाथों को नाक तक ले गया और इस बार उसके हर्ष की सीमा न रही। पहली बार उसे भ्रम हुआ था। हाथों में कैरोसीन तेल की बदबू अब भी आ रही

थी।'' इस तरह यह कहानी मजदूर वर्ग की जिन्दगी को बयान करती है। 'आदर्श कुक्कुटगृह', 'भूदान', 'हंसा जाई अकेला', 'दौने की पत्तियाँ', 'हलयोग' आदि कई ऐसी कहानियाँ मार्कण्डेय ने लिखीं जिसमें पूँजीपति वर्ग के शोषण को निम्नवर्ग लाचारीवश झेलता है क्योंकि यदि वह आवाज उठाता भी है तो उसे इतना सताया जाता है कि पुन: ऐसे साहस की उसकी हिम्मत नहीं पड़ती है। मार्कण्डेय की अत्यन्त सुन्दर कहानी 'महुए का पेड़' में भी एक गरीब दुखियारी अपने प्राणों को तब त्यागती है जब उसका पेड़ उससे छीन लिया जाता है। शेखर जोशी ने बदबू में दलित लोगों के जीवन की व्यथा को जितनी बारीकी के साथ प्रस्तुत किया उतना ही मार्कण्डेय ने भी इस प्रकार के अनेक मुद्दों से हमें रू-बरू कराया।

'बदबू' कहानी ऐसे बदहाल मजदूरों के जीवन की वास्तविकता को उजागर करती है जो बिलकुल सत्य है। ''आज के समय में 'बदबू' की प्रासंगिकता उनके सूक्ष्म पर्यवेक्षण शक्ति का परिणाम है। इस आधार पर देखें तो 'बदबू' अपने समय की धारा को भी अतिक्रमित करती है।'' शेखर जोशी ने इस कहानी में मुख्यतया उन दलित मजदूरों के जीवन की वास्तविकता को इस कहानी में बड़ी ही बारीकी के साथ शब्दबद्ध किया है। कथाकार जोशी की यह कहानी पचासवें दशक के पश्चात आम आदमी की वास्तविकता को उजागर करती है। इस कहानी में औद्योगिक परिसर का चित्रण हुआ है।

नई कहानी आन्दोलन के सशक्त हस्ताक्षर शेखर जोशी की अत्यन्त छोटी कहानी 'दाज्यू' में एक बच्चे की मासूमियत को बड़ी ही सुन्दरता के साथ अभिव्यक्त किया गया है। इसमें मानवीय सम्बन्धों को झुठलाते हुए दिखाया गया है और साथ ही मध्यवर्गीय दम्भ पर अत्यन्त मार्मिकता के साथ व्यंग्य प्रस्तुत किया गया है। इस कहानी में मदन आठ-दस साल का एक छोटा-सा बालक है, जो पहाड़ी रहन-सहन के मध्य एक होटल में काम करता है। वहीं पर उसकी मुलाकात जगदीश बाबू से होती है जो कि एक शहर में अपने आपको अकेला महसूस करते हैं। मदन भी उसी एकाकीपन से जूझ रहा है, किन्तु जगदीश से मिलने के बाद उसका यह एकाकीपन दो-चार दिन के लिए दूर हो जाता है और वह उन्हें 'दाज्यू' कहने लगता है जिनसे दोनों के बीच अजनबीपन की खाई दूर हो गई। टेबल पर बैठते ही मदन का स्वर सुनाई देता ''दाज्यू, जैहिन्न...!' दाज्यू, आज तो बहुत ठण्ड है; दाज्यू....।'' मदन को जगदीश बाबू में दाज्यू अर्थात् बड़े भाई की छाया दिखती है, किन्तु कुछ समय बाद जगदीश को मदन का दाज्यू कहना अच्छा नहीं लगता और एक दिन वह मदन पर रूखेपन के साथ चिल्लाकर कहता है-''चाय नहीं, लेकिन यह दाज्यू-दाज्यू क्या चिल्लाते रहते हो दिन-रात। किसी की 'प्रेस्टिज' का ख्याल भी नहीं है तुम्हें।''

जगदीश अपने और मदन के अपनत्व को एक पल में भूलकर पुनः अपरिचित सा हो जाता है। मदन का रिश्तों पर से पूरी तरह विश्वास उठ जाता है। कथाकार ने इस कहानी में एक ऐसे बालक के जीवन को दर्शाया है जो बचपन से ही अपनों से दूर परायों के बीच में रह रहा है। इस छोटीसी उम्र में अपनी उदर पूर्ति के लिए उसे एक होटल में काम करना पड़ता है। हमारे समाज में जहाँ बच्चों से किसी प्रकार की मजदूरी करवाना घोर अन्याय है वहीं तमाम ऐसे लोग हैं जो बच्चों के बालपन की परवाह न करते हुए उनसे न सिर्फ काम कराते हैं बल्कि अमानवीयता भी प्रदर्शित करते हैं।

बालमन को रेखांकित करनेवाली इस कहानी में मदन की स्थिति 'जूते' कहानी के ऐसे पात्र की तरह है जो अपना पेट भरने के लिए अपने बचपने को भुलाकर मजूरी करता है। मनोहर और मदन भले ही छोटे बालक हैं किन्तु वह अपनी जिम्मेदारी बखूबी निभाते हैं। जोशी ने इस कहानी को पहाड़ी जीवन से जोड़ते हुए एक ऐसे बालक के जीवन की व्यथा को रेखांकित किया है जिसका अपना कोई नहीं है जबकि मार्कण्डेय ने मनोहर नाम के एक ऐसे गरीब बालक की मनोदशा को रेखांकित किया है जो अपने मालिक-मालकिन के अत्याचारों को सहते हुए एक ऐसे प्रश्न के घेरे में उलझा है जिनसे वह अन्त तक नहीं निकल पाता। मार्कण्डेय ने इसके साथ ही 'पानफूल', 'मिट्टी का घोड़ा' आदि कहानियाँ बालमन के जीवन को लेकर लिखी हैं। 'जूते' कहानी और जोशी की 'दाज्यू' कहानी में दोनों ही नन्हें बालक अपने पेट को पालने के लिए काम करते हैं। ऐसे बहुत बदकिस्मत बच्चे हैं जो खेलने-कूदने की उम्र में मजूरी करते हैं और अपने बचपने को छोड़कर जिम्मेदारी की बेडियों में बँध जाते हैं। "शेखर जोशी इस कहानी के माध्यम से महज वंचित वर्ग के दुःख की कथा नहीं रच रहे, वे वर्गीय दम्भ व उसकी अमानवीयता का तीव्र प्रतिरोध भी रच रहे हैं।" इस प्रकार एक बालक की मनोदशा को दर्शानिवाली यह जोशी की एक श्रेष्ठ कहानी है।

'नौरंगी बीमार है' में भी कारखाने की ही कथावस्तु को चित्रित किया गया है। यह कहानी मजदूरों के सकारात्मक और नकारात्मक दोनों प्रकार के पहलुओं को रेखांकित करती है। नौरंगी एक कारखाने में काम करता है। एक दिन कारखाने में सभी मजदूरों को वेतन मिलता है। कुछ को लगता है कि नौरंगी मिस्त्री के पास दो सौ रुपये अधिक चले गए हैं परन्तु कुछ का मानना है कि "शॉप में जिन लोगों के काम और बात पर वे विश्वास कर सकते हैं उनमें से एक नौरंगी मिस्त्री भी है। सिर्फ शर्मा जी ही क्यों, कोई सुपरवाइजर हो या कारीगर, नौरंगी की ईमानदारी पर शक नहीं कर सकता।" विश्वासपात्र होने के बावजूद टंडन बाबू नौरंगी की ईमानदारी

पर सन्देह करते हैं और महेश कारीगर को नौरंगी की जासूसी करने में लगा देते हैं और साथ ही सच उगलवाने के लिए नौरंगी के साथ अनेक प्रकार के हथकंडे भी अपनाते हैं। इन सबसे तंग आकर नौरंगी घर में बैठ जाता है। अन्त में वह इस संकट से छुटकारा पाकर सबके सामने सीना तानकर आता है और पुन: काम करने लगता है। इस प्रकार यह कहानी उस मजदूर की व्यथा को चित्रित करती है जो ईमानदार होने के बाद भी शक के घेरे में रखा जाता है। यहाँ दोष उसकी ईमानदारी का नहीं बल्कि उसकी गरीबी का है जिसके कारण उसे दोषी के कठघरे में खड़ा किया जाता है।

इस प्रकार शेखर जोशी ने अपनी कहानियों में सदैव आधुनिक समस्याओं को लेकर नए सन्दर्भों को चित्रित करने का प्रयास किया है। उन्होंने अपनी कहानियों को केवल पहाड़ी जीवन तक ही सीमित नहीं रखा अपितु प्रत्येक विषयों के बारे में गम्भीरता से अध्ययन कर अपनी कहानियों में प्रस्तुत किया है। शेखर जोशी की अनेक कहानियाँ हमें समाज के यथार्थ से रू-बरू कराती हैं। गाँव हो, शहर हो, कस्बा हो, नदी हो, पूँजीपति वर्ग की नृशंसता हो प्रत्येक पहलुओं को इनकी कहानियों मे चरितार्थ किया गया है। इनकी मशहूर कहानी 'नौरंगी बीमार है' के सन्दर्भ में 'दुर्गाप्रसाद सिंह' का कहना है-'नौरंगी बीमार है' हिन्दी की अकेली कहानी है जहाँ व्यवस्था और उसकी सबसे निचली सीढ़ी पर रहनेवालों की आपसी सम्बन्धों की बिना किसी राजनैतिक नारे या वर्गवादी दृष्टिकोण के उद्घोष से साफ-साफ पहचान कर ली गई हो।'' इस तरह नई कहानी आन्दोलन में प्रमुख भूमिका निभानेवाले शेखर जोशी ने केवल कहानी के क्षेत्र में ही महारत हासिल की है और अनेक विषयों व सन्दर्भों को लेकर कुछ अलग ही विषयवस्तु पर कहानियाँ लिखी हैं।

नई कहानी आन्दोलन के प्रमुख हस्ताक्षर अमरकान्त ने जब रचना के क्षेत्र में प्रवेश किया तब की सामाजिक स्थिति आजादी के बाद उपजे मोहभंग की थी। यह वही समय था जब द्वितीय विश्वयुद्ध के तमाम अस्तित्ववादी विचारधारा रखनेवाले रचनाकार साहित्य में पदार्पण कर रहे थे। मार्कण्डेय, शेखर जोशी और अमरकान्त की त्रयी बहुत मशहूर थी और ये तीनों ही आजादी के बाद की परिस्थिति को अपनी कहानियों में सम्मिलित करते थे। अमरकान्त ने भी आजादी के पश्चात की जिन्दगी को अपनी कहानियों के माध्यम से बड़े ही सहज एवं सरल भाषा में प्रयुक्त किया है। इनकी प्रसिद्ध कहानियों में 'जिन्दगी और जोंक', 'देश के लोग', 'असमर्थ हिलता हाथ', 'मौत का नगर', 'मित्र मिलन', 'डिप्टी कलक्टरी' आदि शामिल हैं। इन कहानियों का संक्षिप्त विवरण इस प्रकार है-

अमरकान्त की 'जिन्दगी और जोंक' नामक कहानी में मार्मिक संवेदनाओं का चित्रण बड़े ही यथार्थवादी रूप में किया गया है। अत्यन्त चर्चित इस कहानी में रजुआ नाम के एक भिखारी का चित्रण किया गया है। वह भिखारी जिनसे जो मिल जाता है वह खाकर रह लेता है। शिवनाथ बाबू उससे कुछ न कुछ काम भी निकालते रहते हैं। एक दिन रजुआ पर चोरी का इल्जाम लग जाता है और इस कारण उसकी खूब पिटाई होती है। "वह भिखमंगा अब भी तेज मार पड़ने पर चिल्ला उठता, "मैं बरई हूँ, बरई हूँ, बरई हूँ ...।" स्पष्ट था कि इतने लोगों को देखकर वह काफी भयभीत हो गया था और अपने समर्थन में कुछ न पाकर बेतहाशा अपनी जाति का नाम लेते हुए यह स्पष्ट कर रहा था कि हर जाति के लोग चोर हो सकते हैं, लेकिन बरई कतई नहीं हो सकते। हमारे समाज में सदैव से ही गरीब, लाचार को सताया जाता रहा है। शिवनाथ बाबू जैसे लोगों की हमारे समाज में कमी नहीं है। रजऊ को उस गुनाह की सजा मिलती है जो उसने किया ही नहीं है। शिवनाथ बाबू का यह कथन दर्शाता है कि भिखारी ने चोरी नहीं की बल्कि बेवजह उस पर गलत आरोप लगाया गया है। "इस बार तो साड़ी घर में ही मिल गई, पर कोई बात नहीं। चमार-सियार डाँट-डपट पाते ही रहते हैं। अरे, इस पर क्या पड़ी है, चोर-चाईं तो रात-रात भर मार खाते हैं और कुछ भी नहीं बताते।" रजुआ अनेक प्रकार के कष्टों को सहकर अपने अकेलेपन को दूर करना चाहता है। वह एक पगली से प्रेम करता है जिसकी लोग निंदा करते हैं किन्तु वह उसे नहीं छोड़ता। अत्यन्त कष्ट और रोग से ग्रसित होने के बावजूद वह जीने की लालसा को बनाए रखता है। एक बार उसके सिर पर कौआ बैठता है तो वह अपने सम्बन्धी को पत्र लिखवाता है। उसका मानना है कि परिवारीजन के रो देने से दोष खत्म हो जाएगा। वह जीने की इच्छा रखते हुए कहता है-"सरकार; मैं मरा नहीं हूँ, जिन्दा हूँ सरकार, यह मौतवाली बात किसी सगे सम्बन्धी के यहाँ लिख देने से मौत टल जाती है। भजनराम बरई मेरे चाचा होते हैं। मालिक, एक और कारण है, इस पर लिख दें, कि सरकार गोपाल जिन्दा है, मरा नहीं।" इस कहानी के माध्यम से अमरकान्त सबको यह सन्देश देना चाहते हैं कि जीने की इच्छा को कभी नहीं छोड़ना चाहिए। इस प्रकार इस कहानी में रजुआ का चरित्र एक कुत्ते एवं बैल की भाँति निरीह था लेकिन इसके बाद भी उसके भीतर जीने की बलवती इच्छा उसके साहस का परिचायक है। जहाँ कुछ लोग जीवन में थोड़ी भी कठिनाई आने पर अपना जीवन स्वयं समाप्त कर लेते है वहीं रजुआ आजीवन कठिनाई झेलने के बाद भी जीने की आस नहीं छोड़ता। राजेन्द्र यादव कहते हैं-"अमरकान्त ने कहानी 'जिन्दगी और जोंक' में जीवन के प्रति आस्था का जो दिल दहला देने वाला रूप

रखा है, वही शायद इस स्थिति की एक सीमा है... यहाँ आदमी पशु के स्तर पर जिन्दगी को ग्रहण कर लेने के सिवाय कुछ भी नहीं कर सकता...।'' यह कहानी एक ऐसे मनुष्य के जीवन को दर्शाती है जो अनेक भौतिक सुखों से दूर रहकर शारीरिक कष्ट को झेलते हुए अपना जीवन यापन करता है। यह कहानी उन तमाम लोगों पर कटाक्ष है जो अपने जीवन से हार मानकर अपने परिवार को आजीवन रोता हुआ छोड़ जाते हैं। रजुआ के चरित्र को दर्शाते हुए अन्तत: कहानीकार कहता है-''उसके मुख पर मौत की भीषण छाया नाच रही थी और वह जिन्दगी से जोंक की तरह चिपटा था-लेकिन जोंक वह था या जिन्दगी? वह जिन्दगी का खून चूस रहा था या जिन्दगी उसका?-मैं तय न कर पाया।''

'असमर्थ हिलता हाथ' में जाति व लिंग के भाव को व्यक्त किया है। आधुनिक समाज में स्त्री को अभी भी वह स्वतन्त्रता प्राप्त नहीं है जो कि पुरुष को। मध्यवर्गीय समाज स्त्रियों को अधिकार तो देता है लेकिन एक सीमा तक। पितृसत्तात्मक व्यवस्था के चलते भी उस पर तमाम बन्धन लगाए जाते हैं। कहानी में मीना और उसकी माँ लक्ष्मी मुख्य पात्र हैं और दोनों की स्थिति समान है। लक्ष्मी एक आदमी से प्रेम करती है किन्तु साहस न जुटा पाने के कारण उसका विवाह कहीं और हो जाता है और वह न चाहकर भी एक ऐसे मनुष्य के साथ जीवन बिता रही है जिनसे वह प्रेम नहीं करती। जब उसकी बेटी मीना किसी और से प्रेम करती है तो उसकी भावना को समझने के बजाय वह उससे नफरत करती है और उस पर पाबन्दी लगाती है। अपने प्यार के बिना जीवन किस प्रकार से कटता है यह लक्ष्मी भलीभाँति जानती है और इसी कारण अपनी बेटी को भी उसी राह में जाते हुए देखती है तो उसे कष्ट होता है क्योंकि माँ होने के नाते वह नहीं चाहती कि उसके साथ भी वही हो जो लक्ष्मी के साथ हुआ था। हमारे समाज में पुरातन काल से लेकर आधुनिक काल में भी प्रेम करनेवालों को हेय दृष्टि से देखा जाता है। प्रेम के इतने सारे ऐतिहासिक प्रमाण होने के बावजूद प्रेमियों को अनैतिक दृष्टि से देखा जाता है। इस तरह यह कहानी असफल प्रेम को दर्शाते हुए समाज में व्याप्त स्त्री के प्रति तुच्छ सोच को रेखांकित करती है।

मध्यमवर्गीय जीवन का सफल चित्रण करनेवाली कहानी 'दोपहर का भोजन' में एक ऐसे परिवार को बचाने का प्रयत्न किया गया है जो आर्थिक समस्या से आहत है, जिसके पास खाने के लिए कुछ नहीं है। गरीबी का चित्रण इतने मार्मिक ढंग से किया गया है कि जिसमें एकता के चलते सभी सदस्य पेट भर जाने का बहाना करते हैं। घर में प्रत्येक सदस्य के हिस्से में दो-दो रोटियाँ आती हैं। सिद्धेश्वरी भूखी रहती है और पानी पीकर सो जाती है। इन लोगों को 'दोपहर का भोजन'

भरपेट नहीं मिलता। इन सबका जीवन तो चलता है लेकिन परिस्थिति बड़ी ही दर्दनाक है। लेखक के शब्दों में-''बाहर की कोठरी में मुन्शी जी औंधे मुँह होकर निशृंचितता के साथ सो रहे थे, जैसे डेढ़ महीने पूर्व मकान किराया नियन्त्रण विभाग की क्लर्की से उनकी छँटनी न हुई हो और शाम को उनको काम की तलाश में कहीं जाना हो।'' कथाकार के इन शब्दों में व्यंग्य फूटता हुआ दिखाई पड़ता है। उन्होंने इस कहानी में गरीबी व गरीबी से जूझ रहे लोगों की परिस्थिति और टूटन को दिखाया है। इसी विषय पर लिखी गई कहानी 'दाना-भूसा' में मार्कण्डेय ने आर्थिक समस्या से जूझ रहे एक ऐसे परिवार की दशा को रेखांकित किया है जो धन व भूख के अभाव में जीते हैं। वैसे तो मार्कण्डेय ग्राम कथाकार हैं और इसी कारण उनकी कहानियों में गाँव के गरीब किसान-मजदूर के प्रति एक अपनत्व होने के कारण उनको अपनी कहानियों में इस प्रकार से ढ़ाला है कि वह यथार्थ रूप में दृष्टिगोचर होती है। 'दाना-भूसा' कहानी में एक ऐसे ही परिवार की दशा को चित्रित किया गया है जो 'दोपहर का भोजन' की ही भाँति भूख के अभाव में जीते हैं। अपने परिवार की भूख को शान्त करने के लिए बंसन चींटियों से लिपटा हुआ थोड़ा सा गुड़ ले आता है और उसका शरबत बनवाकर अपने बीबी-बच्चों को पिलाता है। वह इस बात से दु:खी है कि परिवार की भूख तो कुछ समय के लिए मन्द पड़ गई किन्तु अपने जानवरों का पेट वह कैसे भरे। मार्कण्डेय व अमरकान्त दोनों की इस कहानी का मुख्य विषय है भूख-प्यास से जूझता परिवार। ये कहानियाँ एक ऐसी विषयवस्तु को उजागर करती है जो आजादी के बाद भी जस की तस है। जो गरीब किसान मजदूर आजादी के पहले आर्थिक और सामाजिक समस्याओं को झेल रहे थे उनका आजादी के बाद भी वही हाल है। इस तरह समकालीन रचनाकार होने के कारण दोनों की कहानियाँ एक ही प्रकार की विषयवस्तु को उजागर करती हैं।

एक अलग विषयवस्तु को रेखांकित करती अमरकान्त की कहानी 'डिप्टी कलक्टरी' में एक ऐसी दुविधा एवं रहस्य को बिन्दुवार किया गया है जो पाठक को उसका रहस्य जानने को विवश कर देती है। यह उनकी चर्चित कहानी है। शकलदीप छोटी कचहरी तहसील के मुख्तार हैं। उनका एक ही बेटा है-नारायण। नारायण डिप्टी कलक्टरी की परीक्षा की तैयारी में रात-दिन एक कर देता है और शकलदीप मुख्तार अपने बेटे के सपने को साकार करने के लिए पूरा सहयोग करता है। वह अपने पुत्र की सुविधा के लिए मेवे, सिगरेट आदि उसकी जरूरत का सामान मेज पर ही रख देता है। परिणाम की प्रतीक्षा करते हुए शकलदीप पूजा-पाठ में और अधिक व्यस्त रहने लगे सबको यकीन था कि नारायण पास हो जाएगा। एक दिन मुख्तार ने कहा-''नारायण की माँ! मैंने आज सपना देखा है कि नारायण

बाबू डिप्टी कलक्टर हो गए।'' वह केवल कल्पना मात्र से रोमांचित हो जाता है। शकलदीप के जीवन की सबसे बड़ी त्रासद घटना तब घटती है जब परिणाम आ जाता है। नारायण पास तो हो जाता है किन्तु सोलहवें-सत्रहवें स्थान पर उसका नाम रहता है जबकि मात्र दस प्रतियोगियों को ही चयनित किया जाना था। मन्दिर की चौखट पर जंगबहादुर सिंह मास्टर ने उन्हें यह सूचना दी। वह किसी प्रकार से बदहवास होकर अपने घर पहुँचते हैं और नारायण की माँ को आवाज देकर बुलाते हैं तथा पूंछते हैं कि नारायण से यह तो नहीं बता दिया कि मैने 600 का कर्ज लिया था। जमुना के मना करने पर वह नारायण के कमरे की खिड़की से झाँकते हुए देखते हैं-''आगे बढ़कर गौर से देखा, तो चारपाई पर कोई व्यक्ति छाती पर दोनों हाथ बाँधे चित्त पड़ा था।'' वह अपने बेटे की साँसों को चलता देख खुशी अनुभव करता है और चुपचाप वहाँ से चला जाता है। इस तरह ''अमरकान्त की कहानियों का तन्तु जाल, निम्न मध्यवर्ग की अनिश्चित सामाजिक गतिशीलता और एक उद्देशीय स्थितियों का अस्थिर क्षेत्र है, जब यह क्षेत्र कभी बदलता है तो आगे के विकासमान क्षेत्रों के पीछे ही पीछे चलता रहता है, तब भी यह अधिक ढुलमुल, अपने हरेक निर्णय की क्षणों में दुविधाग्रस्त ही बना रहता है। सामाजिक विकास के हरेक क्षण, हरेक आर्थिक राजनीतिक परिवर्तनों के उभार और पतन के क्षण, आत्मरक्षा की और वर्गीय सीमाओं के पार उछाल मारकर उच्चवर्ग में दाखिल होने की आकुलता, ऐसे क्षणों से उसका जीवन-भरपूर होता रहता है। ऊपरी मंजिल से नीचे गिरता हुआ, कूड़ा-कचरा उसके वर्ग और परिवार का आच्छादन बनता है, चाहे यह कूड़ा-कचरा, सभ्यता और संस्कृतियों का उच्छिष्ट ही क्यों न हो।'' एक पिता की अपने पुत्र से की गई उम्मीद टूट जाती है, किन्तु फिर भी अपने बेटे को ठीक-ठाक देखकर वह प्रसन्न हो जाते हैं। यह कहानी पिता-पुत्र के रिश्ते को बयाँ करती श्रेष्ठ कहानी है।

अमरकान्त की 'डिप्टी कलक्टरी' की ही भाँति कथाबिन्दु को उजागर करती 'महुए का पेड़' संग्रह की कहानी 'साबुन' में भी माँ-बाप का अपने बेटे के प्रति उन्हीं इच्छाओं को रेखांकित किया गया है जो कि अमरकान्त की इस कहानी में। 'साबुन' कहानी में भी राजेश के पिता अपने बेटे की इच्छाओं की पूर्ति के लिए मेहनत-मजूरी करके पढ़ाते हैं। वह भी शकलदीप की भाँति अपने बेटे को एक अच्छी नौकरी में देखना चाहते हैं, किन्तु राजेश की पढ़ाई पूरी होने के बाद भी जब उसे नौकरी नहीं मिलती तो माँ-बाप की आशाओं में पानी फिर जाता है। बेटे को नौकरी न मिलने के कारण राजेश का पिता खिन्न सा रहता है और उसकी रोजमर्रा की जरूरतों को जब उसकी माँ पूरा करती है तो राजेश के पिता एतराज करते हैं।

इन दोनों कहानियों का मुख्य विषयबिन्दु बेरोजगारी की समस्या तो है ही, साथ ही एक माता-पिता के सपनों को न पूरा करनेवाले बेटे की एक ऐसी दशा को चित्रित किया गया है जो बड़ी ही दु:खद है। अपने माता-पिता की इच्छाओं की पूर्ति न कर पाने के कारण नारायण और राजेश की स्थिति सामान्य तौर पर एक ही है बस फर्क इतना है कि नारायण के पिता अपने बेटे का साथ देते हैं जबकि राजेश के पिता को उसकी हर जरूरतमंद चीजों से परेशानी है। मिलती-जुलती विषयवस्तु पर लिखी गई इस कहानी में जीवन का वह यथार्थ पहलू उजागर किया गया है जहाँ प्रत्येक माता-पिता अपने बेटों से इसी प्रकार की आशाएँ रखे हैं। उपुर्यक्त दोनों कहानियाँ आजादी के बाद की बेरोजगारी की समस्या को दर्शाती है। आज के युग में भी हमारा समाज भले ही कई क्षेत्रों में अपना नाम दर्ज करा रखा है किन्तु बेरोजगारी जैसी जटिल समस्या को वह दूर करने में असमर्थ सा है। आजादी के बाद भी लोग नौकरी की तलाश में दर-दर भटक रहे हैं फिर भी उन्हें नौकरी नहीं मिल रही है और इसी कारण भारत की आधे से ज्यादा जनसंख्या भुखमरी और गरीबी की शिकार है। नवयुवकों के समक्ष भी राजेश और नारायण की भाँति एक भारी समस्या यह है कि रात-दिन मेहनत करने व नौकरी के योग्य होने के बावजूद बेरोजगार घूम रहे हैं क्योंकि न तो उनके पास कोई पहुँच है और न ही घूस देने के लिए पैसे। समाज में बेरोजगारी के चलते ही बहुत से लोग भूखे रहने को विवश हैं। इस तरह मार्कण्डेय और अमरकान्त ने एक बहुत ही जरूरी मुद्दे को अपनी कहानियों में उठाया है।

समकालीन हिन्दी कहानी के विकास में नई कहानी आन्दोलन के दौर में राजेन्द्र यादव एक महत्त्वपूर्ण प्रतिनिधि हैं। हिन्दी कहानी की रूढ़ रूपात्मकता को तोड़ते हुए इन्होंने नई कहानी के क्षेत्र में अपना महत्त्वपूर्ण स्थान बनाया। इनकी अधिकतर कहानियाँ नगरबोध एवं शहरी जीवन पर केन्द्रित हैं। स्वतन्त्रता के बाद विघटित हो रहे अनेक महत्त्वपूर्ण विषयों को इन्होंने नवीन विचार दृष्टि से न सिर्फ देखा बल्कि उसे चित्रित भी किया। राजेन्द्र यादव नई कहानी आन्दोलन में प्रमुख भूमिका निभाते हुए नजर आते हैं। अपनी कहानियों में यथार्थपरक विषय-वस्तु को रेखांकित करने का उनका अपना अलग नजरिया है। उनका मानना है-"जो कुछ हमारे संवेदन के वृत्त में आ गया है, वही हमारा यथार्थ है... लेकिन इस यथार्थ को कलात्मक और प्रामाणिक रूप से हटकर या उठकर देख सकें, उसे माध्यम की तरह इस्तेमाल कर सकें।" इन्होंने स्वातन्त्र्योत्तर भारत की स्थिति को अपनी कहानियों में सम्मिलित किया है। जहाँ एक ओर मार्कण्डेय, अमरकान्त और शेखर जोशी ग्रामीण अंचल से सम्बन्धित कहानियाँ लिखते थे वहीं दूसरी ओर राजेन्द्र यादव, मोहन राकेश और कमलेश्वर का प्रमुख कथाबिन्दु शहरी वर्ग था। इनकी

प्रमुख कहानियों में 'जहाँ लक्ष्मी कैद है', 'एक कमजोर लड़की की कहानी', 'छोट-छोटे ताजमहल', 'टूटना', 'प्रश्नवाचक' पेड़ आदि हैं।

'जहाँ लक्ष्मी कैद है' कहानी में लक्ष्मी नाम की लड़की कैद से छूटना चाहती है। इस कहानी में सेक्स के साथ-साथ अन्धविश्वास पर भी प्रहार किया गया है। लक्ष्मी की जिन्दगी को स्वयं उसका पिता ही नष्ट करने में तुला है क्योंकि उसे यह भय है कि उसके कहीं चले जाने से लक्ष्मी अर्थात घर का धन चला जाएगा। इसी भय एवं अन्धेपन में जीने के कारण वह अपनी बेटी लक्ष्मी को एक कमरे में कैद करके रखता है। अपनी भावनाओं को व्यक्त करने के लिए लक्ष्मी गोविन्द को एक पत्र लिखती है। वह एक पत्रिका के 47वें पृष्ठ का कोना मोड़कर उस पृष्ठ की कुछ रेखांकित पंक्तियों की ओर उसका ध्यान आकृष्ट कर बताना चाहती हैं- ''मैं तुम्हें प्राणों से अधिक प्यार करती हूँ, मुझे यहाँ से भगा ले चलो, 'मैं फाँसी लगाकर मर जाऊँगी।'' वह अपनी इस जिन्दगी से तंग आकर कैद से छूटना चाहती है। एक कमरे में बन्द रहने के कारण ही उसे मिरगी के दौरे पड़ने लगे हैं। उसकी स्थिति को लेखक इन पंक्तियों में व्यक्त करता है-''उसके गालों पर आँसुओ की लकीरें सूख गई हैं, उसके होंठ पपड़ा गए हैं... चेहरा मुरझा गया है और रेशमी बाल मकड़ी के जाले जैसे लगते हैं-जैसे उसके पूरे शरीर से एक आवाज निकलती है-'मुझे छुड़ाओ, मुझे छुड़ाओ।'' नारी-जीवन की कष्टमयी स्थिति को राजेन्द्र जी ने बड़े ही सुन्दर ढंग से इस कहानी में व्यक्त किया है। उसके पिता के इस अमानवीय व्यवहार के कारण ही उसकी स्थिति पागलों की भाँति हो गई है क्योंकि जब उसे दौरे पड़ते तो उसे अपने शरीर तक की सुध नहीं रहती थी क्योंकि ''पहले तो वह सबसे लड़ती थी। बड़ी चिड़चिड़ी और जिद्दी हो गई थी, कभी-कभी सबको गाली देती और मार भी बैठती थी, फिर तो मालूम नहीं हुआ कि घंटों रात-रात भर पड़ी जोर-जोर से रोती रहती, फिर धीरे-धीरे उसे दौरा पड़ने लगा...।'' माता-पिता जहाँ अपने बच्चों के भविष्य को संवारते हैं वहीं सेठ अपनी ही बेटी को अपने स्वार्थ के चलते एक नारकीय जीवन जीने को विवश करता है, जहाँ न तो उसे खुशहाल जीवन मिलता है और न ही मृत्यु। इस कैद से छूटने का वह भरसक प्रयास करती है और इसीलिए वह पत्रिका की कुछ पंक्तियों को रेखांकित भी करती है पर अफसोस कि गोविन्द और कोई भी लोग उसकी मदद नहीं कर पाते और लक्ष्मी का जीवन उस नरक को भोगता है या यूँ कहिए कि भोगने पर विवश है।

लगभग एक ही समय के कथाकार होने के नाते राजेन्द्र की कहानियों को पढ़ने पर मार्कण्डेय की उन कहानियों का स्मरण हो आता है जो थोड़ी-बहुत मिलती-जुलती हैं। 'जहाँ लक्ष्मी कैद है' में राजेन्द्र यादव ने एक लड़की के दर्दनाक

जीवन को व्यक्त करते हुए अन्धविश्वास पर भी प्रहार किया है। जहाँ एक ओर इस कहानी में एक लड़की को कैद कर रखा गया है वहीं दूसरी ओर मार्कण्डेय की 'हलयोग' कहानी में एक पुरुष को कैद कर लिया गया है। चौथीराम चमार था इस कारण गाँव में उसका अध्यापक होना सबसे बड़ा शाप था क्योंकि लोगों का मानना था कि चमार अध्यापक नहीं हो सकता। गाँव के कुछ उच्च जाति के लोगों को यह बात तनिक भी नहीं पचती कि एक चमार उनके बच्चों को पढ़ाये। सब लोग मिलकर एक झूठी अफवाह उड़ा देते हैं कि चौथीराम को बरम पकड़ लिया है और अन्तत: उसे 'हलयोग' का दंड दे दिया जाता है। एक अन्धविश्वास और झूठे अहम के चलते एक इनसान के जीवन को इनसान ही नरक से बदतर बना देता है। दोनों ही कहानियों में साम्यता है परिवार, समाज, उसके झूठे अहंकार और अन्धविश्वास की। दोनों ही कहानियों का अन्त भी अन्धविश्वास के चलते होता है। स्वयं कथाकार मार्कण्डेय, राजेन्द्र यादव की कहानी 'जहाँ लक्ष्मी कैद है' की आलोचना करते हुए कहते हैं कि-''जहाँ लक्ष्मी कैद है' के पूरे प्रारम्भिक रचना-शिल्प में इसी अचेतन ज्ञान के कारण और चक्करदार, असफल कथा-शिल्प दिखाई पड़ा जो पाठक को उबा देता है।'' एक स्थान पर वह स्वीकारते हुए कहते हैं कि-''इसमें तनिक भी सन्देह नहीं कि राजेन्द्र यादव अपनी पाठकों को ही नही, वरन उस वर्ग को भी अच्छी तरह समझते हैं, जिसकी भाव-सम्पदा से उनकी कहानियों के कथानक निर्मित होते हैं।''

राजेन्द्र यादव की सशक्त कहानी 'एक कमजोर लड़की की कहानी' में सविता नाम की नायिका एक ओर पत्नी तो दूसरी ओर प्रेमिका की भूमिका निभाती है। वह दोनों ही रूप में बड़ी ईमानदारी के साथ अपने प्रेम को व्यक्त करने का झूठा दिखावा करती है। उसकी सबसे बड़ी विडम्बना यह है कि वह अपने पति व प्रेमी में से किसी एक को भी नहीं छोड़ना चाहती क्योंकि वह दोनों के साथ अपना जीवन बिताना चाहती है। यही कारण है कि उसके वैवाहिक जीवन में अनेक प्रकार की आशंकाएँ घर चुकी हैं। जब उसका पति लोकेश उससे उसके प्रेमी के विषय में पूछता है तो वह कहती है-''सच बताएँ जो तुमने सुना था वह भी गलत नहीं था और हमारे तुम्हारे बीच में वह नहीं है यह भी सही है।'' अपनी बात को वह अपने पति के समक्ष बड़ी ही सहजता के साथ व्यक्त करती है। उसकी विडम्बना यह है कि वह दोनों में इतना उलझी हुई है कि उसके लिए दोनों में से किसी एक को चुनना अत्यन्त मुश्किल है। जहाँ एक ओर 'जहाँ लक्ष्मी कैद है' में एक मासूम लड़की की बदहाल जिन्दगी को रेखांकित किया है वहीं दूसरी तरफ सविता के स्वच्छन्द रहन-सहन को दर्शाया गया है। सविता के इस रूप को दर्शाकर नारी के

व्यक्तिगत एवं सामाजिक दबावों को रेखांकित किया गया है। प्रेम एक ऐसा विषय है जिसे लेकर प्राय: सभी कहानीकारों ने कहानियाँ लिखीं। राजेन्द्र यादव ने इस कहानी में एक स्त्री का दो पुरुषों के प्रति आकर्षण दिखाया है जिसके चलते वह अपने पति एवं प्रेमी दोनों से ही समान प्रेम करती है। इसी कारण वह दोनों के साथ जीवनयापन करना चाहती है।

इस कहानी में स्वच्छन्द विचारोंवाली एक ऐसी स्त्री के विषय में लेखक बताता है जो कि अपने मन मुताबिक कार्य करती है। हिन्दू धर्म में स्त्री का पूरा जीवन अपने पति के लिए समर्पित रहता है, किन्तु सविता अपनी इच्छाओं की पूर्ति के लिए सन्नो की भाँति दूसरे मर्द के साथ सम्बन्ध बनाती है। यह बात अलग है कि सन्नो का पति उसकी शारीरिक इच्छाएँ नहीं पूरी कर पाता, जिसके कारण वह अन्यत्र सम्बन्ध बनाने को विवश है, किन्तु सविता के साथ ऐसा नहीं है तब भी वह दोनों में से एक को भी नहीं छोड़ना चाहती है। राजेन्द्र यादव ने एक स्त्री को ऐसे रूप में व्याख्यायित किया है जो पत्नी और प्रेमिका दोनों ही रिश्तों को निभाती तो है किन्तु कहीं न कहीं वह स्वयं को और अपने पति व प्रेमी को धोखे में रखे हुए है जिसके चलते उसका जीवन खुशहाल नहीं है।

'छोटे-छोटे ताजमहल' नामक कहानी में एक ऐसे प्रेम को व्यक्त किया गया है जिसमें मीरा और विजय एक दूजे से अलग होने के बाद तीन साल के अन्तराल में पुन: मिलते हैं और प्रेम के बीते क्षणों को याद करते हैं। जब विजय कई साल बाद मीरा से मिला तो उसे लगा कि "उन्हें कुछ बोलना चाहिए वर्ना यह चुप्पी का बोझ दोनों के बीच की किसी बहुत कोमल चीज को पीस देगा। हथेली पर यों ही उस तिनके से क्रास और तिनका बनाता वह शब्दों को ठेलकर बोला, "तो फिर अब चलें...? देर बहुत हो रही है।" दोनों के बीच एक अजब सी खामोशी थी लेकिन धीरे-धीरे विजय को कुछ बातें याद आती हैं और वह मीरा को देव, राका और उनके बेटे मुनमुन के विषय में बताने लगता है कि किस तरह उसकी मुलाकात इन लोगों से हुई। जब राका के कहने पर तीनो ताजमहल देखने जा रहे थे, तो विजय को भी साथ जाना पड़ा। तीनों को साथ देखकर उसे ऐसा लगा मानों वह बेवजह ही उनके साथ आया है। क्योंकि "कभी-कभी तो तीनों आपस में ही ऐसे व्यस्त होकर खो जाते हैं कि विजय को लगता है कि वह बेकार ही अपनी उपस्थिति से इनके बीच विघ्न बन रहा है।" इन लोगों की हँसी-खुशी जिन्दगी में किस तरह से अलगाव होने लगा वह विजय नहीं समझ पाया। जब देव ने राका से अलग होने को कहा तो विजय अवाक रह गया। विजय को अपनी स्थिति भी मीरा के साथ कुछ इसी तरह लग रही थी और वह सोचता है कि "चार-पाँच साल

हो गए, लेकिन बात कितनी ताजी हो आई है... वह, देव, राका जी और मुनमुन इसी तरह लौट रहे थे, चुपचाप, उदास और मनहूस...।'' इस प्रकार इस कहानी में एक ऐसे प्रेम को व्यक्त किया है जो अलगाव होने के बावजूद एक-दूसरे से जुड़ा है और अन्तत: उसके टूट जाने का खतरा विजय को कहानी के अन्त तक रहता है।

कथाकार मार्कण्डेय ने भी प्रेम जैसे विषय को लेकर अनेक कहानियाँ लिखीं, किन्तु फिर भी राजेन्द्र यादव की इस प्रेम से ही सम्बन्धित कहानी पर आलोचना करने से नहीं चूकते। वह कहते हैं-''इस शीत-संस्कार के प्रसार के लिए वह 'छोटे-छोटे ताजमहल' जैसी कहानियाँ लिखता है, जिसमें उन कारणों अथवा उस अन्तर्द्वन्द्व की प्रक्रिया के बीच वह खुद नहीं गुजरता, इसलिए पाठक का विश्वास प्राप्त करने का सवाल ही उसके सामने नहीं उठता और दो प्रेमी, जाने किन अव्यक्त शक्तियों के प्रभाव में, अकारण अपना प्रेम खो बैठते हैं। वहाँ न ताजमहल का कोई तुक बैठता है, न प्रेम स्रोत के सहसा सूख जाने का कोई कारण मालूम होता है। मालूम होता है तो इतना कि लेखक प्रेम के सोते के सूखने की एक ऐसी ही विचित्र कहानी और भी जानता है और झट फ्लैश बैक में उस पूरी कहानी को पहली कहानी की पीठ पर इस तरह लाद देता है पहली कहानी की कमर ही टूट जाती है।'' मार्कण्डेय ने भी प्रेम-सन्दर्भ के कई पहलुओं को 'मिस शान्ता', 'सात बच्चों की माँ', 'एक दिन की डायरी', 'कहानी के लिए नारी पात्र चाहिए', 'अगली कहानी', 'नीम की टहनी' आदि अनेक कहानियों के माध्यम से अलग-अलग रूप एवं विषयों को रेखांकित किया है।

राजेन्द्र यादव की 'प्रतिनिधि कहानियाँ' में संकलित 'किनारे से किनारे तक' में मानिक नाम के एक ऐसे व्यक्ति का चित्रण किया है जो कहानी में अनेक सवालों और आशंकाओं से घिरा है। कहानी के प्रारम्भ में ही वह अपने दोस्त के मासूम बेटे को जान से मार देने के बारे में सोचता है-''रूबी को पानी में धक्का दे देने का यही मौका है... यही मौका है। फिर ऐसा अवसर नहीं आएगा...।'' वह रूबी को मारने के बारे में सोचता जरूर है किन्तु अपने बेटे अनूप का स्मरण करके वह अन्त तक उसे मार नहीं पाता है। क्योंकि वह घर से ऐसा कुछ भी निश्चित करके नहीं चला था लेकिन अच्छा अवसर दिखने पर उसके मन में यह विचार आया-''मान लो, इसे धक्का दे भी दूँ, तो इस गरीब को क्या पता चलेगा कि मैने ऐसा क्यों किया। और जो दाह मानिक के मन में है, उसके लिए वह कहाँ जिम्मेदार है?'' फिर वह करुणाभरी नजर से रूबी को देखता है और अपने मन में अनेक सवालों के चलते परेशान हो जाता है।

दरअसल इन सारी आशंकाओं की वजह मानिक की छोटी साली उमा है। जब अनूप पैदा हुआ तो मानिक के पूछने पर "अच्छा उमा, इसकी शक्ल मुझसे ज्यादा मिलती है या प्रमिला से" उमा जवाब देती है-"यहाँ तो सब यही कहते हैं कि आँखें, ठोड़ी और माथा एकदम कान्त भाई साहब पर गया है।" यह बात मानिक के मन में इतनी घर कर गई कि न चाहकर भी अनूप कान्त की तरह लगने लगा। वह कई बार अपनी पत्नी से इस विषय में पूछने का प्रयत्न करता है किन्तु उसका समर्पण भाव देखकर वह पूछ नहीं पाता। अनुपमा के पैदा होने पर वह शंका से बाहर निकल आता है और अनेक प्रकार की बातों को अपने मन में लाता है। अनुपमा के होने के कुछ समय बाद पुनः उन्हीं बातों में विचारमग्न होकर सोंच में पड़ जाता है। नाव में बैठे-बैठे तमाम बातों को सोचते-सोचते किनारा कब आ गया उसे पता भी न चला। और अन्त में उसकी नजर जब रूबी पर पड़ी तो उसे लगा-"जिसे उँगली पकड़े एक-एक कदम जमाकर सीढ़ियाँ चढ़ाता वह ऊपर लिए जा रहा है, वह अनूप है या रूबी, और स्वयं उन दोनों के चढ़ने से पहले सीढ़ियों पर चढ़ती दो बहुत लम्बी-लम्बी छायाओं में छोटीवाली छाया के लिए उसके मन में उठती भावना प्यार है, या प्रतिहिंसा...। वही कद... वही उम्र...वही चेहरा... वही ढंग... वही दुलार और वही प्राणान्तक टीस...।" इस प्रकार इस कहानी का मुख्य पात्र मानिक अन्त तक शंकाओं को अपने मन में बैठाए रहता है। साथ ही यह कहानी बालमन की जिज्ञासाओं को बड़ी ही सुन्दरता के साथ रेखांकित करती है। राजेन्द्र यादव ने इस कहानी के शुरुआती पन्नों में एक रहस्य को छिपाते हुए कहानी को आगे बढ़ाया है और मानिक को सशंकित रूप में चित्रित किया है। सन्देह एक ऐसी बीमारी है जिसके चलते इनसान स्वयं तो नष्ट होता ही है साथ ही अपनी सोच को भी बहुत संकुचित कर लेता है। मानिक का बार-बार इस गलतफहमी में जीना कि अनूप उसका और प्रमिला का बेटा नहीं बल्कि कान्त और प्रमिला का बेटा है, उसके जीवन को नीरस बना देता है। छह साल से वह इसी शंका में घिरा है किन्तु चाहकर भी वह इससे नहीं निकल पाता।

इस कहानी में हमें बीच-बीच में रूबी की बचकानी बातों को पढ़कर ऐसा प्रतीत होता है कि राजेन्द्र यादव मार्कण्डेय की भाँति बालमन को भी अच्छी तरह पढ़ लेते हैं। मार्कण्डेय ने 'पान-फूल', 'मिट्टी का घोड़ा', 'माँ जी का मोती' आदि कहानियाँ मुख्य रूप से बालमन को ही लेकर लिखी है। बच्चे ईश्वर का रूप होते हैं, उनमें न कोई छल होता है न कपट। वह निश्चल भाव से रूबी की भाँति एक ऐसे मनुष्य से प्रेम करता है जो अपने मन में उसकी मौत के तरीके सोचता है। जहाँ मानिक दूसरा होता हुआ रूबी की जान नहीं ले पाता वहीं 'संगीत, आँसू और

इनसान' का मुख्य पात्र बरकत अपने ही मासूम बेटे की अपने ही हाथों से निर्मम हत्या कर देता है। इस तरह से लेखकों ने कहानियों में समाज के यथार्थपरक रूप को चित्रित करते हुए मानव मन की क्रूरता को दर्शाया है।

राजेन्द्र यादव मध्यमवर्गीय लोगों पर लिखनेवाले बहुत ही सशक्त लेखक हैं। इन्होंने नारी-जीवन को लेकर अनेक कहानियाँ लिखीं। कथाकार मार्कण्डेय ने 'सूचनाधर्मी परिवेश में वास्तविकताओं की बुझौवल' शीर्षक में राजेन्द्र यादव के लिए लिखा है-''सदियों की समाज व्यवस्था टूट रही है और जो बन रहा है उसे पहचानने के लिए नई भौतिक दृष्टि की जरूरत है और आज का भौतिक जीवनबोध परम्परागत मान्यताओं के लिए चुनौती हो उठा है जिसे स्वीकार करने का मतलब है बाजार से उपेक्षा, ईनामी समितियों और सरकारी साहित्यकारों से तिरस्कार और पूँजीशाही से दुश्मनी। जो दामन बचाकर निकल रहे हैं वे भ्रम की सृष्टि कर रहे हैं और भ्रम पूँजीवादी बाजार का सबसे तेज बिकनेवाला सौदा है। वस्तुत: आज का संघर्ष शान्ति और युद्ध में नहीं वरन दो शक्तियों में ही है। कहना न होगा कि इसमें से एक शक्ति भ्रम है और दूसरी वास्तविकता! और अनजाने राजेन्द्र यादव जैसा कथाकार इधर की कहानियों में भ्रम के साथ हो गया है।'' राजेन्द्र यादव के प्रति मार्कण्डेय की यह आलोचना उनके प्रति गहरे आत्मबोध को दर्शाता है। वैसे भी राजेन्द्र यादव शहरी जीवन को लेकर अधिक कहानियाँ लिखते थे, जबकि मार्कण्डेय ग्रामीण परिवेश के चितेरे थे। इसी कारण से मार्कण्डेय ने राजेन्द्र यादव की कहानियों को शहरी वातावरण से जोड़ा। शहरी और ग्रामीण परिवेश की लेखनशैली मे बँटे रहने के बावजूद भी दोनों की कहानियों में समानता दिखाई देती है। आलोचकीय रूप में मार्कण्डेय ने कहानियों की दिल खोलकर आलोचना की और अनेकानेक कहानीकारों की कहानियों पर सवाल भी खड़े किए। राजेन्द्र यादव की कहानियों पर भी वह अपनी आलोचकीय दृष्टि डालते हैं।

मोहन राकेश की कहानियाँ नई कहानी की एक अपूर्व देन के रूप में स्वीकार की जाती है। इनकी कहानियों में आधुनिक युग के विशिष्ट पहलुओं को उजागर किया गया है। मोहन राकेश, मार्कण्डेय, अमरकान्त, शेखर जोशी की भाँति ग्रामीण कथाकार नहीं बल्कि प्रमुखत: आधुनिक शहरी जीवन के कथाकार हैं। उन्होंने मध्यमवर्ग के साथ-साथ निम्नवर्ग की समस्याओं को अपनी कहानियों में सम्मिलित किया है। मोहन राकेश ने कहानी के साथ-साथ उपन्यास, नाटक, संस्मरण, यात्रा वृत्तान्त, ललित निबन्ध, आलोचना आदि अनेक विधाओं में लेखन कार्य किया। उनकी प्रमुख कहानियों में 'मिस पाल', 'आर्द्रा', 'मलबे का मालिक', 'उसकी रोटी', 'पाँच माले का फ्लैट', 'एक और जिन्दगी', 'जानवर और जानवर' तथा

'वारिस' के अतिरिक्त और भी अनेक कहानियाँ इन्होंने लिखी। मोहन राकेश की कुछ कहानियों का संक्षिप्त विवरण इस प्रकार है-

शाश्वत वात्सल्य और अपार ममता को व्यक्त करनेवाली मोहन राकेश की कहानी 'आर्द्रा' में एक माँ का अपने बच्चों के प्रति बराबर प्रेम दिखाया गया है। उसका छोटा बेटा बीनू अभावग्रस्त जीवन व्यतीत करता है जबकि बड़ा बेटा लाली शहर में सुख-सुविधा से सम्पन्न जीवन व्यतीत करता है। दोनों भाइयों की आपस में नहीं बनती जिसके कारण बचन चिन्तित रहती है। वह भले ही अपने दोनों बेटों से समान प्यार करती है इसी कारण बड़े बेटे की तबीयत का हाल जानकर वह तुरंत उसके पास जाती है किन्तु फिर भी छोटे बेटे के प्रति उसकी चिन्ता बनी रहती है। वहाँ उसे हर प्रकार की सुख-सुविधाएँ थीं लेकिन फिर भी उसे वहाँ पर एक अजनबीपन और मेहमान सा प्रतीत होता है। वह मन में विचार करती है-"काम करने के लिए नौकर है, और देखभाल करने के लिए कुसुम है, फिर घर में उसका होना किसलिए है?" बचन को अपने बड़े बेटे के यहाँ किसी प्रकार की कोई कमी नहीं है, लेकिन फिर भी वह अभावग्रस्त जीवन जीने के बावजूद अपने वात्सल्य के चलते छोटे बेटे के बारे में सोचती है। लेखक के शब्दों में-"बचन कमरे में आकर चारपाई पर लेट गई। मन ताने-बाने बुनने लगा। बिन्नी ने अभी तक चिट्ठी क्यों नहीं लिखी? वहाँ अँधेरे घर में इस वक्त वह अकेला सोया होगा। रोटी का जाने इसने क्या प्रबन्ध किया है? उसने चलते वक्त उससे पूछा भी नहीं कि वह पीछे कैसे रहेगा, कहाँ से रोटी खायेगा?" मोहन राकेश ने माँ की ममतामयी स्थिति को बड़े ही सुन्दर ढंग से व्यक्त किया है। उसे गरीबी-अमीरी से कोई लेना-देना नहीं है क्योंकि वह अपने बच्चों को समान भाव से देखती है। मोहन राकेश की इस कहानी को पढ़कर मुझे कथाकार मार्कण्डेय की कहानी 'माई' का बरबस ही स्मरण हो आता है जिसमें उन्होंने माँ के ऐसे ही रूप को व्यक्त किया है जहाँ उसकी चिन्ता अपने उस बेटे पर अधिक रहती है जो सदैव बीमारी से ग्रस्त रहता है और माँ के लाड़-प्यार के कारण गलत आदतों का शिकार होता है। बचन की तरह बीरू की माँ भी अपने बच्चों को बराबर स्नेह करती है, किन्तु बीरू के भविष्य को लेकर उसे चिन्ता है क्योंकि वह न तो पढ़ता है और न ही स्वस्थ रहता है। इस कारण वह सदैव उसकी चिन्ता करती है। वह कहती है-"जो पढ़-लिख लेगा, साहब-सूबा हो जाएगा उसे तो सब लोग पूछेंगे, लेकिन जो रोगी है, बुरा है उसके लिए तो मैं ही हूँ न। कोई किसी को कुछ दे नहीं देगा। लोग अपनी पढ़ाई-लिखाई लेकर अपने घर बैठे, आज से मुझसे किसी से कोई मतलब नहीं। मैं मरूँगी उसे लेकर मैं देश-देश छानूँगी उसकी दवा के लिए...।" आर्द्रा कहानी में माई की ही भाँति संयुक्त परिवार

की टूटन को व्यक्त किया गया है कि किस प्रकार वर्तमान युग में संयुक्त परिवार का लम्बे समय तक चल पाना अस्वाभाविक है क्योंकि आज का मानव एकल और सुखी परिवार में यकीन करता है। यदि लीला और बिन्नी एक साथ हँसी-खुशी रहते तो बचन के मन का बोझ बुढ़ापे में हल्का हो जाता और वह निश्चिन्त होकर अपने दोनों बच्चों का ख्याल रखती, किन्तु माई की भाँति अपने बच्चों का एक-दूसरे के प्रति इस प्रकार का व्यवहार देखकर उसका हृदय दु:ख से भर जाता है और मन चिन्ता से। इस तरह यह दोनों कहानी संयुक्त परिवार की टूटन, अपने बच्चों के प्रति प्रेम को व्यक्त करनेवाली अत्यन्त रोचक कहानी है।

'सात बच्चों की माँ' कहानी में अनमेल विवाह की समस्या को दर्शाया गया है किन्तु एक स्त्री के अकेलेपन व टूटन को भी बड़े ही सुन्दर ढंग से रूपायित किया है। यदि देखा जाए तो अकेलेपन व टूटन की शिकार सन्नो की जिन्दगी बहुत कुछ 'मिस पाल' के जीवन को बयाँ करती है। मिस पाल न तो सन्नो की भाँति बेमेल विवाह में फँसती है और न ही अपनी शारीरिक इच्छाओं की पूर्ति के लिए अन्यत्र शारीरिक सम्बन्ध बनाकर 'सात बच्चों की माँ' बनती है। वह एक स्थिति में सन्नो से मेल खाती है और वह है जीने की इच्छा न होना। सन्नो भी अपने जीवन से परेशान है और मिस पाल भी। मिस पाल अविवाहित है और नौकरीपेशा युवती है। वह अपने माता-पिता के स्नेह के अभाव में जीती है और अपनी शारीरिक कुरूपता के कारण वह उदास है। दफ्तर के लोग उसे लेकर तरह-तरह की बात बनाते हैं, जिनसे वह तंग आ चुकी है। दिल्ली के माहौल से परेशान होकर वह नौकरी छोड़कर दूसरी जगह चली जाती है और उन्हीं बातों को स्मरण करते हुए वह रणजीत से कहती है-"इतनी छोटी और कमीनी बातें करती हैं कि मेरा इनके बीच काम करते हर वक्त दम घुटता है। जाने क्यों ये लोग इतनी छोटी-छोटी बातों पर एक-दूसरे से लड़ते हैं और अपने छोटे-छोटे स्वार्थों के लिए एक-दूसरे को कुचलने की कोशिश करते रहते हैं।" रणजीत उसे उन सब बातों पर ध्यान न देने के लिए समझाता है, लेकिन रणजीत के समझाने पर मिस पाल कहती है-"यहाँ ऐसे लोगों के बीच और रहूँगी, तो मेरा दिमाग बिलकुल खोखला हो जाएगा। तुम नहीं जानते कि मैं जो तुम्हारे लिए सुबह दूध और सब्जियाँ लेकर जाती रही हूँ, उसे लेकर भी ये लोग क्या-क्या बातें करते रहे हैं। जो लोग अच्छे से अच्छे काम का ऐसा कमीना मतलब लेते हों, उनके बीच आदमी रह ही कैसे सकता है ?" जहाँ शहरी जीवन के बीच रह रही मिस पाल अपने जीवन का कोई अर्थ नहीं समझती वहीं गाँव की सन्नो कहती है-"अब मैं नहीं जीना चाहती पंडित।" जहाँ सन्नो अपने जीवन से परेशान होकर जान देने की कोशिश करती है वहीं मृणालिनी तो अपने लोगों से तंग आकर

खुदखुशी कर लेती है। मोहन राकेश ने स्त्री-जीवन की एक ऐसी विडम्बना को 'मिस पाल' में व्यक्त किया है जिनसे प्राय: सभी स्त्रियों को गुजरना पड़ता है और इन्हीं सब फब्तियों के कसे जाने पर कोई मिस पाल की तरह जीने की आशा छोड़ देती है तो कोई सन्नो की भाँति जान देने का प्रयास करती है तो कोई मृणालिनी की भाँति जान दे देती है। मोहन राकेश ने शहरी वातावरण की मिस पाल को दर्शाया हो चाहे मार्कण्डेय ने मृणालिनी व सन्नो की स्थिति बयां की हो; प्रत्येक रूप में स्त्री के ऐसे रूप को दिखाया है जहाँ समाज में उसे एक ही नजर से देखा जाता है। इस तरह इन कहानियों में मिस पाल और सन्नो मानो जीवन को जी नहीं रही है बल्कि स्त्री-जीवन की विडम्बना को ढ़ो रही हों ऐसा प्रतीत होता है। जिस प्रकार मार्कण्डेय की कहानी 'मिस शान्ता' में एक नौकरी पेशा युवती का चित्रांकन किया गया है उसी तरह मोहन राकेश की कहानी 'मिस पाल' में भी नौकरी कर रही एक अकेली लड़की के जीवन को काफी हद तक बयां किया गया है। दोनों ही कहानियों का कथाबिन्दु व शीर्षक बहुत हद तक मेल खाता है। इस तरह इन कहानियों में नौकरी पेशा युवती की तमाम परेशानियों को दोनों कथाकारों ने चित्रित किया है।

मोहन राकेश ने 'उसकी रोटी' शीर्षक कहानी में बालो जैसी एक युवती का चित्र अंकित किया है, जो यह जानकर भी कि उसका पति किसी दूसरी औरत को रखे है, उसके प्रति अपने फर्ज को निभाने से नहीं चूकती। वह दोपहर के दो बजे प्रत्येक दिन अपने पति सुच्चा सिंह को सड़क के किनारे पहुँचकर रोटी दे आती थी। सुच्चा सिंह सरकारी ड्राइवर था और हफ्ते में एक दिन उसे छुट्टी मिलती थी। एक दिन बालो को वहाँ पहुँचने में देरी हो गई। यह जानते हुए भी कि बस चली गई होगी वह वहाँ पहुँच जाती है। वहाँ पहुँचकर वह अपने मन में अनेक बातों के साथ घिरी हुई है। लेखक उसकी स्थिति को इन शब्दों में बयाँ करता है-''वह पूरी घटना को मन ही मन दोहरा रही थी, और सोच रही थी कि सुच्चा सिंह से बात किस तरह कही जाए कि उसे सब-कुछ पता भी चल जाए और वह खामखाह तैश में भी न आए। वह जानती थी कि सुच्चा सिंह का गुस्सा बहुत खराब है और साथ ही यह भी कि जंगी से उलटा-सीधा कुछ कहा जाए तो वह बगैर गंडासे के बात नहीं करता।'' उसकी बहन जिन्दा को जंगी ने छेड़ा इस बात को वह बर्दाश्त नहीं कर पा रही थी। अपनी बहन को हिम्मत देकर वह सड़क के किनारे पहुँची तो गाड़ी आने में समय था। जब बस आई तो सुच्चा सिंह उस पर बेतहाशा नाराज हुआ और बालो के कई बार कहने पर भी उसने रोटी नहीं ली। बालो प्याऊ के तख्ते पर बैठकर सुच्चा सिंह की बस का इन्तजार करने लगी। उसकी आँखें लगने लगी और मन में बहन की चिन्ता का भी भाव उमड़ने लगा। उसे लग रहा था मानो ''जिन्दा अपने खुले बाल

घुटनों पर डाले मानो रो रही है। कह रही है, 'तू मुझे छोड़कर क्यों गई थी? क्यों गई थी मुझे छोड़कर? हाय, मेरा पराँदा कहाँ गया? मेरा पराँदा किसने ले लिया।'' जब सुच्चा सिंह आया तो उसके वहाँ रुके रहने पर उसने आश्चर्य प्रकट किया और रोटी लेकर उसे घर जाने को कहा तथा बालो के पूछने पर उसने मंगलवार को घर आने का वादा करके चला गया।

कहानी में एक स्थान पर मोहन राकेश ने यह दिखाने का प्रयत्न किया है कि भले ही उसका पति कैसा भी हो लेकिन जब वीरा उसके पति के बारे में गलत बोलता है तो उसे अच्छा नहीं लगता। कहने का तात्पर्य यह है कि औरतें भले ही अपने पति को कुछ भी कहे किन्तु किसी और के कहने पर उसे तनिक भी अच्छा नहीं लगता। सुच्चा सिंह की मार-पीट आदि अनेक प्रकार के अत्याचार सहने के बाद भी बालो 'संगीत आँसू और इनसान' की सोना की ही भाँति अपने पति के प्रति सदैव समर्पित रहती है। भले उसका पति उसे कितनी ही प्रताडनाएँ क्यों न दे?

देश-विभाजन जैसे विषय को रेखांकित करती मोहन राकेश की कहानी 'मलबे का मालिक' में एक नवीन विषयवस्तु को व्यक्त किया गया है। स्वतन्त्रता के पश्चात् अपने देश भारत में लौट आनेवाले बूढ़े गनी की कहानी है। वह साढ़े सात साल बाद भारत लौटकर आया है वह देखता है कि इतने छोटे समय में सब-कुछ बहुत बदल गया है। किन्तु वहाँ की बोली नहीं बदली। वह कहता है-''सब-कुछ बदल गया, मगर बोलियाँ नहीं बदली।'' जो मलबा बूढ़े गनी का था उसे रक्खा पहलवान अपना कहकर खुद को उस मलबे का मालिक कहता था। साढ़े सात साल बाद लौटा गनी अपनी पूँजी को मलबे के रूप में देखकर शोक प्रकट करता है। उसे अपने बच्चों की याद आने लगती है और अपने घर को इस स्थिति में देखता हुआ वह दुःखी है। उसे देखकर लोगों को लगता है-''साढ़े सात साल पहले की वह सारी घटना आज अपने आप खुल जाएगी। लोगों को लग रहा था जैसे वह मलबा ही गनी को सारी कहानी सुना देगा।'' इस तरह देश विभाजन की त्रासदी को बयाँ करनेवाली यह अत्यन्त ही सर्वश्रेष्ठ कहानी है। मोहन राकेश की कहानियों को नई कहानी की श्रेणी में रखा जाता है और इसी कारण उनकी कहानियाँ नवीन विषयवस्तु को रेखांकित करती है। चूँकि राकेश मार्कण्डेय की ही भाँति नई कहानी आन्दोलन के प्रमुख लेखकों में सम्मिलित थे, इसी कारण उनकी कहानियों में भी अनेक ऐसे मुद्दों को उठाया गया है जो आम मनुष्य की वास्तविकता को उजागर करता है। भले ही मोहन राकेश आधुनिक शहरी जीवन के कथाकार रहे हों किन्तु उनकी कहानियों से मध्यवर्ग व निम्नवर्ग का अंकन भी दिखाई पड़ता है। यह बात

अलग है कि मार्कण्डेय ग्रामीण परिवेश के ही कथाकार हैं, जिसके कारण उनकी कुछ कहानियों को छोड़कर सम्पूर्ण कहानी ग्रामीण-परिवेश के चित्रण को ही दर्शाती है जबकि मोहन राकेश आधुनिक शहरी जीवन के कथाकार होने के बावजूद अपनी कहानियों को केवल शहर तक ही सीमित नहीं रखते अपितु उसे निम्न व मध्य वर्ग से जोड़ने का प्रयास करते हैं। मोहन गुप्त ने 'प्रतिनिधि कहानियाँ' की भूमिका में मोहन राकेश के विषय में लिखा है-''नई कहानी' आन्दोलन के अग्रणी रचनाकार की हैसियत से राकेश ने हिन्दी कहानी को नए आयाम दिए हैं, और एक ऐसे आत्मीय शिल्प की सृष्टि की है, जो अपने प्रभाव में सहज है और कहानी की केन्द्रीय वस्तु को प्रभावशाली ढंग से उद्घाटित करता है।''

हिन्दी कथा जगत में स्त्री को केन्द्र में रखकर कई लेखकों ने कहानियाँ लिखीं और कहानी के माध्यम से स्त्रियों की अनेक प्रकार की विड़म्बनाओं एवं उलझनों से पाठक को रू-बरू कराया। जहाँ हमारे समाज में स्त्री लेखन को लेकर नारीवाद और अस्मिता विमर्श का बोलबाला है वहीं स्त्री लेखिका मन्नू भंडारी की कहानियाँ बिना किसी शोर-शराबे के सहज रूप में सामने आती है। इनकी कहानियों में एक स्वतन्त्र और सन्तुलित रचनात्मकता का बोध दिखाई पड़ता है। स्वयं स्त्री होने के कारण इनकी कहानियों में जिस प्रकार से नारी की स्थिति का चित्रण मिलता है वह अन्यत्र नगण्य है। प्रेम, पारिवारिक वातावरण, पति-पत्नी के बीच के सम्बन्ध आदि अनेक प्रकार के विषयों को मन्नू जी ने अपनी कहानियों के माध्यम से सहजता के साथ प्रस्तुत किया है। इनकी कहानियों में सादगी और अनुभूति की प्रामाणिकता होने के कारण हिन्दी कथा जगत में एक अलग ही पहचान बनाती है। मन्नू भंडारी की कहानियों में स्त्री मन की अभिलाषाएँ, पुरुष वर्ग की ईर्ष्याएँ, मध्यम वर्गीय बुद्धिजीवियों का चित्रण आदि अनेक प्रकार की सामाजिक, राजनीतिक, आर्थिक विशेषताओं को उनकी कहानियों में देखा जा सकता है। उनकी प्रमुख कहानियों में 'नई नौकरी', 'स्त्री-सुबोधिनी', 'यही सच है', 'त्रिशंकु', 'एक कमजोर लड़की की कहानी', 'असामयिक मृत्यु', 'तीसरा हिस्सा' आदि अनेक प्रकार की कहानियाँ है। मार्कण्डेय की समकालीन लेखिका होने के कारण इनकी कहानियों का विवरण देना आवश्यक है। इनकी कुछ महत्त्वपूर्ण कहानियों का छोटे रूप में चित्रण इस प्रकार हैं-

मन्नू भंडारी की कहानी 'नई नौकरी' में एक स्त्री की उन तमाम जिम्मेदारियों को दिखाया गया है जो अपनी जिम्मेदारियों को पूरी तरह से निभाना चाहती है। रमा के पति कुन्दन को नई नौकरी मिली है, जिसमें वह किसी भी प्रकार अपने डायरेक्टर को खुश रखना चाहता है। रमा घर की, बाहर की और कॉलेज की सभी

इन्द्रा के घर पहुँचता है किन्तु उसका औपचारिक व्यवहार देखकर वह शंका में डूब जाता है। उसे शंका होती है कि कहीं उसकी सहेली की तरह उसकी बीवी भी उसे पहचानती है या नहीं? इसी शंका को दूर करने के लिए वह रात में "और बिजली जलाकर वह निर्मला को दोनों कन्धों से पकड़कर अपना मुँह उसके सामने करके डरी हुई आवाज में पूछता है, मुझे पहचानती हो? मुझे पहचानती है, निर्मला?" कमलेश्वर की यह कहानी शहरी जीवन के उस पहलू को रेखांकित करती है जहाँ सब अजनबीपन में ही जीवन व्यतीत करते हैं। किसी को किसी से कोई मतलब नहीं रहता है। महानगर की वास्तविकता को यह कहानी बड़े ही रोचक अन्दाज में प्रस्तुत करती है।

कमलेश्वर की अनेक कहानियों में अलग-अलग विषयों को लेकर सामाजिक परिस्थिति को उजागर किया गया है। जहाँ एक ओर 'बयान' कहानी भ्रष्टाचार का पर्दाफाश करती है वहीं दूसरी ओर 'देवा की माँ' में भारतीय नारी की सेवा, कर्तव्यपरायणता और सहनशक्ति के चित्र अंकित किए गए हैं। विवाहेतर यौन सम्बन्धों को लेकर भी उन्होंने कहानियाँ लिखी जिसमें 'राजा निरबंसिया' उनकी प्रमुख कहानी मानी जाती है। चूँकि कमलेश्वर नई कहानी के पुरोधाओं में से एक माने जाते हैं इसलिए वास्तविक यथार्थ उनकी कहानियों में भी दिखाई पड़ता है। कमलेश्वर ने पात्रों के हिसाब से कहानियों का चयन नहीं किया बल्कि कहानियों के मुताबिक पात्रों को स्थान एवं नाम दिया। आम मनुष्य का जीवन एवं उसकी विसंगतियों ने ही कमलेश्वर को कहानी का विषय प्रदान किया। इस कथ्य को स्पष्ट करते हुए कमलेश्वर कहते हैं-"मुझे पात्रों ने कभी कहानियाँ नहीं दी हैं। मुझे हमेशा उनकी स्थितियों ने ही कहानियाँ दी हैं। यदि कोई कहानी पात्र-केन्द्रित हो गई है तो वह मेरे लेखन की कमजोरी है, पर जान-बूझकर पात्रों को विरूप कर देने की कोशिश भी मैंने नहीं की है, क्योंकि सच्चाइयाँ इतनी इकहरी नहीं हैं कि उन्हें भारी हाथ से उठाया जा सके।" कमलेश्वर सदैव 'नई प्रतिभाओं' को सामने लाने का प्रयास 'नई कहानियाँ' नामक पत्रिका के माध्यम से कर रहे थे। कमलेश्वर की कहानियों पर बड़े-बड़े आलोचकों ने भी अपनी आलोचनाएँ प्रस्तुत की क्योंकि यदि देखा जाए तो "यह बहुत स्वाभाविक भी था क्योंकि इनकी कहानियाँ सभी दृष्टि में नई कहानी से बिलकुल भिन्न थी। जीवन-जगत को देखने का इनका नजरिया भिन्न था... इनकी संवेदना भिन्न थी... इनकी मानसिकता बिलकुल भिन्न थी... परिवार और सम्बन्धों के प्रति इनका रवैया बिलकुल भिन्न था और भाषा-शैली भी इन्होंनें भिन्न ही अपनायी।" अपनी लेखनशैली से पहचाने जानेवाले कमलेश्वर ने हिन्दी कथा जगत को बड़ी रोचक कहानियाँ दी।

हिन्दी कथा-साहित्य के क्षेत्र में सबसे चर्चित आन्दोलन 'नई कहानी आन्दोलन' ही है। इस कहानी आन्दोलन में जिन लेखकों ने नई विचारधारा पद्धति के साथ-साथ नवीन भावबोध, भाषाशैली और कहानियों को एक अलग मोड़ दिया उनमें मार्कण्डेय प्रमुख थे। इस आन्दोलन में शेखर जोशी, अमरकान्त, राजेन्द्र यादव, मोहन राकेश, मन्नू भंडारी, कमलेश्वर, भीष्म साहनी, निर्मल वर्मा आदि लोगों के योगदान से नई कहानी आन्दोलन आगे बढ़ा। लेखकत्रयी राजेन्द्र यादव, कमलेश्वर और मोहन राकेश शहरी मध्यवर्ग जीवन की समस्याओं को अपनी कहानियों में उकेरते हैं तो मार्कण्डेय, शेखर जोशी और अमरकान्त की लेखकत्रयी अपनी कहानियों को आम जीवन से जोड़ते हैं। दरअसल आजादी के पहले आम मनुष्य को न तो कोई सुविधाएँ दी जाती थी और न ही उनकी मनुहारों को सुना जाता था, क्योंकि अंग्रेजी सत्ता के भयानक शोषण से वह इतना ज्यादा आहत थे कि शोषण को झेलना ही उनकी दिनचर्या बन गई थी। मार्कण्डेय के बाबा बचपन में ही उन्हें कांग्रेस की सभा में ले जाया करते थे जिनसे उनके जीवन में काफी बदलाव आया। आजादी के बाद गाँवों की संरचना और संवेग तेजी से बदलने तो लगे किन्तु इन विकास योजनाओं का लाभ गाँव के मुख्यत: बड़े किसान व धनीवर्ग ही उठा रहे हैं।

आजादी के बाद की स्थिति के विषय में डॉ. प्रेमकुमार से बातचीत करने के दौरान वह कहते हैं-"मुझे याद है... कि जब मैं प्रतापगढ़ आया तो उस सुलगती हुई आग में जैसे घी पड़ गया हो... और तो धू-धू करके जलने लगी हो। शोषण और अवमूल्यन से ग्रसित सामन्तों का वह समय और उसी के बगल में अशिक्षित किसान और मजदूर मेरे लिए सोच के वे मुख्य आधार बन गए थे। मैं तब समझ ही नहीं पाता था कि यह क्यों है कि किसी के पास तो घर-बार, कोठी-महल, हाथी-घोड़ा सब-कुछ है लेकिन बहुत सारे लोगों के पाँव में एक टूटा चप्पल भी नहीं है। बीमारी, अशिक्षा, अभाव, अन्धविश्वास, उनके गले में जैसे हमेशा के लिए बाँध दिए गए हैं।" आजादी के बाद की स्थिति में सुधार तो आए किन्तु गरीबों को उससे कोई लाभ न मिला।

गाँव की जनता का शोषण करना धनीवर्ग के लिए कोई बड़ी बात नहीं थी क्योंकि किसान और मजदूर अपने भोले व सरल स्वभाव तथा गरीबी के चलते छले जाते हैं। कर्ज उनका सबसे बड़ा शत्रु इसलिए है क्योंकि उसकी लगातार बढ़ोतरी के चलते वह आजीवन उस कर्ज को चुकता नहीं कर पाते हैं। कर्ज को न चुका पाने के कारण ही पीढ़ी दर पीढ़ी उनकी आज्ञा मानने को बाध्य रहती है। देहाती जीवन के कथाकार होने के नाते मार्कण्डेय की कहानियाँ देहाती परिवेश को ही उजागर करती है।

सन् 1950 के बाद 'नई कहानी' आन्दोलन का प्रारम्भ हुआ। इस आन्दोलन में दर्जनों कथाकारों की नई पीढ़ी सामने आई। इन कथाकारों ने हिन्दी कहानी को नए आयाम दिए। सभी कथाकारों ने भोगे हुए यथार्थ को ही कहानी का विषय बनाया और अलग-अलग पात्र एवं चरित्रों के माध्यम से उसे व्यक्त किया। इस तरह समकालीनों में उत्कृष्ट स्थान रखनेवाले मार्कण्डेय ने अलग-अलग तरह से न सिर्फ अपनी कहानियों को विषय दिया अपितु उसे ग्रामीण वातावरण के यथार्थ से भी जोड़ा। कथाकार मार्कण्डेय इसीलिए अपने समकालीन रचनाकारों में विशिष्ट एवं अगुवा दिखाई पड़ते हैं।

(ग) नई कहानी आन्दोलन का मूल्यांकन :

हिन्दी कहानी सन् 1950 के बाद दो विरोधी स्वर में दिखाई पड़ती है। यह विरोधी स्वर विघटित मूल्यों के परिवेश में चीख तथा बदलते हुए रिश्तों का स्वर था। पहला स्वर छठें दशक की मुख्य विशेषता थी तो दूसरा सातवें दशक की। अनेक प्रकार के संघर्षों के बाद जब 1947 में देश आजाद हुआ तो जनता का उल्लास स्वाभाविक था। इसके साथ ही जनता में नई उम्मीदें एवं आकांक्षाओं का पल्लवित होना भी कोई आश्चर्य की बात नहीं थी क्योंकि इतने संघर्ष के बाद आजाद भारत का हर मानव प्रसन्न था। सन् 1955 में 'कहानी' पत्रिका के प्रकाशन ने इस दौर को आगे बढ़ाने का महत्त्वपूर्ण कार्य किया और 'नई कविता' के वजन पर ही इसे 'नई कहानी' नाम दिया गया। नई कविता के पहले 'प्रयोगवाद' की चर्चा थी, लेकिन आश्चर्य की बात ये है कि जो कवि प्रयोगवाद में थे वे सारे के सारे कवि ही 'नई कविता' में भी थे। जो कहानी 50 के आसपास लिखी जा रही थी उसका नामकरण सन् 1960 ई. के आसपास 'नई कहानी' नाम से किया गया। प्रेमचन्द ने अपने दौर में मनोविश्लेषणात्मक कहानियाँ लिखीं किन्तु नई कहानी के दौर में यह माना गया कि इसके साथ ही कहानी में कल्पना का होना भी आवश्यक है, बिना कल्पना के कहानी नहीं लिखी जा सकती। इस तरह अब कहानियों में कल्पना को भी प्रमुखता दी जाने लगी।

छठवें दशक में सर्वप्रथम ग्रामांचल की कहानियों ने ही सबका ध्यान अपनी ओर आकृष्ट किया। इसको भी कुछ कथाकारों ने दो श्रेणियों में विभाजित किया। मार्कण्डेय और शिवप्रसाद सिंह ग्रामीण परिवेश से सम्बन्धित कहानीकारों की श्रेणी में रखे गए तो दूसरी तरफ फणीश्वर नाथ रेणु को एक अलग ही स्थान मिला और वह था आंचलिक कथाकार का। मार्कण्डेय, रेणु और शिवप्रसाद सिंह सही मायने में ग्रामीण अंचल के ही कथाकार हैं क्योंकि तीनों कथाकारों की कहानियों का

मुख्य विषय ग्रामीण परिवेश ही है। इन कथाकारों की कहानियों में गाँव और वहाँ की मिट्टी का जो आकर्षक चित्र प्रस्तुत किया गया है वैसा और किसी कथाकार की कहानी में नहीं दिखाई पड़ता है क्योंकि ''इसके पहले गाँव अपने परिपार्श्व की पूर्णता में चित्रित नहीं हो पाए थे, किन्तु इन लेखकों ने गाँव के जो चित्र या चरित्र प्रस्तुत किए थे, वे मूलत: रोमैंटिक थे। ये लेखक स्वयं अपने-अपने गाँवों से शहरों में आ गए थे, इसीलिए पीछे छूटे हुए गाँव की यादों का रूमानियत से भर उठना स्वाभाविक था।'' प्रेमचन्द के समय से ही पारिवारिक रिश्तों में कमजोरी आ गई थी जिसके कारण कहानी में भी वह अन्तर्द्वन्द्व दिखाई पड़ता है जहाँ परिवार केवल एक सीमित शब्द ही बनकर रह गया था। राजेन्द्र यादव इस विषय में कहते हैं- ''परिवार का परम्परागत ढाँचा प्रेमचन्द के समय से ही टूटता हुआ दिखाई पड़ता है और परिवार की भाषा अब वह नहीं रह गई थी। परिवार की सीमा पति-पत्नी और बच्चे ही हैं। उसमें भाई-बहन, भाभी-जीजा, बाबा-दादा आदि रिश्तेदार नहीं आते।'' राजेन्द्र यादव का यह कथन आज के समय की सच्चाई को बड़े ही स्पष्ट रूप में प्रदर्शित करता है। कहानी का जो दौर था उसमें ग्रामांचल के कथाकार शिवप्रसाद सिंह की प्रारम्भिक कहानियाँ अतीतोन्मुख है जबकि रेणु की कहानियों में रोमैंटिक यथार्थ का सर्वाधिक समग्र और आत्मीयतापूर्ण रंग चित्रित किया गया है। कथाकार मार्कण्डेय ने शासक वर्ग की उस नीति को दर्शाया जो 'झूठे आदर्शों में उलझी' हुई थी। मार्कण्डेय ने इन 'झूठे आदर्शों के प्रति' भी अपनी विचारात्मक जिज्ञासा को व्यक्त करना जरूरी समझा और कहानियों के माध्यम से अनेक विचार-पद्धति को व्यक्त भी किया। वस्तुत: ''मार्कण्डेय की ग्रामांचल की कथाओं में भी शुरू में अतीतोन्मुखता ही दिखाई पड़ी। 'गुलरा के बाबा' और 'हंसा जाई अकेला' में अतीत के प्रति रोमानी दृष्टिकोण अख्तियार किया गया है। बाद में उन्होंने गाँवों में उगते हुए वर्ग-संघर्ष को पहचानने और चित्रित करने की भी कोशिश की। शहरी जीवन से सम्बन्धित कहानियाँ भी उन्होंने लिखी हैं, पर ऐसा लगता है कि यह विषयवस्तु उनके घेरे के बाहर है।''

मार्कण्डेय, रेणु और शिवप्रसाद सिंह की ग्रामांचल कहानियों के बाद इसी समय में ही भीष्म साहनी, रांगेय राघव, शेखर जोशी, अमरकान्त, शैलेश मटियानी, ओंकारनाथ श्रीवास्तव, शानी, मधुकर गंगाधर आदि कहानीकार आते हैं। इसके साथ ही कमलेश्वर, मोहन राकेश और राजेन्द्र यादव की त्रयी भी इसी दौर में सामने आई। आजादी के बाद देश में जो उल्लास सर्वत्र छाया था वह अधिक समय तक भले ही न रहा हो किन्तु फिर भी बहुत सी चीजों में बदलाव भी आया। जिन लोगों ने आजादी के सपने देखे थे उन लोगों ने जब प्रत्यक्ष रूप से आजादी पायी तो उनकी

तुम्हारी नजर तो लेक के पानी पर जमी हुई है... शांत, मौन!'' अन्ततः दीपा कानुपर चली जाती है और वहाँ जाकर उसे पुनः आभास होता है कि उसका सच्चा प्रेमी संजय ही है। यह कहानी एक ऐसी दुविधाग्रस्त स्त्री की कहानी है जो यह जान ही नहीं पाती कि उसका सच्चा प्रेमी निशीथ है या फिर संजय। इंसान का पहला प्रेम व पहली अनुभूति उसे जीवन के अन्त तक स्मरण रहती है। दीपा का भी पहला प्यार उसे कहीं न कहीं याद आता है। मन्नू यह बताने का प्रयत्न करती है कि स्त्रियों को अपना जीवन जीने का अधिकार नहीं होता। वह प्रेम करने जैसा एहसास तो मन में पाल लेती है किन्तु घर, परिवार, समाज के भय से अपने प्रेम को व्यक्त नहीं कर पाती। यह स्थिति इस कहानी में दोनों पक्षों से दिखाई पड़ती है कि किस प्रकार सामाजिक बन्धनों के चलते दोनों ही अपने प्रेम को व्यक्त नहीं कर पाते और अपने प्रेम के इतर घर, परिवार और समाज के चलते अपनी जिन्दगी को आगे बढ़ाते हैं।

हमारे समाज में यह भारी विडम्बना है कि हम प्रेम तो कर लेते हैं, किन्तु उसे समाज के समक्ष लाने वा स्वीकारने से कतराते हैं। क्योंकि जिस परिवेश में हम जी रहे हैं वहाँ प्रेम को बड़े ही तुच्छ रूप में देखा जाता है। भले ही स्त्री या पुरुष अपने प्रेम को त्यागकर दूसरा विवाह कर अपने जीवन में आगे बढ़ जाते हैं, किन्तु उनके हृदय में दीपा की भाँति पहला प्रेम कहीं न कहीं, समय दर समय पनपता रहता है। यदि हम कथाकार व उपन्यासकार मार्कण्डेय की बात करें तो उन्होंने भी अपनी अनेक कहानियों व दोनों उपन्यासों में ऐसे ही प्रेम को व्यक्त किया है जिसे मन्नू भंडारी व्यक्त करती हैं। 'एक दिन की डायरी' हो अथवा 'मिस शान्ता' या 'प्रिया सैनी' अनेक कहानियाँ इसी विषयवस्तु को उजागर करती हैं। 'सेमल के फूल' उपन्यास तो इसी कथाबिन्दु के इर्द-गिर्द घूमता है जहाँ नीलिमा और सुमंगल भी अपने प्रेम को स्वयं तक ही सीमित रखते हैं। अपने प्रेम को व्यक्त न कर पाने के कारण इसे एक असफल प्रेम-कथा के रूप में माना गया है। माता-पिता विहीन बेटी होने के कारण नीलिमा सामाजिक बन्धनों के चलते सुमंगल के समक्ष अपने प्रेम का इजहार नहीं कर पाती और सुमंगल अन्त तक अपना प्रेम व्यक्त नहीं कर पाता है। समाज के ऐसे ही परिवेश को नीलिमा और सुमंगल के माध्यम से व्यक्त करता यह उपन्यास जब नवीन कथा बिन्दु को पकड़ता है तो और अधिक रोचक हो जाता है। अपने हृदय में सुमंगल की यादों को संजोये नीलिमा का विवाह अन्यत्र हो जाता है और विवाहोपरान्त वह अपनी जिम्मेदारियों को बखूबी निभाती है और अन्ततः अपने प्रेमी की यादों में अपने प्राण गँवा देती है। 'अग्निबीज' उपन्यास में भी मार्कण्डेय ने सागर और श्यामा के बीच ऐसे ही प्रेम को दर्शाया है जहाँ वह सामाजिक बन्धनों एवं संकोच के चलते एक-दूजे के बिना जीवन व्यतीत करते हैं।

इस प्रकार मार्कण्डेय ने प्रेम जैसे विषय को व्यक्त करने के साथ ही समाज में रह रहे सामाजिक बन्धनों को भी रेखांकित किया है।

यदि हम देखें तो मन्नू भंडारी ने कहानी का शीर्षक 'यही सच है' रखकर समाज में व्याप्त इस सच्चाई को बड़ी ही सहजता के साथ रेखांकित किया है। हमारे समाज में दीपा और निशीथ जैसे तमाम ऐसे प्रेमी हैं जो अपने प्रेम को कभी व्यक्त नहीं कर पाते और जीवनपर्यन्त उसे स्मरण करते हैं। समाज में प्रेम को बड़े ही तुच्छ रूप में देखा जाता है। बहुत कम युगल ही ऐसे हैं जो अपने प्रेम को व्यक्त कर समाज की नजरों से गिरकर साथ-साथ अपना जीवन बिताते हैं। इस प्रकार मन्नू भंडारी ने इस कहानी को सामाजिक यथार्थ से जोड़ते हुए प्रेम को 'यही सच है' नामक शीर्षक के माध्यम से व्यक्त किया है।

नई कहानी आन्दोलन में भाग लेनेवाले प्रसिद्ध कथाकार भीष्म साहनी के कथा साहित्य में अपने समय की कुछ महत्त्वपूर्ण बातों को बड़ी ही स्पष्टता के साथ इंगित किया गया है। हिन्दी के प्रगतिशील कथाकारों में इनका नाम बड़े आदरपूर्वक लिया जाता है। उनके सात कहानी-संग्रहों में अनेक कहानियाँ ऐसी हैं जिसमें कुछ ऐसे विषयों को रेखांकित किया गया है, जिसे पढ़कर समाज में रह रहे लोगों व उनके विचारो को भलीभाँति जाना एवं समझा जा सकता है। इनकी कहानियों में रचनात्मक सादगी व सामाजिक यथार्थ को इस प्रकार से व्यक्त किया गया है कि वह पूरी तरह से मनोरंजक बन जाती है। भीष्म साहनी अपनी कुछ कहानियों में सामाजिक यथार्थ के ऐसे पहलुओं को रेखांकित करते हैं जिन्हें पढ़कर पाठक भी नई ऊर्जा व संघर्ष से भर जाते हैं।

इनके सात कहानी-संग्रहों के नाम हैं-'भाग्यरेखा', 'पहला पाठ', 'भटकती राख', 'पटरियाँ', 'वाड्चू', 'शोभायात्रा' तथा 'निशाचर'। कहानी के साथ-साथ इन्होंने 'झरोखे', 'कड़ियाँ', 'तमस', 'बसन्ती' तथा 'मय्यादास की माड़ी' नामक उपन्यास लिखकर प्रसिद्धि प्राप्त की। इनको 'तमस' नामक ऐसे उपन्यास पर साहित्य अकादमी पुरस्कार मिला जो भारत, पाकिस्तान के अलगाव को लेकर लिखा गया। इसके साथ ही इन्होंने नाटक भी लिखे। भीष्म साहनी की प्रमुख कहानियों में 'चीफ की दावत', 'खून का रिश्ता', 'वाड्0चू', 'यादें', 'कुछ और साल', 'अमृतसर आ गया है' आदि कहानियाँ मुख्य रूप से सम्मिलित हैं।

कथाकार एवं उपन्यासकार के रूप में जाने जानेवाले भीष्म साहनी की प्रमुख कहानी 'चीफ की दावत' में एक विधवा बुजुर्ग माँ की स्थिति को रेखांकित किया गया है। इस कहानी में शामनाथ अपनी माँ को घर का फालतू सामान से अधिक और कुछ नहीं समझता। उसने अपने घर में चीफ को दावत पर बुलाया है और उसी

की तैयारी करते हुए वह और उसकी पत्नी घर के फालतू सामान को तो इधर-उधर छुपा देते हैं किन्तु जब उन्हें सहसा अपनी माँ का स्मरण हो आता है तो उसके सामने सबसे बड़ी अड़चन आ जाती है। वह अपनी माँ को न तो उसकी सहेली के घर जाने देना चाहता है और न ही उसे चीफ के सामने आने की अनुमति देता है। वह अपनी पत्नी पर खीझते हुए कहता है-"अच्छी-भली यह भाई के पास जा रही थी। तुमने यूँ ही खुद अच्छा बनने के लिए बीच में टाँग अड़ा दी।" वह अपनी माँ को अनेक प्रकार से समझाता है और उसे चीफ के सामने न पड़ने को कहता है। शाम को चीफ और उनके साथी खाने पर आए तो सहसा चीफ की नजर माँ पर पड़ती है जो कि कुर्सी पर ही सो गई थी। सहसा उठकर उन्होंने लज्जा का अनुभव किया। चीफ ने माँ से बातें की और उनसे गाना भी सुना। चीफ शामनाथ की माँ से बहुत प्रसन्न हुए और साथ ही उनसे फुलकारी बनाने को भी कहा। शामनाथ ने माँ के इनकार करने पर भी हामी भर दी। पार्टी खत्म होने के बाद अपने बेटे के व्यवहार से दु:खी होकर शामनाथ की माँ हरिद्वार जाने को कहती है, जिनसे उसके बेटे का क्रोध बढ़ जाता है और वह अपनी माँ को फुलकारी बनाने की बात कहकर तरक्की हो जाने की भी बात कहता है। अपने बेटे के उज्ज्वल भविष्य को संवारने के लिए अपनी कम रोशनीवाली आँखों से भी फुलकारी बनाने के लिए शामनाथ से कहती है-"तो मैं बना दूँगी, बेटा, जैसा बन पड़ेगा, बना दूँगी।" बेइज्जती सहने के बाद भी शामनाथ की माँ अपने बेटे के भविष्य को सँवारने के लिए तत्पर है, किन्तु बेटा अपने ही स्वार्थपूर्ति के विषय में सोचता है और माँ को जबरन फुलकारी बनाने पर जोर देता है। भीष्म साहनी ने इस कहानी में बड़ी ही सहजता के साथ एक ऐसी बुजुर्ग माँ की व्यथा को रेखांकित किया है जो आज के समय की एक बहुत ही कड़वी सच्चाई है।

दरअसल आज का समाज इतना आगे बढ़ चुका है कि वह अपने बीवी-बच्चों के सिवा और किसी को भी साथ रखना पसन्द नहीं करता है। शामनाथ एक ऐसे ही चरित्र के रूप में रेखांकित किए गए हैं जो अपनी माँ को फालतू सामान समझते हैं। शामनाथ के इन शब्दों में अपनी माँ के ही प्रति एक ऐसी सोच प्रदर्शित की गई है जिसे सुनकर उसकी माँ अवाक रह जाती है-"यह कौन सा-राग छेड़ दिया, माँ! सीधा कह दो, नहीं है जेवर, बस! इससे पढ़ाई-वढ़ाई का क्या तअल्लुक है? जो जेवर बिका, तो कुछ बनकर ही आया हूँ, निरा लँडूरा तो नहीं लौट आया। जितना दिया था, उससे दुगना ले लेना।" एक माँ की दशा को रेखांकित करनेवाली भीष्म साहनी की यह कहानी मार्कण्डेय की उन तमाम कहानियों का स्मरण कराती है जिसमें माँ ही कथा का मुख्य केन्द्र है। मार्कण्डेय ने 'माई', 'घूरा', 'सात बच्चों की

माँ', 'वासवी की माँ', 'माँ जी का मोती' आदि कहानियों में माँ का अपने बच्चों के प्रति अटूट प्रेम दर्शाया गया है। जहाँ 'माई' में माई अपने चारों बच्चों से बराबर स्नेह करती है, किन्तु वीरू के भविष्य को लेकर अधिक चिन्तित है और उसकी हर विपत्ति में उसका साथ देती है, वहीं दूसरी ओर यदि सन्नो जैसी माँ के व्यक्तित्व को देखें तो वह अपने सातों बच्चों को छोड़कर भाग जाती है। 'घूरा' कहानी में भी 'चीफ की दावत' की भाँति अपने बेटे के प्रति माँ के समर्पण भाव को प्रदर्शित किया गया है। भीष्म साहनी ने माँ के ममतामयी रूप को बड़ी ही तन्मयता के साथ रेखांकित किया है किन्तु मार्कण्डेय माँ के ममतामयी रूप के साथ-साथ एक ऐसी माँ का चित्रण करते नजर आते हैं जो सन्नो के रूप में उन सभी माँ के चरित्र को चित्रित करती है जो अपने बेटे के प्रति आसक्त नहीं है बल्कि अपने स्वार्थ की पूर्ति के लिए अपने बच्चों का त्याग करने में तनिक भी नहीं हिचकिचाती है।

मार्कण्डेय की कहानी 'वासवी की माँ' में कथाकार ने दो माँ के रूप को बड़ी ही सहजता के साथ प्रदर्शित किया है। एक मृणालिनी के रूप में जो कि वासवी की सगी माँ है और एक सीता के रूप में जो कि घर की नौकरानी है। मृणालिनी अपनी बेटी की जिम्मेदारी सीता को सौंप जाती है और सीता इस जिम्मेदारी को भलीभाँति पूरी लगन के साथ निभाती है। इस कहानी में मार्कण्डेय ने माँ के दो रूपों को दर्शाया है, जिसमें कि एक जन्म देनेवाली माँ है और दूसरी पालनेवाली। भीष्म साहनी ने भी 'माता-विमाता' कहानी में एक बच्चे को लेकर झगड़ती दो माँओं का चित्रण किया है। कहानी की शुरुआत में ही "एक औरत, दूसरी की गोद में से बच्चा छीनने की कोशिश करने लगी और बच्चेवाली औरत एक हाथ से बच्चे को छाती से चिपकाये, दूसरे से उस औरत के साथ जूझती हुई, गाड़ी में चढ़ जाने की कोशिश करने लगी।" दोनों औरतें एक बच्चे के लिए आपस में झगड़ा कर रही थीं। हवलदार के पूछने पर दोनों ही अपने को उसकी माँ बता रही थीं। हवलदार ने जब कड़ाई से बनजारी औरत से पूछा तो उसने कहा-"पेट से पैदा नहीं हुआ तो क्या, दूध तो मैंने पिलाया है। पिछले सात महीने से पिला रही हूँ।" दरअसल बच्चे की सगी माँ बच्चा पैदा होने पर सामाजिक भय के चलते बच्चे को फेंकने जाती है तभी बनजारिन उस बच्चे को ले लेती है। जब वह अपने शहर फिरोजपुर जाने के लिए ट्रेन पकड़ने स्टेशन आई तो बच्चे की सगी माँ का मातृत्व जाग जाता है और वह अपने बच्चे के लिए तड़पती रहती है। हवलदार के कहने पर बनजारिन बच्चा दे देती है और ट्रेन में चढ़ जाती है। अचानक बच्चे की नींद खुल जाती है और वह जोर-जोर से रोने लगता है। तभी बच्चे के रोने की आवाज सुनकर बनजारिन ट्रेन से उतर जाती है और अपने बच्चे को दूध पिलाने लगती है। कहानी में यह वर्णित करने का

प्रयास किया है कि जन्म देनेवाली माँ से ज्यादा उसका अधिकार है, जो उसे पालती है। भले ही सगी माँ अपने बच्चे को कभी भी अपना कहकर अधिकार जमा सकती है किन्तु माँ की भाँति बनजारन भी अपने अधिकार से पीछे नहीं हटती। दोनों ही माताओं की स्थिति को भीष्म साहनी इन शब्दों में व्यक्त करते हैं-''अजीब तमाशा था। दोनों औरतें रोए जा रही थीं। दोनो एक-दूसरे की दुश्मन, दोनों एक ही बच्चे की माताएँ। बेघर लोगों को न हँसने की तमीज होती है, न रोने की। और कलह का कारण, दुबला-पतला, पित्त का मारा बच्चा, अब भी मुट्ठियाँ भींचे सो रहा था।'' इस प्रकार इस कहानी में माँ की ममता को दो रूपों में अभिव्यक्त किया गया है।

माँ के एक ऐसे ही मिलते-जुलते रूप को मार्कण्डेय ने अपनी कहानी 'मन के मोड़' में व्यक्त किया है जहाँ द्रौपदी का रिश्ता अपने देवर जीतू के साथ माँ जैसा है। वह कभी भी जीतू के संग सौतेला व्यवहार नहीं करती बल्कि माँ से बढ़कर अपने देवर जीतू को स्नेह करती है। माँ-बेटे के बीच ऐसा स्नेह देखकर रामशरण अत्यन्त प्रसन्न होता है। कथाकार मार्कण्डेय ने स्त्री को माँ के रूप में कई कहानियों में दर्शाया है। कहीं सगी माँ अपने बच्चे को छोड़कर चली जाती है तो कहीं सौतेली आकर अपने सौतेले बेटे को बच्चे से भी कहीं ज्यादा प्रेम करती है। कहीं घूरा जैसी माँ अपमानित होने के बावजूद अपने बेटे की मदद करती है तो कहीं सन्नो जैसी चरित्रहीन माँ अपने मासूम बच्चों का त्याग कर देती है। मार्कण्डेय ने स्त्री को माँ, बेटी, बहू, सहेली, पत्नी, बहन के रूप में चित्रित किया है। जब उनकी कहानियों को हम पढ़ते हैं तो पाते हैं कि उन्होंने स्त्रियों को प्राय: सभी रूपों में रेखांकित किया है।

कथाकार मार्कण्डेय के समकालीन कथाकारों में नई कहानी आन्दोलन के अगुआ कमलेश्वर ने अनेक विषयों पर कहानियाँ लिखीं। कथाकार कमलेश्वर ने अपना एक साल बचाने के लिए हिन्दी विषय से एम.ए. में दाखिला लिया और फिर हिन्दी से ही उन्हें एक ऐसी पहचान मिली जो अमिट थी। कमलेश्वर, मार्कण्डेय और दुष्यन्त कुमार ने मिलकर यूनिवर्सिटी काल में ही एक मासिक पत्रिका निकाली किन्तु कुछ कारणों से उसका एक ही अंक निकल पाया और वह पत्रिका बन्द हो गई। इन तीनों की मित्रता इतनी अधिक थी कि ये इलाहाबाद के 'त्रिशूल' के नाम से जाने जाते थे। मार्कण्डेय के साथ अपनी मित्रता को कमलेश्वर ने 'कथा' पत्रिका के 15वें अंक में 'गहरी दोस्ती के वे दिन' नामक लेख में प्रस्तुत किया है, जिसे पढ़कर मार्कण्डेय, दुष्यन्त और कमलेश्वर की गहरी मित्रता के विषय में जानकारी मिलती है। कमलेश्वर ने भी अपनी कहानियों को यथार्थ के धरातल पर ला खड़ा किया और आजादी के बाद के परिदृश्य को कहानियों से जोड़ा। कमलेश्वर ने इस

बात को स्वीकार किया कि ''जब से अपने चारों तरफ की दुनिया की ओर देखना शुरु किया तो पाया, कहीं कुछ भी बदल नहीं रहा था, इसलिए मुझे बदलना पड़ा। मुझे मेरे चारों ओर के कटु यथार्थ ने बदल दिया।'' कमलेश्वर के इस वक्तव्य से यह पता चलता है कि समाज में हो रहे अत्याचारों से वे अन्दर से क्षुब्ध हो गए थे और इसी कारण समाज के प्रति उनका दृष्टिकोण बदल गया। कमलेश्वर की कहानियों में 'राजा निरंबसिया', 'मांस का दरिया', 'नीली झील', 'बयान', 'दुःख भरी दुनिया', 'पराया शहर', 'मुर्दों की दुनिया', 'आत्मा की आवाज', 'तीसरा आदमी', 'लौटे हुए मुसाफिर', 'जोखिम', 'तलाश' आदि अनेक कहानियाँ हैं जो बड़ी प्रसिद्ध हुईं। इन सभी कहानियों में उनके तीनों दौर की कहानियाँ सम्मिलित हैं। पहले दौर की कहानियों का समय मैनपुरी-इलाहाबाद के बीच का है। दूसरे दौर की कहानियों को उन्होंने दिल्ली में लिखा और तीसरे दौर की कहानी 1966 में बम्बई में। तीन दौर में उन्होंने अपनी कहानी को विभाजित करते हुए कहा है-'मोटे तौर पर यदि कहूँ तो पहला दौर था अपने 'कथा स्रोतों की पहचान और अपने परिवेश में जीने का। जिनके लिए 'नई कहानी' ने रूढ़िबद्ध गद्य साहित्य से विद्रोह किया। और कथ्य की धुरी पर कहानी को केन्द्रित किया। दूसरा दौर था 'व्यक्ति के दारुण और विसंगत सन्दर्भों को समय के परिप्रेक्ष्य में समझने का' और तीसरा दौर है 'यातनाओं के जंगल से गुजरते मनुष्य के साथ और समान्तर चलने का।'' इस तरह से कमलेश्वर ने अपनी लेखनशैली को तीन भागों में विभाजित कर दिया और उन्हीं के अनुसार अपनी कहानियों में विषय समाहित किए।

कमलेश्वर की कहानी 'बयान' को जब मैंने पढ़ा तो प्रारम्भ से ही एक औरत के बयान के विषय में ही पूरी कहानी केन्द्रित है। यह स्त्री 'मैं' के रूप में अपनी सम्पूर्ण समस्याओं एवं बातों को अदालत के समक्ष प्रस्तुत करते हुए अपने पति की मौत के विषय में बताती है। इस कहानी में न तो कहीं अदालत का नाम आता है और न ही वकील का। वह स्त्री शुरु से लेकर अन्त तक अपनी सफाई अदालत के समक्ष प्रस्तुत करती है। वह अदालत के सामने अपने और बिशन के प्रेम को स्वीकार करती है और कहती है-''नहीं, मेरा बिशन से बस उतना ही प्रेम था, जितना की बाईस-चौबीस बरस के पहले कोई भी लड़की किसी लड़के से कर सकती थी। मैं कब इन्कार करती हूँ कि वह मुझसे नहीं मिला। लेकिन मेरा ऐतबार कीजिए... शादी के बाद मुझे यह भी नहीं मालूम कि वह कहाँ गया.... सच।'' वह अपनी सफाई में अदालत के सवालों का इन्तजार भी नहीं करती और अपनी बात बिना किसी भय के साथ प्रस्तुत करती है। उसका (मैं) पति फोटोग्राफर था और उसी के सहारे उन लोगों का परिवार चलता था। किन्तु कुछ कारणों के चलते

उसे नौकरी से निकाल दिया गया और अब वह घर पर रहता था और उसकी पत्नी एक स्कूल में पढ़ाने लगी थी। उसके पति ने जिस दिन उसकी फोटो खींची उस वाकये को बताते हुए कहानी की स्त्री पात्र 'मैं' कहती है-''उन्होंने मुझसे ब्रेसरी उतारने को कहा था। मैं थोड़ा सकुचाई थी। दिन का वक्त था। वे कैमरा लिए बैठे थे। फिर उन्होंने मुझे वाइल की झीनी साड़ी पहनने को कहा था। मुझे तरह-तरह से बैठाया और लिटाया था और तस्वीरें ली थी।'' कुछ कमाई न होने के कारण उसने अपनी पत्नी की तस्वीरों को बेच दिया किन्तु इस आत्मग्लानि के चलते वह अपना जीवन न बचा पाया और फाँसी लगाकर आत्महत्या कर ली। उसकी बच्ची भी अपनी माँ से अनेक सवाल पूछती किन्तु वह अपने जवाब से उसे सन्तुष्ट नहीं कर पाती। यह कहानी प्रतीकात्मक रूप में दिखाई पड़ती है। जहाँ मुख्य पात्र अपनी बात कहता है। वकीलों के किसी भी तरह के सवाल को कमलेश्वर ने नहीं दर्शाया है, किन्तु फिर भी कहानी के माध्यम से कानून के ऐसे यथार्थ को चित्रित किया है जहाँ वह किसी पर भी सन्देह कर सकता है। जब वकील उस पर बेबुनियाद आरोप लगाते हैं तो वह कहती है-''मैं खूब जानती हूँ, आप लोग मुझे कहाँ ढकेल रहे हैं। क्या कानून का काम सिर्फ सबूत इकट्ठे करके किसी को जलील कर देना है? मैं अपने पति की मौत की जिम्मेदार कैसे हो सकती हूँ?'' यह कहानी उस बेरोजगार युवक की मजबूरी को दर्शाती है जो अपनी पत्नी की अधनंगी तस्वीरों को बेचकर परिवार चलाना चाहता है कि आत्मग्लानि उसे जीने नहीं देती और वह आत्महत्या कर लेता है।

कमलेश्वर ने अपनी प्रसिद्ध कहानी 'मांस का दरिया' में भी औरत की बेबसी को बड़े ही दर्दनाक रूप में चित्रित किया है। इस कहानी में उन औरतों के जीवन की ओर इशारा किया है जो पैसे कमाने के लिए स्वतः ही कोठे पर चली जाती हैं या उन्हें जबरन वहाँ धकेल दिया जाता है। इब्राहिम एक ऐसा ही ठेकेदार था जो लड़कियों को छाँटकर उन्हें अन्य शहरो में भेज देता था। उसके द्वारा छाँटी गई लडकियाँ ही पास मानी जाती थी। ''इब्राहिम ने चुस्त-दुरुस्त लडकियों को छाँट लिया था। धीरे-धीरे वे शहर के अच्छे हिस्सों में जा बसी थीं। इब्राहिम उनकी देखभाल करता था और जिस ठेके से जितनी ले गया था, उनका पैसा महीने के महीने चुकता कर जाता था।'' जुगनू ने इब्राहिम से अपना जुगाड़ भी कहीं लगा जाने को कहा किन्तु इब्राहिम ने कहा-''शादी तो है नहीं कि किसी की आँख में धूल झोंककर गले मढ़ दूँ। जो आएगा, वह तो बोटी-बोटी देखेगा।'' इब्राहिम के इस कथन से जुगनू को बहुत चोट लगी और वह अपना पहले का समय याद करने लगती है, कि न जाने कितने मर्द उसके पास आए और गए। जुगनू जब

लोगों को उनका कर्जा वापस नहीं कर पा रही थी तो लोग बदले में उससे कहते ''सूद में एक रात... ठीक है न।'' जुगनू की यह विवशता थी कि वह कर्ज के तले इतना दबी थी कि किसी को भी मना नहीं कर सकती थी और जो भी उसके पास आता तो एक रात का पाँच रुपये पट जाता। इस कहानी में उन औरतों के चरित्र को उकेरा गया है जो या तो अपनी मर्जी से वेश्यावृत्ति का धन्धा करती हैं या फिर मजबूरीवश। जुगनू इस कहानी की ऐसी स्त्री पात्र है जो लिए हुए कर्ज को अपने शरीर से चुकता करती है। हमारे समाज की यह एक ऐसी विडम्बना है जहाँ औरतों को हमेशा पुरुष के हाथ की कठपुतली माना गया है। कमलेश्वर की इस कहानी में यदा-कदा अश्लीलता भी दिखाई पड़ती है। भले ही यह कहानी अश्लीलता के अंश को लिए हुए है किन्तु कमलेश्वर ने एक कटु यथार्थ से परिचित कराते हुए हमें नारी के एक ऐसे रूप से रू-बरू कराया है जो वर्तमान में बहुत अधिक देखने को मिलती है। जब तक पुरुष वर्ग की नियत कहानी में मौजूद पात्र कुँअरजीत, इब्राहिम, मदनलाल की तरह है तब तक यह समाज ऐसे ही चलेगा। इस कहानी के सन्दर्भ में डॉ. इन्द्रनाथ मदान कहते हैं-''इसे नंगे जीवन का नंगा चित्र कहा जाए या नंगे जीवन पर झीना पर्दा डालना कहा जाए जो नंगेपन को और भी नंगा कर देता है।'' कुल मिलाकर यह कहानी कमलेश्वर को एक बात में अलग रखती है कि उन्होंने वेश्याओं के जीवन के विषय में व उसके प्रति समाज में दृष्टिकोण को खुलकर अपनी कहानी में व्यक्त किया।

महानगरीय जीवन के अभिशाप व अकेलेपन की पीड़ा को कमलेश्वर ने 'खोई हुई दिशाएँ' नामक कहानी में व्यक्त किया है। कहानी का मुख्य पात्र चन्दर दिल्ली के भीड़भरे इलाके में स्वयं को अकेला महसूस करता है और इसी पीड़ा से वह अभिशप्त है। अकेलेपन के कारण उसका मन कहीं नहीं लगता। उसे मित्रों का साथ व घर-परिवार भी अच्छा नहीं लगता है। कमलेश्वर ने एक कस्बे में निवास करनेवाले व्यक्ति को शहर में लाकर यह दिखाने का प्रयत्न किया है कि किस प्रकार एक व्यक्ति छोटी सी जगह से आकर इतने बड़े शहर में अपने आपको अकेला पाता है। उसकी स्थिति को चित्रित करते हुए कमलेश्वर कहते हैं-''तमाम सड़कें हैं जिन पर वह जा सकता है, लेकिन सड़कें कहीं नहीं पहुँचाती। उन सड़कों के किनारे घर है, बस्तियाँ हैं, पर किसी भी घर में वह नहीं जा सकता। उन घरों के बाहर फाटक हैं, जिन पर कुत्तों से सावधान रहने की चेतावनी है, फूल तोड़ने की मनाही है और घंटी बजाकर इंतजार करने की मजबूरी है।'' चन्दर हर वक्त इस उधेड़-बुन में रहता है कि उसकी पत्नी को चौका सम्हालने से फुर्सत नहीं और मित्र भी कुछ ही समय के साथी होते हैं। कुछ सोचकर वह एक दिन अपनी सहेली

प्रकार की जिम्मेदारियों को निभाती है और एक दिन इनको निभाते-निभाते वह थक जाती है और कहती है-"अब निभता नहीं, कल इस्तीफा दे दूँगी।" कुन्दन को भी उसका पढ़ाना कुछ कम अच्छा लगता है, इसीलिए वह चाहता है कि रमा घर की ओर ध्यान दे। वह मजाक में ही अपनी बात कहता है-"इससे तो तुम खूब किताबें पढ़ो, मैगजीन्स पढ़ो... कुछ छुटपुट क्लासेज अटेंड कर लो। बंटी को पढ़ाओ। दुनिया भर के बच्चों को पढ़ाओ और अपना बच्चा निगलेक्ट हो।"

कुन्दन के कहने पर रमा को बहुत दु:ख हुआ और उसका जीवन गृहस्थी तक ही सिमटकर रह गया। रमा के जीवन में सब-कुछ होते हुए भी उसकी स्वयं की पहचान खो गई थी, जिसके कारण वह अपने को घर गृहस्थी में इतना व्यस्त कर चुकी थी कि उसे कुछ याद भी नहीं रहता था। कुन्दन ने अपनी नौकरी को बनाए रखने के लिए रमा की पहचान को मिटा दिया। यह हमारे पुरुषप्रधान समाज की सच्चाई है जहाँ पर स्त्रियों की इच्छाओं को इसी तरह कुचल दिया जाता है। "नई नौकरी' में पति की नई नौकरी का अर्थ पत्नी के लिए अपनी अस्मिता को प्रमाणित करनेवाली व्यावसायिक भूमिका की जगह पर सचमुच केवल एक महिमा मंडित घरेलू नौकरी बन जाता है।" चूँकि मन्नू भंडारी स्वयं एक स्त्री हैं इसलिए एक महिला की उलझनों को वो बखूबी समझ सकती हैं। मन्नू भंडारी की ये कहानी स्त्री जीवन की उन तमाम विडम्बनाओं को उजागर करती है जो उसके जीवन में घटित होती है। मार्कण्डेय ने भी स्त्री-जीवन के अनेक पहलुओं को बड़े ही सुन्दर ढंग से प्रस्तुत किया गया है। 'वासवी की माँ' में यदि देखें तो मृणालिनी अपने पति के बर्ताव से इतनी तंग आ गई है कि अपनी जान तक दे देती है। 'मिस शान्ता' नामक कहानी में भी एक नौकरी पेशा युवती की तमाम परेशानियों को व्यक्त किया गया है। 'कहानी के लिए नारी पात्र चाहिए' में तो एक ही कहानी के भीतर पाँच अलग-अलग प्रमुख नारी पात्र के माध्यम से नारियों का चित्रण कर उनकी अलग-अलग सामाजिक बन्धनों को उद्घाटित किया है। 'सात बच्चों की माँ' में भी नारी के बाल-विवाह को बड़े ही सुन्दर ढंग से प्रस्तुत किया है। इनके अतिरिक्त 'संगीत आँसू और इनसान', 'घूरा', 'बिन्दी', 'प्रिया सैनी', 'माँ जी का मोती' इत्यादि कहानियों में स्त्री-जीवन की विडम्बनाओं व उससे जूझ रही नारी का चित्रण किया गया है। यहाँ मार्कण्डेय की इन कहानियों का विवरण देना इसलिए उचित है क्योंकि मन्नू भंडारी की कहानी 'नई नौकरी' में जिस प्रकार से उन्होंने स्त्री-जीवन की विडम्बनाओं को रेखांकित किया है, मार्कण्डेय उसमें पीछे नहीं रहे। यह बात अलग है कि स्त्री होने के कारण जितने सहज और सरल अन्दाज से मन्नू भंडारी ने चित्रण किया है उतना मार्कण्डेय ने नहीं।

मन्नू भंडारी की एक अन्य कहानी 'त्रिशंकु' में एक ऐसे परिवार का चित्रण किया गया है जो खुले माहौल में यकीन रखता है। तनु के घर का वातावरण बिलकुल खुला है। उसके मम्मी पापा की सोच संकुचित नहीं है बल्कि वह अपनी बच्ची को उसके मुताबिक जीवन जीने में यकीन रखते हैं। तभी तनु कहती है-"बस, ऐसे ही घर में मैं पल रही हूँ, बड़े मुक्त और स्वच्छन्द ढंग से।" तनु ने मुहल्ले के कुछ लड़कों द्वारा अपने को देखे जानेवाली बात जब अपनी मम्मी को बताई तो कोई प्रतिक्रिया करने के बजाय उसकी माँ उन लड़कों को अपने घर बुलवाकर उन्हें खाना-पीना खिलाने के साथ ही तनु से उनकी दोस्ती करवा देती है जिसके चलते वे लड़के तनु पर कभी भी व्यंग्य नहीं कसते। तनु के घर के खुले माहौल को व्यक्त करती हुई लेखिका कहती है-"और नहीं तो क्या? मुक्त रहो और बच्चों को मुक्त रखो। हम लोगों को बचपन में 'यह मत करो... यहाँ मत जाओ कह-कह कर कितना बाँधा गया था। हमारे बच्चे तो कम से कम इस घुटन के शिकार न हों।" तनु के प्रति लड़कों का व्यवहार बिलकुल ही बदल गया। मुहल्ले के लोग तनु के घर को लेकर तरह-तरह की बात करने लगे लेकिन इसका उनके घर के वातावरण पर कोई प्रभाव नहीं पड़ा। धीरे-धीरे लड़कों का जमावड़ा तनु के कमरे में लगने लगा जिसका विरोध तनु की माँ ने किया। धीरे-धीरे लड़कों का जमावड़ा कम होने लगा क्योंकि आनेवालों में कुछ लड़के बाहर चले गए और कुछ पढ़ाई में व्यस्त रहने लगे लेकिन शेखर रोज आ जाता। धीरे-धीरे तनु और शेखर के बीच प्रेम पनपने लगा, जिसकी भनक तनु की माँ को लग गई और उसने पुनः इसका विरोध किया। अपनी मम्मी के इस व्यवहार के कारण वह एकदम गुमसुम रहने लगी और अपने को धिक्कारते हुए कहती है-"पहले तो छूट दो और फिर जब आगे बढ़े तो खींचकर चारों खाने चित कर दो। यह भी कोई बात हुई भला।" तनु अपनी मम्मी की बात का विरोध करना चाहती थी लेकिन अपनी मम्मी के बर्ताव के चलते वह अन्त तक उनका विरोध नहीं कर सकी क्योंकि गुस्सा खत्म होने पर वह सब-कुछ भूल जाती। कहानी के अन्त में तनु कहती है-"केवल मैं इस सारी स्थिति से एकदम तटस्थ होकर यही सोच रही थी कि नाना पूरी तरह नाना थे-शत-प्रतिशत और इसी से मम्मी के लिए उनसे लड़ना कितना आसान हो गया होगा। पर इन मम्मी से लड़ा भी कैसे जाए जो एक पल नाना होकर जीती हैं तो एक पल ममी होकर।" मन्नू भंडारी ने इस कहानी में कई प्रकार के विषयों को एक साथ रेखांकित किया है जैसे लड़को का लड़कियों को देखकर फब्तियां कसना, पड़ोसियों का दूसरे के घर में ताक-झाँक करना आदि, किन्तु सबसे महत्त्वपूर्ण विषय एक ऐसी माँ के प्रति है जो अपनी बच्ची को किसी प्रकार की बन्दिशों में नहीं रखना चाहती किन्तु फिर

भी कभी-कभी अपनी बच्ची की खातिर उसे इस माहौल से दूर रखना चाहती है। यह कहानी माँ और बेटी के अटूट रिश्ते को बयां करनेवाली रोमांचक कहानी है।

एक स्त्री होने के कारण मन्नू भंडारी ने 'त्रिशंकु' कहानी में माँ और बेटी के रिश्ते को बड़ी खूबसूरती के साथ अंकित किया है तो मार्कण्डेय ने माँ और बेटे के अटूट प्रेम और रिश्ते को 'माँ जी का मोती' नामक कहानी में रेखांकित किया है। एक छोटा बालक किस प्रकार से अपनी माँ के न कहे जाने पर भी उसकी सभी दिक्कतों को समझ लेता है और अपनी जिम्मेदारियों को निभाने की कोशिश करता है। इस कहानी में माँ और बेटे के आपसी लगाव को मार्कण्डेय बड़ी ही सूक्ष्मता के साथ प्रदर्शित करते हैं।

'स्त्री-सुबोधिनी' कहानी में एक ऐसी स्त्री की प्रेम कहानी है जो बयालीस की उम्र पार कर लेने के बाद लड़कियों को अपने एक ऐसे अनुभव से रू-बरू कराना चाहती है जिसे वह झेल चुकी है। इस कहानी में एक भोली स्त्री को अपने बॉस से प्रेम हो जाता है। वह शादीशुदा होने के बावजूद भी इस सम्बन्ध को आगे बढ़ाता है और इसमें लेखिका उसका पूरा साथ देती है। जब उसे पता चला कि शिन्दे शादीशुदा है और उसका एक बच्चा भी है तो वह इस सच को बर्दाश्त नहीं कर पाती शिन्दे के पास जाकर जब वह अपना गुस्सा व्यक्त करती है तब शिन्दे उसे अपनी बाहों में भरते हुए कहता है-''पिता के दबाव में आकर की हुई शादी मेरे जीवन की सबसे बड़ी ट्रेजेडी बन गई... बीवी के रहते भी मैं कितना अकेला हूँ... दो अजनबियों की तरह एक छत के नीचे रहने की यातना...।'' इन सब बातों को सुनकर लेखिका उससे कभी नहीं मिलना चाहती थी किन्तु प्रेम में मजबूर होकर उसकी ऐसी ही दो-तीन मुलाकातें हुई। शिन्दे स्थिति को अच्छी तरह भाँप चुका था कि यदि अब अपने प्रेम में परिवर्तन नहीं लाया तो स्थिति और बिगड़ जाएगी। न चाहकर भी लेखिका का झुकाव उसकी तरफ इतना बढ़ गया कि वह अपना सब-कुछ उसे दे बैठी और अपने मन में यह गलतफहमी पालने लगी कि शिन्दे उसका ही है। वह शिन्दे से विवाह कर उसकी पत्नी बनना चाहती थी किन्तु वह ''बिना कहे ही मेरे दिमाग में यह बिठाने की कोशिश करता कि बीवी बनते ही औरत बहुत उबाऊ और त्रासदायक बन जाती है...कि रिश्तों मे बंधते ही प्रेम नीरस और बेजान हो जाता है... कि सच्चे प्रेमियों को हमेशा मुक्त ही रहना चाहिए।'' कुछ समय बाद जब वह शिन्दे के घर उसकी बीवी से मिलने गई तब शिन्दे ने उस समय मिलकर उसे रफा-दफा किया और बाद में इस बात पर उसे डाँटा भी। बाद में जब शिन्दे को लगने लगा कि उसकी बीबी को उसके प्रेम प्रसंग के बारे में कुछ-कुछ भनक लग गई है तो वह शहर से बाहर चला गया और बीच में पत्र लिखता व कभी-कभी

अपनी प्रेमिका से मिलने आया करता। किन्तु यह सिलसिला भी धीरे-धीरे कम हो गया और अब तक उसकी प्रेमिका को सब-कुछ समझ में आ गया था। वह कहती है-''मेरा मन हो रहा था कि शिन्दे के दोनों कन्धे झकझोर कर पूछूँ-''राम धुन की तरह तुम मेरी हो, तुम मेरी हो' की रट लगानेवाले शिन्दे साहब, बताइए, तो, आपकी जिन्दगी के इस सारे तामझाम में मैं कहाँ हूँ... मैं कितनी हूँ?'' और अन्तत: वह इस भ्रम से आजाद हो जाती है। इस तरह प्रेम में धोखा खाने के बाद लेखिका भी अपने जीवन में आगे बढ़ जाती है और उसका यह निर्णय बिलकुल सही भी रहता है। अर्चना वर्मा कहती हैं-''स्त्री-सुबोधिनी' में प्रेम की भोली निश्छलता का दंड पानेवाली स्त्री को समूचे अनुभव की कथा सुनाने के लिए एक व्यंग्य और परिहास का स्वर दिया गया है जो अनुभूति और अभिव्यक्ति के बीच सार्थक तनाव की रचना करते हुए, विवाहित पुरुष के विवाहेतर सम्बन्धों से जुड़े छलछन्दों का ऐसी तटस्थ दृष्टि से पर्दाफाश करता है, मानो शिकार वह स्वयं नहीं, कोई और हो।'' इस प्रकार यह कहानी एक ऐसे प्रेम को व्यक्त करती है जहाँ झूठ के सिवा कुछ नहीं था।

'यही सच है' नामक कहानी मन्नू भंडारी की एक प्रसिद्ध रचना है जिसके चलते उनकी अलग पहचान है। यह एक ऐसी कहानी है जो छपने के बाद ही तुरन्त उनकी प्रसिद्धि का कारण बनी। इसमें दीपा दो पुरुषों संजय और निशीथ के प्रति समान स्नेह भाव रखती है। वह पहले निशीथ को प्रेम करती है किन्तु बाद में वह कानपुर आने के बाद संजय से प्रेम करने लगती है क्योंकि उसे लगता है कि निशीथ ने उसे धोखा दिया। अपनी थीसिस को पूरी करते-करते उसे कलकत्ता से इंटरव्यू का बुलावा आता है और वह वहाँ जाती है तो एक कॉफी हाउस में उसकी भेंट निशीथ से होती है तथा ''पूरे तीन साल बाद निशीथ का यों मिलना! न चाहकर भी जैसे सारा अतीत आँखों के सामने खुल जाता है। बहुत दुबला हो गया है निशीथ! लगता है, जैसे मन में कहीं कोई गहरी पीड़ा छुपाए बैठा है।'' दीपा न चाहकर भी निशीथ के बारे में तमाम बातें सोचने लगती है उसे लगता है कि अब भी निशीथ उससे प्रेम करता है शायद इसी कारण उसने अभी तक शादी नहीं की। दीपा अपने मन में अनेक विचारों को पाले बैठी है। निशीथ की मेहनत से दीपा का इंटरव्यू में सेलेक्शन हो जाता है। दीपा जब कानपुर जाती है तो निशीथ उससे मिलने स्टेशन आता है और वहाँ पर भी वह अपने प्रेम को व्यक्त नहीं करता बल्कि अपनी हल्की छुअन से वह दीपा को एहसास करा देता है कि वह उससे प्रेम करता है। दीपा मन में सोचती है-''मैं जानती हूँ-तुम कुछ भी नहीं कहोगे, सदा के ही मितभाषी जो हो। फिर भी कुछ सुनने की आतुरता के लिए मैं तुम्हारी तरफ देखती रहती हूँ। पर

खुशी का ठिकाना न रहा। उनकी प्रसन्नता निराशा में तब तब्दील हुई जब उन्होंने आजाद भारत में ऐसे लोगों के शासन को देखा जो अपने ही देश के जमींदार या साहसी वर्ग से आते थे। कहानीकारों की युवा पीढ़ी में दर्जनों ऐसे नाम आए जिन्होंने आजादी को देखा व भोगा था। ये लोग गाँव से शहर की ओर आ तो गए थे किन्तु उनका मन गाँव के उस यथार्थ से कभी अलग नहीं हो पाया था, जिसे उन्होंने प्रत्यक्ष रूप में देखा था। ये सभी कथाकार अपने लेखन में भोगे हुए यथार्थ को ही कहानियों में चित्रित करते थे और अनेक प्रकार के विषयों को रखकर जनता व युवा पीढ़ी को जागरूक करने का प्रयत्न भी करते थे। इन कहानीकारों ने नवीन विषयवस्तु को ही मुख्य रूप से कहानी में स्थान दिया। जीवन को नवीन दृष्टिकोण से देखना और समाज की वास्तविकता को उजागर करना ही इन कथाकारों का प्रमुख उद्देश्य था। इन कथाकारों ने राजनैतिक पक्ष, आर्थिक पक्ष और आम आदमी की समस्याओं को ही अपनी कथा का केन्द्र बनाया। सरकार की अनेक योजनाओं व गरीब वर्ग को अपने झाँसे में फँसाने की उनकी साजिशों का पर्दाफाश करते हुए इन कथाकारों ने कहानियाँ लिखीं। नई कहानी पर अपने विचार को व्यक्त करते हुए मार्कण्डेय कहते हैं-''वस्तुत: नई कहानी की पृष्ठभूमि ही आदर्श और रोमान की रही है। अधिकांश नए कहानीकार आजादी के बाद की आदर्शवादी उपलब्धि के दौरान किशोरावस्था से गुजर रहे थे और उनकी चेतना में आजादी के बाद के जीवन की एक आशा भरी तसवीर थी। लेकिन निरी कल्पना और रोमान के रंगों से बनी इस तस्वीर का रंग थोड़े ही दिनों में उड़ गया और नए लेखक तेजी से अपने परिवेश के प्रति जागरूक हुए। जिन्दगी की वास्तविकताओं ने उन्हें आ घेरा क्योंकि आदर्शों की यात्रा के लिए किसी अगली मंजिल की आकांक्षा पूरे समाज की चेतना में नहीं बन सकी। ऐसी स्थिति में समूची रचनात्मक मूल्यों को आँकना अथवा उद्घाटित करना ही नई वास्तविकता की कसौटी बन सकता था।'' इस तरह नए कहानीकारों की युवा पीढ़ी ने कथा-क्षेत्र में पदार्पण करके कहानी-लेखन को वास्तविकता की ओर मोड़कर अनेक समस्याओं को चित्रित किया साथ ही वर्तमान समय में मौजूद विसंगतियों को ही अपनी रचना के माध्यम से चित्रित किया।

कथा-साहित्य में नई कहानी को लेकर अनेक बहसें चलीं। सन् 1955-56 ई. में 'कहानी' पत्रिका के विशेषांक में नामवर सिंह का एक लेख 'आज की हिन्दी कहानी' नाम से प्रकाशित हुआ। नामवर सिंह ने इस लेख में एक बहुत ही महत्त्वपूर्ण प्रश्न उठाया है कि आज के समय की नई कहानी कौन सी है? कुछ कथाकारों ने भीष्म साहनी की 'चीफ की दावत' को प्रथम कहानी की श्रेणी में रखा तो कुछ ने निर्मल वर्मा की 'परिन्दे' को पहली नई कहानी माना। यदि सही

अर्थों मे कहा जाए तो कहानी नववर्षांक 1956 को इसीलिए महत्ता प्रदान की गई क्योंकि इसी पत्रिका में स्पष्ट रूप में 'नई कहानी' के प्रश्न की बात को उठाया गया। 'कहानी', 'ज्ञानोदय', 'प्रतीक', 'निकष', 'आज' आदि अनेक पत्रिकाओं के माध्यम से कहानी छापी जाती थी। हिन्दी कहानी के नए कथाकारों ने प्राचीन रूढ़िवादी कथा परम्पराओं एवं आडम्बर से मुक्त होकर यथार्थ और वास्तविकता को अपनी कहानियों का केन्द्र बनाया। पुराने और नए कथाकारों में एक टकराव की स्थिति भी इसी दौर में दिखाई पड़ती है। जहाँ नए और पुरानी विचार पद्धति को कहानी के माध्यम से ही चित्रित किया है। 'कहानी' के अन्दर जिस गति से नई पीढ़ी पुरानी पीढ़ी की जगह लेती चली गई वह शुरू के दो वर्षों में ही स्पष्ट हो जाता है। पहले नववर्षांक में जहाँ अस्सी प्रतिशत कहानियाँ पुराने कहानीकारों की हैं, वहाँ दूसरे नववर्षांक में अनुपात एकदम उलट जाता है-अस्सी प्रतिशत हो जाते हैं नए कहानीकार! और यह नई पीढ़ी पर अतिरिक्त कृपा या प्रोत्साहन मात्र नहीं है। विशेषांक में नई पीढ़ी का कृतित्व स्पष्टत: श्रेष्ठतर है। इस दृष्टि से कहानी नववर्षांक 1956 का ऐतिहासिक महत्त्व है और इसका अधिकांश श्रेय कृति सम्पादक भैरवप्रसाद गुप्त को है।'' हिन्दी कथा जगत में इस नववर्षांक की जितनी अधिक चर्चा हुई उससे कहानी के नएपन पर चर्चा होना स्वाभाविक था। ऐसा नहीं है कि इस समय नई कहानियाँ नए ढंग से नहीं लिखी जा रही थीं, किन्तु जिन युवा पीढ़ी के नए कथाकारों ने कहानियों की लाइन लगा दी तो उन्हें इस बात का पूर्ण अहसास भी था कि वह पुरानी पीढ़ी के कथाकारों से कुछ नया लिख रहे थे और उनके यही नवीन विचार और लेखन पद्धति ही दर्जन से अधिक कहानीकारों को नई कहानी आन्दोलन में सम्मिलित करती है।

नवीन लेखक की व्यापक लेखनशैली को देखकर नई कविता के वजन पर नई कहानी में प्रश्न उठाना स्वाभाविक था। इस दौर में 'गुलरा के बाबा', 'हंसा जाई अकेला', 'डिप्टी कलक्टरी', 'गुलकी बन्नो', 'चीफ की दावत', 'परिन्दे', 'कोसी का घटवार' आदि कहानियाँ लिखी जा रही थी जो सब की सब नई तो थीं किन्तु बहस इस बात पर छिड़ी कि पहली नई कहानी कौन है? आलोचकों और कहानीकारों ने अपने-अपने नजरिये से कहानी को देखते हुए उसे 'नई कहानी' की श्रेणी में रखा। नामवर सिंह ने अपनी प्रसिद्ध पुस्तक 'कहानी: नई कहानी' में इस बात की पुष्टि की है कि नई कहानी मराठी में हिन्दी से पहले आ गई थी। नामवर सिंह की यह पूरी किताब ही नई कहानी को लेकर लिखी गई जिसमें अनेक महत्त्वपूर्ण बातें दिखाई पड़ती हैं। जीवन का शायद ही कोई ऐसा क्षेत्र था जो इन कहानियों में वर्णित न हुआ हो। इस समय की कहानी के विषय में प्रेम विषय,

गाँव एवं समाज की परिस्थिति, गरीब किसानों पर अत्याचार, बुर्जुआ वर्ग का निम्नवर्ग के लोगों पर अत्याचार, बाल-चित्रण, स्त्री-चिन्तन आदि अनेक प्रकार के विषयों को लेकर कहानियाँ लिखी गई साथ ही इनमें राजनीतिक, धार्मिक, आर्थिक परिस्थिति का चित्रण भी किया गया। इस दशक के कहानीकारों ने अपने अपेक्षाकृत नवीन सर्जनात्मक लेखनशैली से हिन्दी कहानी को एक विशिष्टता प्रदान की। जो विचारक, कहानीकार या आलोचक नई कहानी के प्रति विरोध उत्पन्न करते हैं वह लोग भी इस बात को स्वीकारते हैं कि इस दशक में जितनी भी कहानियाँ लिखी गई हैं वह अपने आप ही में विशिष्ट हैं। जो लोग कविताओं के प्रति आकृष्ट थे वे लोग भी कहानी की तरफ बढ़ने लगे। कहानी में ऐसे यथार्थवादी चित्रण कहानीकारों ने किए जिसे पढ़कर पाठक स्वयं को उससे जोड़ने लगा और समाज की बातों से रू-बरू होने लगा। कविता लिखनेवाले भी कहानी की ओर आकृष्ट होने लगे। कहानी में विषय की कोई कमी नहीं थी बल्कि 'नई कहानी' के दौर की पीढ़ी में स्पष्टत: दो अलग-अलग धाराएँ थीं-एक ओर आर्थिक सामाजिक प्रश्नों से जुड़ी कहानियाँ थीं तो दूसरी ओर रोमानी और स्त्री-पुरुष दैहिक सम्बन्धों को लेकर लिखी गई कहानियों की प्रधानता थी। यह बात दूसरी है कि 'नई कहानी' के प्रवक्ता वे लोग बने जिनकी प्रकृति इस दूसरी प्रकार की कहानियों की थी।'' नई कहानी का जो दौर था उस दौर के प्राय: सभी कहानीकारों को प्रेमचन्द से जोड़ा जा सकता है क्योंकि उनकी कहानियाँ भी अनेक नवीन सन्दर्भों को उजागर करती हैं। यदि देखा जाए तो आजादी के बाद की कहानियाँ अनके विडम्बनाओं को तो उजागर करती ही हैं साथ ही रूढ़ियों एवं बाह्याडम्बर को तोड़ती हुई नजर आती हैं। उदाहरण रूप में मार्कण्डेय की कहानी 'नीम की टहनी' का प्रमुख पात्र 'कुमार' महराजिन की गैरउपस्थिति में सभी का विरोध करके पुरानी परम्परा को तोड़ता हुआ तो देखा जा सकता है, किन्तु कथाकार जब उसकी मृत्यु के चित्र को अंकित करता है तो सभी के मन में भय उत्पन्न हो जाता है और महराजिन के बाद पियारी ही उस नीम के पेड़ को छू सकती थी। यहाँ इस कहानी का उदाहरण इसलिए दिया गया क्योंकि रूढ़ियों को तोड़ते हुए भी कथाकार ने कहानी का अन्त एक ऐसी विचित्र शैली के साथ किया है जो गाँववालों को उसी बन्धन में बाँधे रखती है और कथाकार पाठक के मन में भी अनेक सवाल उत्पन्न कर देता है। नई कहानी इन्हीं सबका खंडन करते साहित्य जगत में अपने कदम रखती है।

आज के समय में भी लिखी जा रही कहानियाँ उन्हीं विषयों को ही रेखांकित कर रही है जो पहले भी कहानीकारों ने रेखांकित की हैं। प्रत्येक विषयवस्तु को

लेकर पहले भी कितनी ही कहानियाँ लिखी गई हो, किन्तु पहले की कहानियों में जो बन्धन, जो टकराव दिखाई पड़ता है वह आज की कहानियों में कम देखने को मिलता है। यदि नई कहानी में नवीन विषयों को जोड़ा गया तो वह ऐसे विषय थे जो आमजन के जीवन को कहानी के माध्यम से चित्रित कर उसकी जीवन दशा को पाठक के समक्ष प्रस्तुत करते थे और किसान-मजदूर व निम्नवर्ग के लोगों के प्रति पाठक के हृदय में सहानुभूति भर देते थे। नई कहानी आन्दोलन इसीलिए सफल रहा क्योंकि वह आमजन की समस्याओं से जुड़ा रहा और उसे दूर करने के हर सम्भव प्रयास किए गए।

(घ) नई कहानी के विकास में मार्कण्डेय का अवदान :

नई कहानी अपने विकास के साथ अनेक युवा कथाकारों को लेकर आई। इन युवा कथाकारों में प्रमुखतः राजेन्द्र यादव, मोहन राकेश, कमलेश्वर की तिकड़ी ने नई कहानी आन्दोलन को जन्म दिया, किन्तु उसे आगे बढ़ाने का कार्य मार्कण्डेय, शेखर जोशी और अमरकान्त ने विशेष तौर पर किया। आजादी के बाद का दौर पूरी तरह से युवा कथाकारों का दौर था जिसमें ग्राम-कथा एवं नगर-कथा को लकर बहस छिड़ी। मार्कण्डेय ने 'गुलरा के बाबा', 'भूदान', 'बीच के लोग' आदि कहानियों को गाँव की विषयवस्तु पर केन्द्रित किया। यहाँ तक कि 'माही' संग्रह को छोड़कर उनके सभी संग्रह ग्रामीण परिवेश से सम्बन्धित हैं। नई कहानी आन्दोलन में मार्कण्डेय ने बढ़-चढ़कर हिस्सा लिया। पचास के बाद का जो दौर था उसमें ग्रामीण कहानी लिखनेवाले मुख्यतः तीन कथाकार थे-रेणु, शिवप्रसाद सिंह और मार्कण्डेय। इन कथाकारों को दो श्रेणी में विभाजित किया गया-ग्रामीण कथाकार और आंचलिक कथाकार। किसी को आंचलिक कहकर छोंटा किया गया तो किसी को ग्रामीण कहकर। अंचल और गाँव में कोई विशेष अन्तर नहीं है बस अन्तर केवल इस बात का है कि अंचल में पात्र को प्रमुखता दी जाती है और ग्रामीण कहानियों में गाँव की समस्याओं को उठाया जाता है। इन कथाकारों को आंचलिक और ग्रामीण श्रेणी में रखने के बजाय केवल एक ही श्रेणी में रखना उचित है, फिर चाहे वह आंचलिक हो या ग्रामीण।

इन कथाकारों में शिवप्रसाद सिंह का आन्दोलन से सम्पर्क नहीं रहा जबकि मार्कण्डेय और रेणु प्रत्येक आन्दोलन में बढ़-चढ़कर हिस्सा लेते थे। मार्कण्डेय के बाबा उन्हें बचपन में ही सुराजियों की सभा में ले जाया करते थे। उन्होंने मार्कण्डेय के हृदय में देश के प्रति ऐसी भावना भरी जिसका प्रभाव मार्कण्डेय के हृदय में आजीवन रहा। यही कारण था कि वह आन्दोलन से न सिर्फ जुड़े रहे बल्कि उसमें प्रमुख रूप से हिस्सा भी लिया। मार्कण्डेय समाज में एक ऐसा बदलाव चाहते थे

जो बुर्जुआ वर्ग के शासन से परे हो और किसान-मजदूर के प्रति थोड़ा नर्मी रखता हो। उनका मानना था कि सही मायने में कहानी वही समझी जाएगी, जिसमें बदलाव दिखाई देगा। कहने का तात्पर्य है कि जो लेखक अपनी कहानी को यथार्थ के धरातल से जोड़ेगा वही कहानी मुख्यत: कहानी मानी जाएगी। कथाकार मार्कण्डेय ने अपनी कहानियों को ग्रामीण परिवेश के ऐसे विषय से जोड़ा जो अधिकांशत: गाँव की परिस्थितियों को उजागर करती है। गाँव के साथ ही उन्होंने स्त्री-जीवन की विडम्बनाओं, स्त्री-पुरुष सम्बन्धों, गरीब वर्ग के अत्याचार को अपनी कहानी का मुख्य विषय बनाया। नई कहानी आन्दोलन में मार्कण्डेय की मुख्य भूमिका इसलिए रही क्योंकि उन्होंने आजादी के बाद की परिस्थिति को बड़े ही सिलसिलेवार रूप में रेखांकित किया। उनका मानना है कि-''जीवन के बाहर वह परम शक्ति, जो कभी सारे आनन्दों का केन्द्र थी आज प्रेरणाहीन हो उठी है और मनुष्य आकाश के बजाय जमीन को देखने लगा है। इसलिए आनन्द और वास्तविक परिवेश-विहीनता का वह काल प्राय: समाप्त हो चला है। यह संसार ही प्रमुख स्थल है, और इस कारण यह जीवन ही आनन्द का स्रोत हो सकता है। इसलिए आज की कला जीवन के आधुनिकतम साक्ष्य में ही आधुनिक वस्तु की प्राप्ति कर सकती है। × × × इन्हीं के पारस्परिक समवाय से नए जीवन की अधिकतम वास्तविकताओं का चित्रण सम्भव है।'' कहने का तात्पर्य है कि कहानी को जितना अधिक यथार्थ से जोड़ा जाएगा कहानी उतनी ही उत्कृष्ट होगी।

मार्कण्डेय को भले ही एक ग्रामीण कथाकार की श्रेणी में रखा गया किन्तु ग्रामीण जीवन के साथ ही इन्होंने नगरीय जीवन को लेकर भी कुछ कहानियाँ लिखीं। इन्होंने आजादी के बाद की कहानी को एक विशिष्ट आलोचनात्मक आधार देने का प्रयास किया। प्रारम्भ से ही प्रगतिशील कथाकार होने के कारण एवं छात्र आन्दोलन में भाग लेने के कारण वह प्रगतिशील संगठन और वामपन्थी दलों के निकट रहे जिसके चलते उनके लेखन का विषय सामाजिक और राजनीतिक दृष्टिकोण बना रहा। उनके लेखन की मुख्य विशेषता यथार्थपरक समस्याओं को अपनी कहानियों के माध्यम से आमजन तक पहुँचाना है। मार्कण्डेय की कहानियों को पढ़कर हम समाज की ऐसी विसंगतियों, विद्रूपताओं और ऐसे पहलुओं से परिचित होते हैं जो हमारी वास्तविकता से कोसों दूर है। समाज का निचला वर्ग किस भाँति अपने जीवन को व्यतीत कर रहा है यह मार्कण्डेय की कहानियाँ स्पष्ट रूप में रेखांकित करती है। मार्कण्डेय का मानना है कि जब हिन्दी कहानी कल्पना के रूप में लिखी जाती रही तो ऐसी स्थिति में ''हमारा लेखन (यानी स्वातन्त्र्योत्तर लेखकों का लेखन) सहज मानवीय अनुभूतियों और तत्कालीन जीवन-सन्दर्भों के

अन्तर्द्वन्द्व को लेकर सामने आने में समर्थ इस कारण हो सका कि उसने तत्कालीन साम्यवादी राजनीति द्वारा परिचालित साहित्यिक सांस्कृतिक संगठन के अलग प्रस्तावों और निर्देशों से असम्बद्ध रहकर तत्कालीन जनता के जीवन को रचना का विषय बनाया, जो जहाँ था, जिस सामाजिक परिवेश से गहराई से जुड़ा था उसी को उसने रचना का आधार बना लिया।'' सही शब्दों में कहें तो पहली बार यथार्थ अंकन ग्राम-कथा के रूप में दिखाई पड़ी। मार्कण्डेय ने तो ग्राम-कथा को ही 'नई कहानी' माना है। जितनी भी कहानियों को लेकर नई कहानी आन्दोलन की शुरुआत हुई वे सभी कहानियाँ 'कहानी' नामक पत्रिका में छप चुकी थी। आगे चलकर मोहन राकेश ने इसका नामकरण 'नई कहानी' नाम से किया।

''नई कहानी में जब सम्बन्धों के संकट और अभाव को लेकर खूब कहानियाँ लिखी जा रही थी, तब भी मार्कण्डेय भूस्वामी-भूमिहीनों के सम्बन्धों पर लिख रहे थे और विशेषत: किसान जीवन के यथार्थ को भरपूर प्रमाणिकता के साथ व्यक्त कर रहे थे। आर्थिक सवालों और सरोकारों पर लिखते हुए उन्होंने 'कहानीपन' की रक्षा की, कलावादी न होते हुए भी कला का अवमूल्यन नहीं होने दिया। उनकी अनेक कहानियाँ जहाँ वैचारिक दृष्टि से ठोस है, वहीं उनमें संवेदनात्मक तरलता भी पर्याप्त है। 'नई कहानी की सहज धारा का विकास करने और कालान्तर में उसकी सीमाओं और उपलब्धियों का सही निर्धारण करने में मार्कण्डेय का योगदान अविस्मरणीय है।'' इस तरह मार्कण्डेय ने 'नई कहानी' को अपनाते हुए इस आन्दोलन में महत्त्वपूर्ण भूमिका निभाई और हिन्दी कथा-जगत में ग्रामीण कथाकार के रूप में अपनी विशिष्ट पहचान को बनाए रखा।

मार्कण्डेय के उपन्यासों में सामाजिक यथार्थ

मार्कण्डेय ने अपने जीवन में भले ही कथा-साहित्य को आधार बनाया हो, किन्तु उपन्यास के विषय में उनकी रुचि तब पता चली जब उनका लघु उपन्यास 'सेमल के फूल' सबके समक्ष आया। 'सेमल के फूल' में मार्कण्डेय ने एक बड़ी ही रोचक कहानी को प्रस्तुत किया है। बसन्त के मौसम में खिलनेवाले अत्यन्त ही सुन्दर 'सेमल के फूल' को मार्कण्डेय ने इस उपन्यास में प्रतीकात्मकता के रूप में चित्रित किया है। इस उपन्यास में प्रेम-विषय ही मुख्याधार है जबकि 'अग्निबीज' में स्वातन्त्र्योत्तर भारत की परिस्थितियों को यथार्थवादी रूप में उजागर किया गया है। मार्कण्डेय ने अपने दोनों उपन्यासों में यथार्थवादी नजरिये को ही चित्रित किया है। उनके दोनों उपन्यासों का कथा-सार इस प्रकार है-

(क) सेमल के फूल

कथाकार मार्कण्डेय ने आठ कहानी-संग्रह के अतिरिक्त दो महत्त्वपूर्ण उपन्यास भी लिखे। 'सेमल के फूल' 1956 ई. में प्रकाशित मार्कण्डेय का प्रथम उपन्यास है। यह लेखक के आरम्भिक रचनाशीलता में लिखा गया अत्यन्त ही छोटा उपन्यास है। जब मार्कण्डेय एम. ए. फाइनल के विद्यार्थी थे उस समय यह उपन्यास 'धर्मयुग' नामक पत्रिका में प्रकाशित हुआ। हालाँकि मार्कण्डेय की कविताएँ और कहानियाँ 1956 तक अनेक पत्रिकाओं में छप चुकी थी किन्तु प्रारम्भ में जो रोमांटिक रुझान उनकी कविताओं में दिखाई पड़ता है वही प्रभाव उनके प्रथम उपन्यास 'सेमल के फूल' में भी देखा जा सकता है। इस उपन्यास को कुछ लोग लम्बी प्रेम-कथा कहकर सम्बोधित करते हैं तो कुछ समीक्षक इसे लघु उपन्यास की संज्ञा देते है। इस उपन्यास को एक लम्बी कहानी मानते हुए श्रीप्रकाश मिश्र कहते हैं-"'सेमल के फूल' में एक ही संवेदना और उसके एक ही परिप्रेक्ष्य को उभरने के लिए सभी बातों को केन्द्रीभूत किया गया है, और दूसरी संवेदनाओं, चरित्रों को उभारने के लिए पर्याप्त अवसर होने के बावजूद उसका उपयोग नहीं किया गया है, जया, अमृता, अमर, नीलिमा का पति आदि का उपयोग बात को उभारने के लिए छोड़ दिया गया है। इसलिए यह लम्बी कहानी ही है।"

बहरहाल अस्सी पृष्ठों का यह लघु उपन्यास मार्कण्डेय की मार्मिक रचना है। नेमिचन्द्र जैन 'मार्कण्डेय की कहानियाँ' शीर्षक आलेख में इस उपन्यास के विषय में बताते हुए कहते हैं-"'सेमल के फूल' नीलिमा और सुमंगल के प्रेम की कहानी है। सुमंगल किसी बड़े जमींदार का बेटा है जो राष्ट्रीय आन्दोलन में अपना सब-कुछ त्याग देता है। वह स्वयं आदर्शवादी, संवेदनशील, कलात्मक प्रवृत्ति का सुरुचि सम्पन्न व्यक्ति है। नीलिमा भी उसकी भाँति ही एक पुराने घराने की समृद्ध सामन्ती परिवार की माता-पिताविहीन लड़की है। वह भी स्वभाव से बहुत ही अन्तर्मुखी, लजीली और बड़ी सुकुमार प्रवृत्तिवाली है।"

'सेमल के फूल' उपन्यास में नीलिमा और सुमंगल के असफल प्रेम को दर्शाया गया है। इस उपन्यास को असफल प्रेम-कथा इसलिए माना जाता है क्योंकि नीलिमा और सुमंगल एक-दूसरे को बहुत चाहने के बाद भी अपने-अपने प्रेम को व्यक्त नहीं कर पाते। सुमंगल एक सामाजिक कार्यकर्ता है। जमींदार का बेटा होने के बावजूद उसके चरित्र में कोई दुर्गुण नहीं दिखाई पड़ते। वह अत्यन्त ही आदर्शवादी और संवेदनशील व्यक्ति है। वह अपने पिता की ही भाँति संसार की सेवा करना चाहता है और राष्ट्रीय आन्दोलन में अपना सब-कुछ त्याग देता है। नीलिमा भी एक समृद्ध सामन्ती परिवार की माता-पिताविहीन लड़की है। जन्म होते ही उसके पिता की मृत्यु हो जाती है और जब वह विवाह करने योग्य हुई तो उसकी माँ भी चल बसी। अपनी व्यथा का वर्णन करते हुए नीलिमा कहती है-"मैं जब जन्मी तो पिता गए और जब कन्या पराई धरोहर होकर घरवालों के गले की फाँस बन जाती है तो माँ भी चुपके से खिसक गई।" माँ की मृत्यु के बाद उसके जीवन के बाकी दिन उसकी मौसी के यहाँ गुजरते हैं और वहीं पर उसकी मुलाकात सुमंगल से होती है। दोनों एक-दूसरे के प्रति आकृष्ट होते हैं किन्तु संकोचवश अपने प्रेम को व्यक्त करने में असमर्थ रहते हैं, जिसका नतीजा यह होता है कि नीलिमा का विवाह किसी दूसरे व्यक्ति से हो जाता है और दोनों आजीवन एक-दूसरे की यादों को अपने हृदय में सँजोये रहते हैं। नीलिमा के विवाहोपरान्त सुमंगल स्वयं को सामाजिक कार्य में व्यस्त रखता है, और नीलिमा को भूलने का प्रयत्न करता है। नीलिमा भी सुमंगल की यादों को अपने हृदय में बसाए अन्दर ही अन्दर घुटती रहती है जिसके कारण वह रोगग्रस्त हो जाती है और अन्ततः उसकी मृत्यु हो जाती है।

यद्यपि देखा जाए तो उपन्यास की इतनी ही कथा है जो सुमंगल और नीलिमा के इर्द-गिर्द घूमती है। मार्कण्डेय ने इस सामान्य प्रेमकथा को नई विचार पद्धति के माध्यम से प्रस्तुत कर इसमें समाज की उस वास्तविकता को उजागर किया है जहाँ प्रेम के नाम पर कुछ ऐसा ही देखने को मिलता है। हमारे समाज में आज भी प्रेम

करनेवालों को हेय दृष्टि से देखा जाता है और साथ ही उन्हें समाज एवं परिवार की मुश्किलों का सामना करना पड़ता है। यदि इस कथा को एक सामान्य प्रेम-कथा के रूप में प्रस्तुत किया जाता तो इसमें किसी प्रकार की प्रभावशीलता या नयापन न दिखाई पड़ता और यह एक सामान्य-सी रचना बनकर रह जाती। किन्तु मार्कण्डेय ने अपने कथा शिल्प के मौलिक हुनर एवं नवीन विचारों के माध्यम से उपन्यास को एक अलग अन्दाज में प्रस्तुत कर सफलता अर्जित की है। समूची कथा नीलिमा की डायरी से ली गई है, जिसमें नीलिमा ने स्वयं के जीवन से सम्बन्धित प्रसंगों को डायरी में अंकित किया और मार्कण्डेय ने डायरी में वर्णित नीलिमा की दु:खभरी आपबीती को उपन्यास का रूप दे दिया। नीलिमा ने अपनी कथा में भूत एवं वर्तमान दोनों स्थितियों को उजागर किया है।

नीलिमा की सुमंगल से प्रथम भेंट अपनी मौसी के घर में होती है। पहली भेंट में ही नीलिमा को सुमंगल से कुछ विशेष प्रकार का लगाव हो जाता है और वह पहली भेंट में ही उसे अपना सब-कुछ मान लेती है। अपनी डायरी में नीलिमा लिखती है-"देखा भी नहीं उस दिन कि तुम कैसे हो! हाँ, तुम्हारी पतली, लम्बी अँगुलियाँ, तुम्हारी साफ और मधुर आवाज इस बात की साक्षी थी कि तुम्हीं मेरे देवता हो। लगा यह तो वही आवाज है, जिसे मैं युग-युग से खोजती भटक रही थी।" इन पंक्तियों में उस भारतीय नारी का वर्णन किया गया है जो बिना कुछ सोंचे समझे अपने मन में ही अपने जीवनसाथी का चुनाव कर लेती है और आजीवन उसे ही अपना सब-कुछ मानती है। यदि देखा जाए तो कारुणिक स्थितियों एवं मार्मिक विशेषता रखनेवाला यह उपन्यास प्रेम-कथा के आलावा और कुछ भी नही है, फिर भी भावुकता से भरे इस उपन्यास में कहीं भी शिथिलता नही दिखाई पड़ती है बल्कि इस कथा की सुन्दरता और अधिक बढ़ जाती है क्योंकि "'सेमल के फूल' की कथावस्तु में जहाँ तक भावावेग या भावुकता का सम्बन्ध है उसमें एक प्रवाह के लगातार दर्शन होते हैं। भावुकता का यह प्रवाह जिसे नीलिमा का 'विक्षिप्त भावावेग' कहा गया है, पाठक को कथ्य के साथ बाँधकर रखता है।" वस्तुत: पाठक को कथ्य से बाँध रखने का हुनर एवं कथा प्रवाह की सहजता ही मार्कण्डेय की मौलिकता है। यह उपन्यास अपने ही लिखे जाने के कारण विशिष्ट बन गया है क्योंकि नीलिमा की डायरी में वर्णित की गई कहानी को ही इस छोटे उपन्यास का रूप मार्कण्डेय ने दिया है। अत: इस उपन्यास को डायरी शैली में लिखा गया उपन्यास भी कहा जा सकता है।

मार्कण्डेय ने इस उपन्यास को शहरी एवं ग्रामीण दोनों ही वातावरण से जोड़कर अपने विशाल बुद्धि कौशल का परिचय दिया है। यद्यपि यह एक प्रेम-कथा है किन्तु कथा में प्रस्तुत पात्रों के द्वन्द्व, उनके मन की स्थितियों और उनकी व्यथा, करुणा

आदि को उपन्यासकार ने सजीवता के साथ चित्रित किया है। जैसे नीलिमा जो कथा की प्रमुख पात्र है जन्म से लेकर मरण तक केवल दुःख और पीड़ा की ही शिकार रहती है। भले ही यह उपन्यास शहरी वातावरण को अधिक उजागर करता है परन्तु साथ ही गाँव के किसान-मजदूरों की समस्याओं को भी चित्रित करता है। जैसा कि हम सब जानते हैं कि मार्कण्डेय का लगाव सदैव गाँव से ही रहा है और इसी कारण किसान-मजदूर के प्रति वह सदैव आत्मीय रहे हैं। 'सेमल के फूल' में भी वह सुमंगल के माध्यम से किसान-मजदूर के सम्बन्ध में अपने विचार व्यक्त करते हुए कहते हैं-"इनकी पूरी ही जिन्दगी बदलनी होगी नीलम। ये ही हमारे समाज की रीढ़ हैं। हिन्दुस्तान में, किसी ऐसे सामाजिक उत्थान की कल्पना ही करनी भयानक भूल होगी, जिसमें किसान-सभ्यता के विकास में, भारतीय कृषक के व्यक्तिगत श्रम को मान्यता देकर मशीन को केवल सहायक के रूप में रखना होगा।" ऐसी ही अनेक बातों एवं समस्याओं को इस उपन्यास में उठाते हुए उसका समाधान बताने का भी प्रयास किया है। जिस समय यह प्रेम-कहानी लिखी गई उस समय अनेक युवा कथाकारों ने इस सन्दर्भ से मिलती-जुलती अनेक कथाएँ गढ़ी। धर्मवीर भारती का 'गुनाहों के देवता', लक्ष्मीनारायण लाल का 'छोटी चम्पा, बड़ी चम्पा', केशवप्रसाद मिश्र का 'काली दीवार' आदि अनेक उपन्यास इस बात के प्रत्यक्ष प्रमाण हैं। इन सभी उपन्यासों की विषयवस्तु असफल प्रेम-कथा ही है।

'सेमल के फूल' भले ही एक असफल प्रेम-कथा मानी जाती है किन्तु फिर भी यह मार्कण्डेय की उत्कृष्ट कृति है क्योंकि इसमें करुणा और भावुकता भी देखने को मिलती है। इसमें नीलिमा और सुमंगल के अतिरिक्त अमृता, शिबू, मौसी, नीलिमा का पति आदि पात्रों का यत्र-तत्र वर्णन देखने को मिलता है किन्तु समूची कथा का मुख्य पात्र नीलिमा और सुमंगल को ही माना गया है क्योंकि "सम्पूर्ण कथानक एक ही पात्र की अनुभूतियों के सूत्र में ग्रथित है। अन्य पात्र यत्र-तत्र आवश्यकतानुसार आते और चले जाते हैं।" सुमंगल और नीलिमा की प्रेम कथा सामान्य धरातल में ही गतिशील हुई है।

नीलिमा उपन्यास की नायिका होने के साथ ही प्रमुख पात्र भी है। वह समृद्ध सामन्ती परिवार की ऐसी लड़की है जिसके माता-पिता नहीं हैं। नीलिमा अत्यन्त ही लज्जाशील, भावुक, अन्तर्मुखी और स्वभाव से कोमल है। बचपन में ही उसके पिता की मृत्यु हो जाती है और युवावस्था में उसकी माँ की भी मुत्यु हो जाती है। तत्पश्चात उसका जीवन मौसी के यहाँ व्यतीत होता है जहाँ उसकी शामों के साथी थे-बूढा मंटू और सेमल का वृक्ष। अपनी मौसी के यहाँ ही उसकी सुमंगल से भेंट होती है और दोनों परस्पर प्रेम-बन्धन में बँध जाते हैं। किन्तु इन दोनों का प्रेम न तो व्यक्त होता

है और न ही शारीरिक सम्बन्ध तक पहुँचता है। दोनों आन्तरिक रूप से एक-दूसरे को प्रेम करते हैं किन्तु वैयक्तिक संकोच के कारण कभी व्यक्त नहीं कर पाते हैं। अन्ततः नीलिमा का विवाह एक अन्य पुरुष से हो जाता है जो पेशे से वकील है।

नीलिमा अपने प्रेम को सुमंगल के समक्ष व्यक्त नहीं कर पाती किन्तु कल्पनाओं में वह सदैव उसी की यादों में खोई रहती है। सुमंगल के सोने के लिए जब उसकी मौसी नीलिमा से चारपाई, तकिया मँगाती है तो नीलिमा का शरीर पूरी तरह रोमांचित हो उठता है। अपनी डायरी में वह लिखती है-"शर्म के मारे मैं गड़ गई थी। मेरी चारपाई पर...जैसे मुझे कुछ हो जाएगा। उस बिस्तर को कुछ ऐसा छू जाएगा जो मेरे छुटाये भी कभी नहीं छूटेगा। फिर मैं कैसे सोऊँगी उस पर?" अपने प्रेमी की कल्पना मात्र से नीलिमा के रोमांच को बड़े सुन्दर रूप में मार्कण्डेय ने व्यक्त किया है। अपने हृदय में सुमंगल की यादों को सँजोए जब नीलिमा पति-गृह जाती है तो उसका दुहरा चरित्र हमारे समक्ष उभरकर आता है। एक ओर वह पत्नी का दायित्व निभाती है तो दूसरी ओर प्रेमिका का। किन्तु पत्नी की अपेक्षा प्रेमिका का ही रूप अधिक उभरकर आया है।

मार्कण्डेय ने नीलिमा के माध्यम से उन तमाम ऐसी स्त्रियों का चित्रण किया है जो प्रेम तो करती हैं किन्तु उसे व्यक्त करने में आजीवन संकोच करती हैं और अपने जीवन को एक समझौते के रूप में स्वीकार करती हैं। हमारे समाज में ऐसे अनेक उदाहरण मौजूद हैं जहाँ प्रेम की कसमें तो खाई जाती हैं किन्तु उन कसमों को आजीवन निभाना और समाज के सामने उसे व्यक्त करने में उनका पूरा जीवन निकल जाता है और अन्ततः अपने प्रेमी के बिना ही जीवन बिताना पड़ता है। कथाकार मार्कण्डेय ने समाज में प्रचलित ऐसे ही प्रेम को अपने इस छोटे से उपन्यास का विषय बनाया है।

इस उपन्यास में नीलिमा का दुहरा चरित्र देखने को मिलता है, एक पत्नी के रूप में और दूसरा प्रेमिका के रूप में। नीलिमा पत्नी के रूप में भी अपने कर्तव्य का पालन करती है क्योंकि उपन्यास में एक स्थान पर उसके पति का यह वाक्यांश इस बात की पुष्टि करता है कि वह पत्नी-धर्म को भी बखूबी निभा रही है-"ऐसी औरत न तो मैंने देखी है, न देखूँगा। जब से मेरे जीवन में आई, कभी एक मिनट को भी न मालूम हुआ कि मैं उदास हूँ...रात-दिन जैसे मेरी आत्मा पर उसका स्नेह छाया रहा। मेरी काया का कोई भी रोम ऐसा नहीं दीखता जिस पर उसका संस्पर्श न हो। कोई भी ऐसा काम नहीं, कोई भी ऐसी चीज नहीं, जिसके पीछे उसकी छाया न हो।" नीलिमा अपने पति की सेवा करने में तनिक भी नहीं हिचकिचाती है। भले ही उसके मन में सुमंगल की यादें हैं किन्तु वह यह भलीभाँति समझती है कि पति के प्रति उसका क्या धर्म और कर्तव्य है, तभी तो उसके पति के विचार नीलिमा के पक्ष में हैं।

नीलिमा अत्यन्त ही कोमल स्त्री है। वह ममता और दया की मूर्ति है। उसके चरित्र की अनेक विशेषताएँ हैं किन्तु अनेक विशेषताओं के साथ प्रत्येक मनुष्य की भाँति उसमें कुछ खामियाँ भी हैं। उसकी सबसे बड़ी कमजोरी उसका संकोची स्वभाव है। दरअसल मध्यवर्गीय संस्कारों में पली होने के कारण वह सामाजिक मर्यादा और लोक-लाज का पूरा ध्यान रखती है। उसके संस्कार उसे अपना प्रेम जाहिर करने और स्वयं चुने हुए लड़के के साथ जीवन बिताने की आज्ञा नहीं देते, और जीवन-पर्यन्त उसे अपने प्रेम में तड़पना पड़ता है। इसी कुंठा के कारण वह अन्दर से खोखली हो जाती है। उसी के शब्दों में-"मेरी ही चीखें मेरे कानों में भर गई थी, जैसे मेरे ही हाथों ने मेरा गला घोट दिया हो। पसीने की बड़ी-बड़ी बूँदें माथे पर काँटों की तरह उग आई थीं।" मार्कण्डेय ने मुख्य पात्र के रूप में नीलिमा के चरित्र को बड़े ही दयनीय रूप में प्रस्तुत किया है। प्रेम की सजा उसे ताउम्र मिलती है और उसी में घुटते-घुटते वह मर जाती है। "समग्रत: कहा जा सकता है कि नीलिमा का चरित्र प्रेम को पूजा मानकर तथा आत्मा में उसे निरन्तर बनाए रखनेवाली सच्ची प्रेमिका का चरित्र है जो प्रेम के लिए जीती है और अन्तत: उसी के लिए मर मिटती है। लेखक ने उसके चरित्र को पूरी सहानुभूति के साथ प्रस्तुत किया है।"

नीलिमा की भाँति उसका प्रेमी सुमंगल भी उपन्यास का प्रमुख पात्र है। वह किसी बड़े जमींदार का बेटा है जो राष्ट्रीय आन्दोलन में अपना सब-कुछ त्याग देता है। वह आदर्शवादी, संवेदनशील एवं गम्भीर प्रकृति का व्यक्ति है। जमींदार घराने का होने के बावजूद भी उसके चरित्र में किसी भी प्रकार के अवगुण नहीं दिखाई पड़ते। उसके पिता ने अंग्रेजों की गुलामी कभी नहीं की और देश-प्रेम में वह इतने मशगूल थे कि अपना सब-कुछ राष्ट्रीय आन्दोलन में त्याग देते हैं। सुमंगल अपने पिता के आदर्शों का पालन करते हुए सामाजिक कार्य में अपने को व्यस्त रखता है। नीलिमा के प्रति उसके मन में भी स्नेह है किन्तु वह भी वैयक्तिक संकोच के कारण नीलिमा के समक्ष अपना हाल-ए-दिल बयाँ नहीं कर पाता। वह अन्य पुरुषों की भाँति स्त्री को भोग्या नहीं मानता अपितु इसके इतर वह नीलिमा को बहुत प्रेम करता है। जिस प्रकार इस उपन्यास में नीलिमा के दुहरे चरित्र को दिखाया गया है उसी प्रकार सुमंगल का भी दुहरा चरित्र देखने को मिलता है, एक प्रेमी के रूप में और दूसरा सामाजिक कार्यकर्ता के रूप में।

एक प्रेमी के रूप में यदि देखें तो सुमंगल अत्यन्त संकोची और विनम्र है। वह नीलिमा से पहली बार उसकी मौसी के यहाँ मिलता है। दोनों में एक-दूसरे के प्रति लगाव बढ़ता है और यह लगाव प्रेम में परिवर्तित हो जाता है, किन्तु उनका यह प्रेम कभी एक-दूजे के समक्ष व्यक्त नहीं होता। वह नीलिमा के थोड़े से कष्ट को भी

बर्दाश्त नही कर पाता और इसी कारण नीलिमा की बीमारी में रात-दिन सेवा में लगा रहता है। प्रेमी के साथ-साथ वह नीलिमा का पथ-प्रदर्शक भी है। जब नीलिमा के समक्ष अनेक समस्याएँ आती हैं तो सुमंगल नीलिमा को उन समस्याओं से निकालने का भरपूर प्रयास करता है, इसी कारण नीलिमा उस पर बहुत विश्वास करती है। नीलिमा को दु:खी देखकर वह स्वयं दु:खी हो जाता है। सुमंगल स्त्रियों के प्रति सदैव आदर भाव रखता है। जब नीलिमा सुमंगल से कहती है कि वह शादी कर ले तो सुमंगल कहता है-"प्यार कोई सौदा नहीं नीलम! सिर्फ वासना तो पशु में होती है, मनुष्य तो उससे आगे कुछ और भी चाहता है, कुछ और है उसके पास-एक चेतन हृदय, एक भक्ति, एक सब-कुछ अर्पित कर देने की क्षमता; जो उसकी अपनी है, और समर्पण भी कभी बार-बार... तुम जाने कितनी देर तक बोलते जाते थे-मन्थर-मन्थर, उदास।" सुमंगल के मन में नीलिमा के प्रति सच्चा प्रेम है जिसमें वासना की भूख लेशमात्र भी नहीं है। नीलिमा के विवाहोपरान्त भी वह उससे उतना ही प्रेम करता है। नीलिमा को पाने में भले ही वह असमर्थ रहता है किन्तु उसके प्रेम को सदैव अपने हृदय में जीवित रखकर वह एक सच्चे प्रेमी का परिचय देता है। मार्कण्डेय ने इस उपन्यास के माध्यम से समाज के ऐसे यथार्थ को प्रस्तुत किया है जो आज के दौर में एक फैशन बन गया है। आज की युवा पीढ़ी प्रेम की ओर बहुत तेजी से बढ़ रही है, जिसमें कुछ तो अपने मन मुताबिक विवाह कर लेते हैं और कुछ अपने प्रेम का त्याग कर किसी और के साथ जीवन बिताते हैं।

सुमंगल के चरित्र का दूसरा पहलू सामाजिक कार्यकर्ता का है। सामाजिक कार्य के प्रति वह अत्यन्त ईमानदार है। वह अपने दु:ख को भले ही नीलिमा के समक्ष नहीं रखता किन्तु नीलिमा उसके दु:ख को भलीभाँति समझती है। जिस प्रकार नीलिमा के प्रति उसका प्रेम नि:स्वार्थ भाव से है उसी प्रकार समाज के प्रति भी वह अपने कार्य को बिना किसी स्वार्थ के निभाता है। समाज सेवा के लिए वह अपनी पढ़ाई छोड़ देता है। साहित्य और कला के साथ-साथ नृत्य और संगीत में भी उसकी गहरी रुचि रहती है। सुमंगल के भीतर जो एक लेखक का गुण छिपा है उसे नीलिमा पाठक के समक्ष इन वक्तव्यों में प्रस्तुत करती है-"अच्छा होता कि इस कहानी को तुम्हीं लिखते, क्योंकि तुम्हारे हाथ में एक ऐसी कलम है, जो अपने पैनेपन के बावजूद दुधमुँहे बच्चे को सुलानेवाली लोरियों से भी मधुर और पवित्र गीत गा सकती है। जो कालकूट भैरव की क्रोधाग्नि को शान्त करने के लिए पार्वती के सुकुमार होठों का सुमधुर सम्भाषण लिख सकती है।"

सुमंगल के हृदय में गरीब शोषितों के प्रति गहरी सहानुभूति है। वह ऐसे लोगों की खिलाफत करता है जो गरीब किसान-मजदूर का शोषण करते हैं। वह स्वयं की

पीड़ा को दूर रखकर सामाजिक कार्य में व्यस्त रहता है। "भौतिक पीड़ा और उलझन से अपने व्यक्तित्व को दूर रखकर दुनिया की समस्याओं पर विचार करना, तुम्हारी अपनी सूझ है, गाँधीवादी दर्शन में।" नीलिमा के प्रति उसका सेवाभाव उसके प्रेम को अप्रत्यक्ष रूप से दर्शाता है क्योंकि नीलिमा की बीमारी में वह रात-दिन उसकी देखभाल करता है-"यह तो सुमंगल की कहो कि रात-रात भर बैठा रह गया इसी स्टूल पर। एक टक तुम्हें देखता रहा। मैं थक गई, तुम्हारे मौसा तो तुम्हारे बकने-झकने से भाग ही जाते थे, पर सुमंगल को जैसे काठ मार गया था, निश्चल यहीं बैठा रहता, न बोलता, न जाता कहीं।" इस प्रकार नीलिमा से अत्यन्त प्रेम करने के बावजूद वह अपनी सीमाओं को कभी लाँघता नहीं है और इसी कारण नीलिमा से अपना प्रेम व्यक्त न कर वह उसकी याद में ही अपने दिन गुजारने का प्रयत्न करता है। मार्कण्डेय ने सामाजिक बन्धनों को ही प्रेम के सामने व्यक्त करने का प्रयास किया है क्योंकि भले ही समाज का प्रत्येक व्यक्ति कितना ही शिक्षित क्यों न हो जाए किन्तु प्रेम के प्रति उसका दृष्टिकोण जस का तस है। वर्तमान परिदृश्य में चारित्रिक पतन एवं व्यभिचार चरम पर है ऐसे में सुमंगल जैसे युवाओं की जीवन दृष्टि आवश्यक है। इसी विडम्बना को मार्कण्डेय ने बड़ी ही सौम्यता एवं पीड़ा के साथ दर्शाया है।

यदि देखा जाए तो सुमंगल का चरित्र सामाजिक कार्यकर्ता के रूप में प्रेम की अपेक्षा अधिक उभरकर आया है। वह जितना सामाजिक कार्य के प्रति समर्पित है उतना प्रेम के प्रति नहीं। फिर भी नीलिमा के प्रति उसके प्रेम को किसी अर्थ में कम नहीं कहा जा सकता। इस प्रकार अनेक सामाजिक, वैयक्तिक संकोच आदि के बावजूद भी सुमंगल का अत्यन्त सीधा-सरल चरित्र सबको अपनी ओर आकृष्ट करने की क्षमता रखता है।

नीलिमा और सुमंगल के पश्चात् एक और पात्र है जो उभरकर आया है और वह पात्र है-जया। जया और नीलिमा दोनों की उम्र लगभग एक ही है, इसी कारण दोनों का हृदय सुमंगल के प्रति आकृष्ट है, किन्तु महत्त्व यह नहीं रखता है कि दोनों सुमंगल से प्रेम करती हैं बल्कि महत्त्व यह रखता है कि सुमंगल किससे प्रेम करता है। जया का एकतरफा प्रेम होने के कारण वह एक असफल प्रेमिका के रूप में देखी जा सकती है। भले ही नीलिमा और सुमंगल एक-दूसरे से अपना प्रेम व्यक्त नही कर पाते किन्तु उनका प्रेम एकतरफा नहीं था क्योंकि दोनों एक-दूसरे को आन्तरिक रूप से प्रेम करते हैं किन्तु जया सुमंगल से प्रेम करती है जबकि सुमंगल नीलिमा से। उपन्यास में जया की भी मुख्य भूमिका दिखाई गई है। मार्कण्डेय ने नीलिमा के माध्यम से जो जया का चित्रण किया है उससे ज्ञात होता है कि जया भी अत्यन्त

सुन्दर है। लेखक के शब्दों में-"लड़की तो क्या कहूँ, सयानी थी वह जया-सुन्दर-सी, सजी-बजी। शरीर के एक-एक अंग को चतुर शिल्पी की तरह तराशकर सजा रखा था। सामान की जाँच-पड़ताल में उसकी व्यस्तता देखकर, मुझे जाने क्यों लगा, यह जरूर कोई मास्टरनी है।" जया जब नीलिमा की मौसी के घर आई तो आते ही उसने सुमंगल के बारे में पूछा था और उसके बाद उसने नीलिमा को पहचानने की चेष्टा व्यक्त की किन्तु असफल रही। बाद में मंटू के बताने पर उसने नीलिमा को पहचान लिया था। जया के मन में सुमंगल के लिए जो प्रेम था उसे नीलिमा पहचान रही थी क्योंकि "रात सोने से पहले जया की बातों में तुम्हारा प्रसंग आया-तरह-तरह से, घूम-घूमकर, जैसे बात वहीं टूटती थी।" सुमंगल का जया की बातों में बार-बार जिक्र आना नीलिमा को कष्ट दे रहा था किन्तु फिर भी नीलिमा के हृदय में जया के प्रति कभी भी जलन की भावना नहीं आई। नीलिमा और जया दोनों में मित्रता तो थी किन्तु जया का सुमंगल के प्रति झुकाव नीलिमा को रास नहीं आता था। एक दिन सुमंगल के आने की खबर सुनकर जया की खुशी का ठिकाना नहीं था। वह सुमंगल के लिए बहुत अच्छे से तैयार हो गई। उसे क्या पता था कि उसका सजना-सँवरना, इन्तजार करना सब व्यर्थ जाएगा। वह बार-बार सुमंगल की राह देख रही थी किन्तु सुमंगल के न आने पर मौसी ने बड़े स्नेह के साथ कहा-"यह कपड़े उतार दे, वरना इसी तरह उठते-बैठते चौपट हो जाएँगे। सुमंगल को जानती नहीं क्या? इधर तो वह और भी जिद्दी और फितूरी दिमाग का हो गया है। कुछ पता चलता है उसका।" नीलिमा जया की तड़प को भलीभाँति समझती थी और इसी कारण उसे जया पर तरस आ रहा था। जया कमरे में बिना किसी से कुछ बोले चली जाती है और अन्दर ही अन्दर बहुत दुःखी होती है। उसका तैयार होना, सुमंगल से मिलने के सपने सँजोना सब व्यर्थ चला जाता है। जया सुमंगल के मन की बात न समझ पाने के कारण इस दुःख से जूझती है और विवाहोपरान्त एक सेना के आदमी के साथ अपनी जिन्दगी बिताती है। इस प्रकार उपन्यास में जया का एकतरफा प्रेम ही है जो उसे कष्ट एवं पीड़ा के अतिरिक्त कुछ नहीं देता । नीलिमा सुमंगल से कुछ कह नहीं पाती और जया के कहने के बावजूद सुमंगल उसके प्रेम को स्वीकार नहीं करता। इस तरह इस उपन्यास में जो जिसे चाहता है वह उसे नहीं मिलता और नीलिमा, जया, सुमंगल तीनों ही एक परिस्थिति से गुजरते हैं।

उपन्यास की कथा में इन तीनों पात्रों के अलावा अमर, अमृता, शिबू, मंटू, राबिन (कुत्ता) आदि पात्रों का भी यत्र-तत्र वर्णन दिखाया गया है। इन सभी पात्रों से नीलिमा कहीं न कहीं जुड़ी हुई है। अमर और अमृता पति-पत्नी रूप में अपने नन्हें बच्चे शिबू के साथ सहज और खुशहाल जीवन व्यतीत करते हैं। पति-पत्नी दोनों

नौकरी करते हैं और महीने की बचत करके कुछ पैसे जमा करते हैं। नीलिमा शिबू को अत्यन्त प्रेम करती है। नीलिमा पर अमर और अमृता के सहज, सरस जीवन का बहुत प्रभाव पड़ता है किन्तु उसका जीवन उन दोनों के समान अपने स्वाभाविक रूप में आगे नहीं बढ़ पाता और अन्त में एक विडम्बना बन जाता है। मार्कण्डेय ने नीलिमा की विडम्बना को एक मार्मिक रूप में प्रस्तुत कर ऐसे प्रेम की ओर संकेत किया है, जो जीवन को सच्चाई के रूप में देखता है।

केदारनाथ अग्रवाल इसे दु:खान्त प्रेम-कथा मानते हुए कहते हैं-"यह मर्मव्यथा से भरी कथा है, इसको पढ़कर मुझे भवभूति याद आ गए और नयन में करुणा के सघन घन छा गए।" निश्छल व नि:स्वार्थ भाव से किए गए प्रेम का चित्रण इस उपन्यास को उत्कृष्ट तो बनाता ही है साथ आज की उस युवा पीढ़ी को ये सन्देश भी देता है कि प्रेम एक पवित्र अनुभूति है न कि शारीरिक भूख मिटानेवाली कामेच्छा।

(ख) अग्निबीज

नया साहित्य प्रकाशन, इलाहाबाद द्वारा 1981 में प्रकाशित 'अग्निबीज' मार्कण्डेय की दूसरी औपन्यासिक कृति है। इसके पहले भी मार्कण्डेय ने 'सेमल के फूल' नामक लघु उपन्यास की रचना की जिसमें उन्होंने सुमंगल और नीलिमा के असफल प्रेम को ही पूरी कथा का केन्द्र बनाया है, किन्तु 'अग्निबीज' में उन्होंने स्वतन्त्रता प्राप्ति के पश्चात की परिस्थितियों को ही उपन्यास का मुख्य विषय बनाया है। यदि हम देखें तो सही अर्थों में इस रचना के बाद ही मार्कण्डेय एक प्रगतिवादी रचनाकार के रूप में प्रतिष्ठित हुए हैं। वैसे तो मार्कण्डेय मूल रूप से कहानीकार की कोटि में ही आते हैं, किन्तु 'सेमल के फूल' और 'अग्निबीज' जैसे उपन्यासों को लिखकर उन्होंने एक दक्ष उपन्यासकार होने का परिचय स्पष्ट रूप में दे दिया है। 187 पृष्ठों में लिखे गए इस उपन्यास में ग्रामीण जीवन की यथार्थरूपी विडम्बनाओं को प्रस्तुत किया गया है। इस रचना के विषय में स्वयं मार्कण्डेय कहते हैं-"अग्निबीज स्वतन्त्रता के बाद 53-54 के आसपास के ग्रामीण सन्दर्भों में उभरते पात्रों की सामाजिक, राजनैतिक, चेतना की विकास-यात्रा को रेखांकित करनेवाले कथानक का पहला उपन्यास है।"

मार्कण्डेय का यह उपन्यास अनायास ही प्रेमचन्द के उपन्यास 'गोदान' का स्मरण कराता है। प्रेमचन्द ने जिन परिस्थितियों, समस्याओं को इस उपन्यास में वर्णित किया है, कुछ इसी प्रकार की विषयवस्तु 'अग्निबीज' में भी दिखाई पड़ती है। इस उपन्यास के विषय में रामचन्द्र तिवारी लिखते हैं-"इस उपन्यास में सन् 53-54 के आसपास के राजनीतिक सन्दर्भ को केन्द्र में रखकर अप्रासंगिक होती

हुई राजनीतिक चेतना के विरुद्ध जागृत होती हुई क्रान्तिधर्मा युवा चेतना को ग्रामीण-परिवेश में चित्रित किया गया है।" 'अग्निबीज' प्रेमचन्द की कथा परम्परा की अगली कड़ी है और इसी कारण मार्कण्डेय को प्रेमचन्द-परम्परा का अधिकारी माना जाता है।

स्वतन्त्रता के पश्चात भी ग्रमीण जन गरीबी, भुखमरी, बेकारी आदि कई समस्याओं से घिर गया और वह सारी एकता, अपनापन, भाईचारा छिन्न-भिन्न् हो गया जो कभी गाँव में हुआ करता था। स्वतन्त्रता के बाद गाँव के कुछ लोगों के अन्दर हिम्मत बढ़ी और वैचारिक चेतना का विकास हुआ। गाँव के युवा वर्ग को ही आगे का रास्ता तय करना था। 'अग्निबीज' उपन्यास में युवा वर्ग के इसी श्रम को उद्घाटित किया है। इस उपन्यास का कथा-क्षेत्र मूल रूप से पूर्वी उत्तर प्रदेश है, जिसमें इलाहाबाद, जौनपुर, बनारस के आसपास के परिवेश को ही केन्द्र में रखा गया है। 'अग्निबीज' को प्राय: मार्कण्डेय की एक बड़ी उपलब्धि के रूप में स्वीकार किया गया है। अरुण महेश्वरी ने तो इस उपन्यास को "विगत तीन दशकों के हिन्दी उपन्यासों की अन्यतम श्रेष्ठ उपलब्धि" माना है।

प्रस्तुत उपन्यास का कथाकेन्द्र बजमा नदी के दोनों छोरों में स्थित रामपुर और सेतपुर गाँव का जीवन है। गाँव में बजमा तालाब की बहुत मान्यता है। कहा जाता है कि बजमा केवल सुहागिन स्त्रियों की आरती को ही स्वीकार करती है। गाँव के लोग इसकी मनौती मानते हैं। बाढ़ आने पर यह तालाब एक विशाल पोखरी के रूप में बदल गया, "लेकिन आज तक इसमें कोई छोटा बच्चा डूबकर नहीं मरा। लड़कियाँ तो बजमा की मनौती मनाती हैं। वह आज भी नाचती-गाती, करजी की जरई की मिट्टी के लिए बजमा में ही जाती हैं।" गाँव में औरतें बजमा की ओर जाते समय गीत गाती हैं-

बजमा हथवा कंगनवाँ मैं लाई हो ना।
बजमा मँगिया सेंधुरवा मैं लाई हो ना।।
बजमा मथवा टिकुलिया मैं लाई हो ना।

लेखक ने गाँव की परम्परा को और वहाँ प्रचलित लोक मान्यताओं, लोकगीतों को बड़े ही सुन्दर ढ़ग से प्रस्तुत किया है। जब गाँव वालों को यह पता चला कि बजमा को सरकारी घोषित कर दिया गया है और अब प्रत्येक मनुष्य उसका इस्तेमाल नहीं कर सकता तो उनमें आक्रोश आना स्वाभाविक था क्योंकि उनके मुताबिक 'बजमा का पानी सबका पानी' है। सबका गुस्सा देखकर ज्वालासिंह ने सबको अपनी ओर आकृष्ट करने के लिए हाथ जोड़कर कहा-"बजमा न जाने कितने दिनों से आप लोगों की अपनी पोखरी है। हमारी माताएँ इसकी पूजा करती है।

हमारे तीज-त्यौहार और ब्याह-शादी में भी इसका पूज्य स्थान है। हमारी लड़कियां इसमें नहाती हैं और जरई की मिट्टी काढ़ती हैं, भला बजमा को जनता से कौन छीन सकता है।"

आज की परिस्थितियों में पानी के सन्दर्भ में मार्कण्डेय की यह पंक्ति 'बजमा का पानी सबका पानी' कितनी प्रासंगिक जान पड़ती है। प्रकृति द्वारा प्रदत्त जीवनोपयोगी पानी अब बोतलबन्द होकर बिकने लगा है। सामान्य हैंण्डपम्प या नलकूप का पानी पर्यावरणीय प्रदूषणों के चलते पीने लायक ही नहीं रह गया है। बेबश जनता इस पानी का उपयोग करती हुई अनेकानेक संक्रामक बीमारियों का शिकार होकर अपना जीवन ही खो बैठती है। पानी जिसके बिना यह जीवन ही सम्भव नहीं, विक्रय की चीज बन गई है और अब यह राज्यों की प्राथमिकता सूची से गायब होकर व्यवसायियों के मुनाफे का साधन रह गई है और जहाँ तक नदियों की बात है उनके शोषण की तो इन्तहां हो गई है। अनेकानेक शहरों की मैल, गन्दगी और कूड़ा-करकट ढ़ोते हुए नदियाँ अब खुद अस्तित्व के संकट से जूझ रही हैं। इस प्रकार उपन्यास का 'बजमा का पानी' प्रसंग भारत के भावी जल संकट का समाधान प्रस्तुत करता है।

उपन्यास का आरम्भ रामपुर गाँव में स्थित गाँधीवादी आश्रम के कार्य-कलापों से होता है। इस गाँधीवादी आश्रम को भागो बहन और भाई जी पूरी लगन के साथ चलाते हैं, जिसमें सभी जाति के लोगों को आने की व साथ बैठकर शिक्षा पाने की पूरी छूट है। गाँव के सभी लोग इस साम्यवादी आश्रम से जुड़े हैं, किन्तु ठाकुर और सामन्त ही इससे नहीं जुड़ना चाहते। इस आश्रम में गाँव के लोगों की निरन्तर उन्नति के प्रयास चलते रहते हैं, जिसके कारण ग्रामीण-जन इस आश्रम को मन्दिर से कम नहीं समझते। आश्रम में गाँव की उन्नति का जो प्रयास चलता है उसमें ज्वालासिंह सदैव बाधा उत्पन्न करते रहते हैं। ठाकुर ज्वालासिंह साधो काका के भाई हैं और गाँव के लोगों पर शोषण करने की रोज नई तरकीब खोज लेते हैं। ज्वालासिंह का आतंक गाँव वालों पर बराबर बना रहता है। वह स्वयं को गाँव का सर्वेसर्वा मानते हैं और आम जनता पर अधिकार जमाते हैं। मार्कण्डेय ने ज्वालासिंह जैसे धूर्त व्यक्ति का वर्णन कर उन सभी पर कटाक्ष किया है जो ज्वालासिंह की भाँति गरीबों का शोषण केवल अपने फायदे के लिए करते हैं।

इस उपन्यास में मार्कण्डेय ने गाँव में बढ़ रही विषमता, गरीबी, निम्नवर्ग की बहू-बेटियों पर उच्चवर्ग के लोगों की गन्दी नजर, आदि अनेक समस्याओं को बड़ी ही बारीकी के साथ प्रस्तुत किया है। इसमें जाति-प्रथा भी टूटती हुई तब नजर आती है जब श्यामा, मुराद, सागर और सुनीत के माध्यम से अलग-अलग बिरादरी के लोगों

की गहरी मित्रता को दर्शाते हैं। ये समाज के ऐसे युवा पात्र हैं जो हर हाल में अपने गाँव-देश को इन सभी समस्याओं से बाहर निकालने के लिए निरन्तर प्रयासरत रहते हैं। श्यामा साधो काका की इकलौती बेटी है जबकि सागर ज्वालासिंह का इकलौता पुत्र है। ये दोनों ही ठाकुर घराने के हैं किन्तु इसके बावजूद भी इन दोनो ने गाँव के निम्नवर्ग के हरिजन पुत्र सागर और मुस्लिम पुत्र मुराद से मित्रता की। इन चारों युवा पात्रों की मित्रता इस बात का संकेत देती है कि किसी भी धर्म अथवा जाति के लोगों से मित्रता की जा सकती है, क्योंकि मित्रता किसी धर्म अथवा जाति को नहीं बल्कि इंसान को परखती है। इन युवाओं की मित्रता के माध्यम से मार्कण्डेय ने समाज में फैली जाति-व्यवस्था पर करारा व्यंग्य किया है। डॉ. सुरेन्द्र प्रसाद इस सन्दर्भ के विषय में कहते हैं-"अभिजात्य वर्ग से लेकर निम्न जाति तक के जीवन से सम्बन्धित नई पीढ़ी के युवा उन संस्कारों से मुक्त हैं, जो जाति, वर्ण, उच्च और नीच के नाम पर सामाजिक जीवन में जहर घोलते आ रहे हैं और जिनमें एक सही सोंच और समझ है। यही कारण है कि लेखक ने इन चारों को अपनी आस्था का केन्द्र बिन्दु बनाया है।" कहने का तात्पर्य है कि इस उपन्यास के माध्यम से मार्कण्डेय ने जनता तक एक ऐसा सन्देश पहुँचाने का प्रयत्न किया है जो हर प्रकार के दकियानूसी विचारों से स्वयं को दूर रखता है और अपने मन मुताबिक निर्णय लेता है।

उपन्यास में श्यामा, मुराद, सागर, सुनीत ऐसे युवा पात्र हैं, जो गाँव को उन तमाम उलझनों से मुक्त करना चाहते हैं जिसमें गाँव के समस्त गरीब-जन फँसे हुए हैं। अलग-अलग वर्ग का होने के बावजूद इनके चरित्र व लक्ष्य में साम्यता दिखाई पड़ती हैं क्योंकि "ये ही वे अग्निबीज हैं, जो गाँव की मिट्टी में अंकुरित हो रहे हैं।" इन युवाओं के हृदय में अत्याचार, शोषण को दूर करने की जो कसमसाहट है वह उपन्यास में कई स्थान पर देखने को मिलती है। उपन्यास में सुदेश नामक पात्र के चरित्र में भी कुछ ऐसी ही विशिष्टता देखने को मिलती है। मार्कण्डेय ने उपन्यास में दो मुद्दों पर अधिक जोर दिया है-पहला राजनीति और दूसरा नारी जीवन से सम्बन्धित है। जहाँ एक ओर ज्वालासिंह जैसे राजनीतिक पात्रों के चरित्र व उनके कुविचारों को चित्रित किया है वहीं दूसरी ओर नारी-जीवन की विडम्बनाओं को भी दर्शाया है। श्यामा के इस कथन के माध्यम से नारी जन्म की वास्तविकता को बड़े कम शब्दों में व्यक्त किया है-"कन्या के घर में जनमते ही कुल में खोट आती है, खुशी की जगह रंज मनाया जाता है।" भले ही हमारा समाज हर क्षेत्र में प्रगति कर रहा है किन्तु उसकी सोंच में कोई खास परिवर्तन नहीं आया है और जहाँ प्रश्न कन्या के जन्म लेने का हो तो श्यामा का यह कथन बिलकुल सत्य प्रतीत होता है। समाज में व्याप्त लिंगभेद की समस्या को भी यह उपन्यास चित्रित करता है।

'अग्निबीज' उपन्यास में मार्कण्डेय ने गाँव में स्थित एकता और सामन्जस्य को भी बड़ी सहजता व आत्मीयता के साथ प्रस्तुत किया है। जहाँ एक ओर यह उपन्यास ऊँच-नीच, जाति-बिरादरी का खंडन करता हुआ प्रस्तुत होता है वहीं दूसरी ओर आजादी के पश्चात् गाँव में व्याप्त एकता को भी प्रदर्शित करता है। सागर के पिता मुसई चाचा आश्रम के सदस्य हैं। जब मुसई को पुलिस गिरफ्तार कर लेती है तो गाँव में तहलका मच जाता है और जिनसे पूछो वह यही कहता है "मुसई को पुलिस ने गिरफ्तार कर लिया है। थाने में काका का आमरन अनशन होगा। अपने ही राज में ऐसा अन्याय? भइया ई सुराज नहीं, कुराज है।" मुसई की गिरफ्तारी सुनकर किसी को इस बात पर यकीन नहीं हो रहा था। लोगों के मन में उसकी गिरफ्तारी को लेकर अनेक सवाल उमड़ रहे थे। "सारा गाँव एक साथ, एक स्वर इससे पहले कभी नहीं हुआ था!" सभी एकत्रित होकर थाने पहुँचे और मुसई को छुड़ाकर अपने साथ ले आए। पुलिस प्रशासन मुसई के लिए इतनी जनता को देखकर आश्चर्यचकित हो गया। हमारे ग्राम-समाज में जो एकता है उसका खंडन कभी नहीं किया जा सकता है क्योंकि यह एकता ही हमें आपस में एक-दूसरे के साथ बाँधे रखती है और विपत्ति में एकजुट होने का आभास कराती रहती है।

मार्कण्डेय ने जिन पात्रों को उपन्यास में चित्रित किया है वे सम्पूर्ण उपन्यास में आदि से अन्त तक अपनी सजीवता और बहुरंगी छटा का परिचय देते हुए दिखाई देते हैं, फिर चाहे वह मुख्य हो चाहे गौण। इनके पात्र प्रत्येक परिस्थिति से जुड़े हुए हैं जिसमें राजनीतिक, सामाजिक, आर्थिक, सांस्कृतिक स्थिति मुख्य रूप से दर्शायी गई है। मार्कण्डेय ने अपने उपन्यास में गाँधीवादी पात्र, साम्यवादी पात्र, युवा पात्र, राजनीतिक पात्र, शोषित नारी पात्र आदि अनेक पात्रों के माध्यम से ऐसी स्थितियों को दर्शाया है जो हमारे समाज के यथार्थ को प्रस्तुत करती हैं। अरुण माहेश्वरी के शब्दों में-"यहीं पर मार्कण्डेय प्रतिबद्ध रचनाकार की सूक्ष्म अन्तर्दृष्टि के साथ चरित्रों के सकारात्मक विकास की यात्रा की ओर संकेत करते हैं, जो चरित्र इस उपन्यास की सीमा में तो अग्निबीज ही नजर आते हैं, परन्तु अपने परवर्ती विकास की सम्भावनाओं में दावानल बन जाने की शक्ति लिए हुए हैं।"

मार्कण्डेय ने अलग-अलग पात्रों के माध्यम से विषयवस्तु को विस्तार दिया है। इस उपन्यास में गाँधीवादी पात्रों की मुख्य भूमिका दिखाई गई है। गाँधीवादी आदर्शों पर चलने वाले साधो काका का चरित्र विशिष्ट रूप में दर्शाया गया है। साधो काका अपने युवा काल में गाँधीवाद के प्रति पूर्णरूप से समर्पित थे और आजादी की लड़ाई में भाग लेने के कारण वे बहुत समय तक जेल में रहे। वहाँ उन पर अनेक अत्याचार किए जाते थे। इसके बावजूद भी पुलिस द्वारा गाँधी जी को गाली दिए जाने पर काका

ने उस पर ऐसा झपट्टा मारा कि कई लोगो के छुड़ाने के बाद भी नहीं छोड़ा। इस घटना के बाद उन पर शारीरिक रूप से अनेक अत्याचार किए गए जिनसे उनकी चेजना शक्ति क्षीण हो गई और वाक् शक्ति भी हमेशा के लिए चली गई।

आजादी के बाद भी बदली हुई परिस्थितियों में वे अपने आदर्शों का त्याग नहीं करते। वृद्ध होने के बावजूद भी अन्याय और अत्याचार के खिलाफ वे सदैव तत्पर रहते थे। जेल से आने के बाद उनकी इकलौती पुत्री श्यामा उनका पूरा ध्यान रखती थी। गाँव में श्यामा, बाकर और मुसई महतो ही साधो काका की बात समझ पाते हैं। वह एक सच्चे गाँधीवादी हैं और उनके हृदय में गरीब, निर्बल, पीड़ित एवं शोषितों के प्रति गहरी सहानुभूति है। भाई जी काका को अपना प्रेरणास्रोत मानते हैं, यह बात उनके इस कथन से ज्ञात होती है-"आपका ही आशीर्वाद मुझे चाहिए। और तो आप जानते हैं कि हम राजनीतिक नहीं हैं। महात्मा की सुझाई राह पर सत्य और अहिंसा के सहारे खादी का प्रचार करना और लोगों को आत्मनिर्भरता और स्वदेशी के लिए प्रेरित करना हमारा काम है। आप ही से मुझे प्रेरणा मिली है।"

साधो काका का चरित्र दो रूपों में दृष्टिगोचर होता है। एक आजादी के पूर्व का जिसमें वे संघर्षशील व्यक्तित्व के रूप में दिखाई पड़ता है और दूसरा आजादी के बाद का जिसमें हालातों के चलते उनके मन-मस्तिष्क में एक खमोशी घर गई है। साधो काका के चरित्र के विषय में प्रकाश मिश्र कहते हैं-"साधो काका देश की आजादी के लिए अपना सर्वस्व अर्पित कर देनेवाले एक सच्चे देशभक्त किन्तु आजादी के बाद एक कुंठाग्रस्त जीवन जीने की नियति पाने वाले मजबूर इंसान। यह नियति सिर्फ साधो काका की ही नहीं है, लेखक ने उनके माध्यम से उन सैकड़ों स्वतन्त्रता सेनानियों की ओर संकेत किया है जो आजादी की लड़ाई में बुरी तरह ठगे गए हैं और जिन्हें इस आजादी से गहरा मोहभंग हुआ है। आजादी की लड़ाई के ये विजेता अब हर कहीं पराजित मनोवृत्तियों के शिकार बने हुए हैं। साधो काका का 'फ्रस्ट्रेशन' ऐसा ही है।" युवा पीढ़ी भी काका को अपना प्रेरणास्रोत मानती है। गाँव में दलितों पर हो रहे अत्याचार को देखकर सुनीत को बहुत दु:ख होता है और वह साधो काका के बनाए हुए मार्ग पर चलने का निर्णय लेता है। गाँव के लोग काका को बहुत सम्मान देते हैं, किन्तु उनका भाई ज्वालासिंह ही उन्हें सदैव छलता रहता है। उनके पास सबका स्नेह तो है किन्तु ज्वालासिंह जैसे खुदगर्ज व्यक्ति की भाँति आतंक नहीं है। इसी अपनेपन, लगाव के कारण गाँव के लोग काका को सम्मान देते हैं।

'अग्निबीज' उपन्यास का प्रारम्भ भाई जी के कथनों से ही होता है, जिसमें वह मुराद से करघा चलाने की बात पूछते हैं। भाई जी एक गाँधीवादी आश्रम चलाते हैं

जिसमें हर बिरादरी के लोगों को आने की इजाजत है। यही नहीं आश्रम में वह स्कूल भी चलाते हैं और हर बिरादरी के बच्चों को एक साथ शिक्षा देते हैं। उनके आश्रम में मुराद और सागर के अलावा कई लोग चरखा काटने आते हैं। भाई जी अत्यन्त सीधे और सरल आदमी हैं। वह सभी को समान दृष्टि से देखते हैं और एक समान स्नेह भी करते हैं फिर चाहे वह मुस्लिम मुराद हो चाहे साधो काका की बेटी श्यामा।

भाई जी का सदैव यही प्रयास रहा है कि लोगों को गाँधीवादी आदर्शों से परिचित कराकर उन्हें यथार्थ की ओर अग्रसर किया जाए। गाँव के भूखे, गरीब लोगों को देखकर वह दु:खी होते हैं। वह एक ओर राजनीतिक आदर्शों को देखना चाहते हैं और दूसरी ओर ऐसे समाज की कल्पना करते हैं जहाँ कोई गरीब और भूखा न हो। इसी कारण उन्हें नई युवा पीढ़ी से बहुत सी उम्मीदें हैं, क्योंकि अन्याय देखकर उनका हृदय द्रवित हो उठता है तभी वह कहते हैं-"आखिर यह अन्याय कब तक चलेगा।" वे लोगों के मन से भय निकालने के लिए सरकार द्वारा दिए गए अधिकारों की याद दिलाते हुए कहते हैं-"सरकार ने हमें कुछ ऐसे अधिकार दिए हैं, जिसे कोई भी हमसे नहीं छीन सकता। बोलने का अधिकार, बिना हथियार के एक जगह जमा होने का अधिकार, संघ बनाने का अधिकार, देश में कहीं भी आने-जाने का अधिकार, देश में कहीं भी बसने का अधिकार, सम्पत्ति अर्जित करने तथा पेशा या व्यवसाय करने का अधिकार। लेकिन हम जहाँ के तहाँ हैं। अगर आप कुछ कहेंगे नहीं, जानेंगे नहीं, लड़ेंगे नहीं, तो इतने अधिकार पाकर भी इसी तरह गुलाम बने रहेंगे।" भाई जी इस कथन के द्वारा जनता को उनके अधिकार बताकर उन्हें जागरूक करने का प्रयत्न करते हैं किन्तु जनता में इतना साहस न देखकर भाई जी निराशा में डूब जाते हैं।

भाई जी के चरित्र में अनेक विशेषताओं के बावजूद कुछ कमियां भी दिखाई पड़ती हैं। वह आदर्शों की दुनिया में मशगूल रहते हैं और यही उनके चरित्र की सबसे बड़ी कमजोरी है। अन्याय व अत्याचार को वह मौखिक रूप से ही व्यक्त करते हैं क्योंकि उनके अन्दर साहस की कमी है। भाई जी सच्चे गाँधीवादी हैं और यही कारण है कि उनमें गाँधीवादी रूढ़िवादिता पूरी तरह से विद्यमान है। सागर जब आश्रम में शिक्षक बनता है तो भाई जी के मार्गदर्शन में आगे बढ़ना चाहता है किन्तु भाई जी का दोमुँहा बर्ताव उसका मोहभंग कर देता है और 'हरिजन उद्धार' जैसे कार्यक्रम से उसका विश्वास उठ जाता है। भाई जी के चरित्र के विषय में मधुरेश कहते हैं-"एक निष्ठावान गाँधी जी के रूप मे मार्कण्डेय ने भाई जी के चरित्र को गहरी हार्दिकता और सहिष्णुता के साथ गढ़ा है। सत्ता और तन्त्र से उनका इस तरह बाहर हो जाना और इस समूचे तन्त्र का नियमन करनेवाले लोगों की इन जैसे लोगों के प्रति बरती

गई उदासीनता जैसे आज की राजनीति में गाँधी जी की प्रासंगिकता के सवाल पर भी एक सार्थक टिप्पणी बन जाती है।" इस तरह गाँधीवादी पात्रों में भाई जी अपनी एक अलग ही पहचान के रूप में दिखाई पड़ते हैं।

मार्कण्डेय ने हरिजन मुसई महतो के चरित्र में भी तमाम विशिष्टताएँ प्रस्तुत की हैं और उन्हें भी गाँधीवादी दर्शन से जोड़ते हुए दर्शाया है। मुसई के मन में साधो काका के प्रति असीम श्रद्धा है। साधो काका के जेल जाने के बाद मुसई ने ही उनके परिवार की देख-रेख की। मार्कण्डेय के शब्दों में-"अगर मुसई न होता, तो साधो काका के जेल खाने के दिनों में उनका परिवार कब का भूखों मर गया होता।" वह सदैव काका के साथ रहता और उनके पीछे तिरंगा लिए महात्मा गाँधी की जय बोलता। मुसई के प्रति लोगों के मन में अपार स्नेह था और गाँव के लोग उसे सम्मान की दृष्टि से देखते थे। मुसई एक गाँधीवादी थे साथ ही समाज का शोषित पात्र भी थे क्योंकि हरिजन होने के कारण उन्हें अनेक अत्याचार का सामना करना पड़ता था। अपनी जाति के चलते वह कभी भी अन्याय एवं अत्याचार के खिलाफ आवाज नहीं उठा सका। उसकी आशाएँ अपने पुत्र सागर पर केन्द्रित हैं। श्यामा भी उन्हें अपने पिता समान समझती है क्योंकि काका के जेल जाने के बाद उसी ने श्यामा को पाला था। मुसई के व्यवहार के चलते ही सब एकजुट होकर उसे थाने से छुड़ाने पहुँच जाते हैं। उनकी दशा को देखकर लोगों में गुस्सा था क्योंकि "महतो के कपड़े फट गए थे। देखने से लगता, जैसे दो दिन से उन्हें खाने के लिए कुछ नहीं मिला था। लोग मुसई की जय का नारा लगाते-लगाते एकाएक रुक गए और आवाज देने लगे कि मुसई महतो का जुर्म जानना चाहते हैं।" हमारे समाज में निम्नवर्ग को सदैव हेयदृष्टि से देखा जाता रहा है और उस पर अनेक प्रकार से दबाव बनाने का प्रयत्न भी किया जाता रहा है। मुसई एक ऐसा ही दलित पात्र है जो अपने हक के लिए लड़ तो नहीं सकता किन्तु अपनी देश रक्षा के खातिर सदैव तत्पर रहता है।

जिस समय यह उपन्यास लिखा जा रहा था उस समय हमारा देश अँग्रेजी सत्ता से मुक्त हो चुका था, किन्तु हमारे समाज में ऐसे स्वार्थी नेताओं की भरमार थी जो भोले-भाले ग्रामीण-जन को अपने झूठे वादे में इस कदर फँसा लेते थे जिनसे निकल पाना उनके लिए अत्यन्त मुश्किल हो जाता था। आजादी के पहले का समय हो या बाद का किन्तु हमारे समाज में राजनीतिक साठ-गाँठ सदैव अग्रणी रही है। उपन्यास में ज्वालासिंह जैसे पात्रों को दर्शाकर मार्कण्डेय ने ऐसे राजनीतिक नेताओं की वास्तविकता को दर्शाया है जो अच्छाई की आड़ में निर्बल लोगों को सताते हैं। वर्तमान समय में भी ऐसे नेताओं की कमी नहीं है जो अपने स्वार्थ के लिए ही जनता का इस्तेमाल करते हैं। उनकी इन कूटनीतिक चालों के झाँसे में युवा वर्ग भी

आ जाते हैं। संजय कुमार अपने लेख में कुछ ऐसी ही विषय-वस्तु को चित्रित करते हुए कहते हैं-"भारत जैसे विशाल देश में जहाँ भाषा, धर्म, जाति और क्षेत्र की बड़ी विविधताएँ हैं, स्थानीय नागरिक मुद्दे या उम्मीदवारों की जाति या युवाओं की अन्य पहचान सियासी लामबन्दी का महत्त्वपूर्ण कारक बनती है और युवा इस लामबन्दी का न सिर्फ हिस्सा बनते हैं, बल्कि मतदान के दौरान इन मुद्दों पर आपस में बंटे भी होते हैं। इस पर किसी को हैरत नहीं होनी चाहिए, क्योंकि यह दर्शाता है कि कैसे राजनीतिक दल उन्हें राजनीति में उलझाए रखते हैं।"

ठाकुर ज्वालासिंह साधो काका के भाई और सुनीत के पिता हैं। उपन्यास में काका और ज्वालासिंह के चरित्र को एक-दूसरे के बिलकुल विपरीत दिखाया गया है। जहाँ काका में लोगों के प्रति सहानुभूति है वहीं ज्वालासिंह का चरित्र एक ऐसे स्वार्थी नेता के रूप में किया गया है जो सदैव अपने स्वार्थ के बारे में सोंचते हैं। शोषक जमींदार के रूप में वह लोगों पर अत्याचार करते हैं। अपनी स्वार्थपूर्ति के लिए वह निर्दोष और ईमानदार नेता मुसई महतो को अपनी साजिश में फँसाकर गिरफ्तार करवा देते हैं क्योंकि मुसई के प्रति लोगों के मन में अपार श्रद्धा है। इसी श्रद्धा के चलते गाँव के लोग एकजुट होकर मुसई को जेल से रिहा करा देते हैं। जब ठाकुर ज्वालासिंह यह देखते हैं कि श्यामा उनके पुत्र सुनीत को न सिर्फ पारिवारिक रास्ते से हटा रही है बल्कि गाँव वालों के मन में नई चेतना जगाने का प्रयत्न कर रही है तो वे अकस्मात ही श्यामा की शादी कराकर उसकी चिंगारी को सुलगने से पहले ही बुझा देते हैं।

राजनीति एक ऐसा घिनौना दलदल है जहाँ से निकलने के बाद भी उसकी गन्दगी नहीं निकलती। भोलीभाली जनता को बेवकूफ बनाना, झूठे वादे करके भूल जाना इन राजनीतिक नेताओं के खून में शामिल है। यदि सत्य कहा जाए तो हमारा देश इन धूर्त नेताओं के चलते ही भ्रष्ट है। हर पार्टी अपने को बेदाग करने में लगी है फिर भी उनके चरित्र में लगा दाग किसी भी रूप में मिट नहीं सकता जब तक ज्वालासिंह जैसे नेता हमारे समाज में हैं तब तक हम अपने गाँव, अपने समाज और अपने देश को दूषित होने से नहीं बचा सकते। उषा डोंगरा कहती हैं कि "उपन्यास की कथा में ज्वालासिंह एक ऐसे पात्र हैं जिनके द्वारा लेखक ने देश के तथाकथित वफादार और राष्ट्रीयता के हिमायती लोगों पर यथार्थ दृष्टि डाली है। जनता पर ऐसे ही लोग जुल्म ढ़ाते हैं, अत्याचार करते हैं और फिर अपने आतंक तथा भय से संत्रस्त कर इसी जनता से अपनी जय भी बुलवाते हैं।" इस प्रकार हम देखते हैं कि लेखक मार्कण्डेय ने आज के यथार्थ को अपने इस उपन्यास में कितने सालों पहले रेखांकित कर दिया था। स्वतन्त्रता से पूर्व हम अंग्रेजों के अत्याचारों से पीड़ित थे,

किन्तु स्वतन्त्रता के बाद हमारे अपने कहे जानेवाले धूर्त राजनीतिक नेता भी हम पर अत्याचार, शोषण, अन्याय करने से तनिक भी नहीं चूकते।

'अग्निबीज' उपन्यास युवा पीढ़ी में बढ़ रही चेतना को भी बड़ी ही सुन्दरता के साथ चित्रित करता है। यह उपन्यास दर्शाता है कि अब युवा पीढ़ी प्रत्येक कार्य में आगे बढ़ रही है, किन्तु उपन्यास में जो राजनीतिक धूर्त नेता अपनी जड़ मजबूत बनाए हुए हैं और उसी के चलते जनता पर अत्याचार कर रहे हैं, उन्हीं अत्याचारों का खंडन करते हुए युवा पीढ़ी नजर आती है।" "गाँवों की जिन्दगी में जिस संभावित बदलाव को मार्कण्डेय उपन्यास में रेखांकित करना चाहते हैं और जिसके सूत्र वे गाँवों में उभर रही वास्तविकता के बीच से उठाते हैं, जाहिर है कि इस बदलाव का माध्यम वे उग रही संभावनाओं में किशोरों और तरुणों की नई पीढ़ी में तलाशते हैं और इसी मंतव्य से वे उपन्यास की केन्द्रीय बुनावट में गाँव के चार किशोरों के क्रियाकलापों, आचरण तथा उनकी निर्मित हो रही एक सर्वथा भिन्न मानसिकता को स्थान देते हैं। इन किशोरों में ज्वाला बाबू का लड़का सुनीत है, साधो काका की बिटिया श्यामा है, बाकर का लड़का मुराद है और मुसई भगत का लड़का सागर है।"

उपन्यास में श्यामा ऐसी ही स्त्री पात्र है जो समूचे उपन्यास के घटनाक्रम में मुख्य भूमिका निभाती है। श्यामा के चरित्र को और अधिक निखार प्रदान करते हुए मार्कण्डेय कहते हैं-"कैसी लग रही थी श्यामा। सांवले रंग पर हल्के नीले रंग की छोटी-छोटी बूटियों वाली साड़ी, करीने से पीठ पर फैले हुए बाल और चिकने मुलायम हाथ-पाँव।" श्यामा के मन में शोषितों और गरीबों के प्रति गहरी सहानुभूति है। उसके अन्दर किसी प्रकार का न तो अहंकार है और न ही किसी प्रकार का भेदभाव। एक सजग और जागरूक लड़की होने के कारण वह अपने सहपाठियों के साथ मिलकर गाँव के लोगों को भी जागरूक करने का प्रयास करती है। श्यामा के हृदय की संवेदना को देखकर सागर कहता है। माँ ने सिर्फ जन्म दिया था, मुराद! श्यामा ने मुझे जीवन दिया है।" श्यामा ज्वालासिंह से नफरत इसलिए करती है क्योंकि वह उसके परिवार व गाँव वालों पर अत्याचार करता है। अपने चाचा से कहीं अधिक वह मुसई महतो को मानती है क्योंकि "मुसई चाचा ने कभी दुआर नहीं छोड़ा। लोगों ने क्या-क्या नहीं कहा,-गोरे पकड़ ले जाएँगे। आग में जिन्दा जला देंगे। श्यामा को तो पाते ही भाले की नोंक पर उठा लेंगे। लेकिन मुसई चाचा रोज रात, सागर के साथ आते और मड़ई में उसे छोड़ देते। मुझे गोद में लिए तब तक कहानियाँ सुनाते, जब तक मैं सो न जाती। कहते, 'गोरे आएँगे और काका के बच्चे को माँगेगे तो सागर को थमा दूँगा।" अपने बेटे से अधिक श्यामा के विषय में सोंचना मुसई

जैसे लोगो की न सिर्फ ईमानदारी को दर्शाता है बल्कि अपने फर्ज के लिए सब-कुछ दाव पर लगा देने की हिम्मत भी रखता है।

उपन्यास में श्यामा का चरित्र बहुत उभरकर हमारे समक्ष आया है। भले ही श्यामा का चरित्र प्रभावशाली रूप में दर्शाया गया है, किन्तु यह प्रभावशीलता उपन्यास में अन्त तक नहीं दिखाई पड़ती, क्योंकि ज्वालासिंह श्यामा की लगाई चिंगारी को सुलगने नहीं देते और उसका विवाह करा देते हैं। मुराद के प्रति श्यामा के हृदय में कुछ नर्म भाव दिखाई पड़ते हैं किन्तु 'सेमल के फूल' उपन्यास की नीलिमा की ही भाँति वह भी अपने प्रेम को व्यक्त नहीं कर पाती है क्योंकि "इस आकर्षण के तर्क को आगे ले जाने की (शादी की) वह कभी कल्पना भी नहीं कर सकती। जाति और धर्मान्धता की जकड़न में फँसा हुआ यह समाज ऐसे किसी सम्बन्ध की अनुमति नहीं दे सकता। वह मुराद के साथ कन्धे से कन्धा मिलाकर अन्याय के विरुद्ध संघर्ष करने की कल्पना फिर भी कर सकती है, यद्यपि यह भी आसान नहीं है।" श्यामा के विवाह के लिए उसके पिता भी राजी नहीं हैं किन्तु ज्वालाबाबू के निर्णय के आगे साधो काका भी हार जाते हैं और अन्ततः श्यामा का विवाह कर देते हैं। उपन्यास में प्रत्येक बात का विरोध करनेवाली श्यामा स्वयं अपनी ही इच्छा के विरुद्ध विवाह करती है, क्योंकि सामाजिक संकोच और संस्कारों के चलते वह इसका विरोध नहीं कर पाती। भले ही विवाह के प्रति वह अपने विचार नहीं रख पाती किन्तु सागर को आग से बचाने पर वह सभी सामाजिक बन्धनों को तोड़ देती है। वह सागर को अपने घर बुलाकर उसे चारपाई पर लेटाकर अपने हाथ से दूध पिलाती है और उसके बाद वैवाहिक रस्मों को पूरा करती है। अनेक चारित्रिक गुणों से ओत-प्रोत श्यामा के विषय में मधुरेश कहते हैं-"श्यामा सचमुच ही पिता की तपस्या को सार्थक करती हुई "दिया की जलती बाती" बनकर अपने आस-पास के सब-कुछ को आलोकित करती चलती है।" नई युवा पीढ़ी की मुख्य नारी पात्र श्यामा में गाँव की रक्षा के लिए आवाज उठाने का साहस भरा पड़ा है। भले ही सामाजिक बन्धनों, पारिवारिक संकोच के कारण वह अपने विवाह का विरोध नहीं कर पाती किन्तु गाँव के लोगों की भलाई के लिए वह कुछ भी करने को तत्पर रहती है। क्योंकि उपन्यास में "श्यामा एक ऐसा ही चरित्र है जिनसे पाठको का एक सहज, स्नेह-सिक्त सम्बन्ध कायम हो जाता है और जो अन्त तक आते-आते अन्यायपूर्ण परिस्थितियों के प्रति पाठकों के मन में क्षोभपूर्ण सकारात्मक परिवर्तनकारी संकल्प का अमिट प्रभाव छोड़ती है।" इस तरह एक स्त्री रूप में भी श्यामा अपने कर्तव्यों का पालन करते हुए ग्रामीण जन को आगे बढ़ाने का कार्य करती है।

ज्वालासिंह का पुत्र सुनीत अत्यन्त भावुक और संवेदनशील है। अपने पिता के

कुकृत्यों के कारण उसे सबके समक्ष नीचा देखना पड़ता है। उसका चरित्र अपने पिता ज्वालासिंह के बिलकुल विपरीत दिखाई पड़ता है। वह अपने पिता का खुलकर विरोध नहीं कर पाता इसलिए वह अन्दर ही अन्दर घुटता रहता है। वह भी श्यामा की भाँति जाति-पाति, ऊँच-नीच का तनिक भी भेद नहीं मानता और इसी कारण वह हरिजन सागर और मुस्लिम मुराद को अपना घनिष्ठ मित्र मानता है। जमींदार घराने का होने के बावजूद उसके अन्दर तनिक भी अहंकार नहीं है। गाँव के लोग उसके विषय में कहते हैं कि "सुनीत इतनी ही उम्र में शिष्टाचार सीख गया था। लोग बाबा हरिभजन सिंह को याद करते हुए कहते, 'लड़का बाबा पर गया है'।" सुनीत साधो काका की बताई हुई राह पर चलता है और उनके गाँधीवादी दृष्टिकोण को अपनाता है।

सुनीत को जब यह पता चलता है कि मुसई की गिरफ्तारी में उसके पिता का हाथ है तो "घुटन की गहरी पीड़ा सुनीत के हृदय में उतर आई थी। उसका गला बार-बार सूख रहा था और होठों पर पपड़ियां पड़ती जा रही थी।" अपने पिता की इस करतूत के कारण सुनीत को न सिर्फ लज्जित होना पड़ा बल्कि उसे इस बात की ग्लानि होने लगी कि ज्वालासिंह उसका पिता है। उस घटना ने उसे अन्दर से तोड़ दिया था और वह स्वयं को अपराधी समझ रहा था। उसकी ऐसी स्थिति को देखकर श्यामा उसे समझाती है किन्तु वह कुछ भी नहीं समझता।

अपने पिता के विपरीत सुनीत गाँव वालों की मदद करने के साथ ही कस्तूरबा हरिजन बालिका पाठशाला के लिए जमीन दिलाने में भी सहयोग करता है और सबकी मदद के लिए सदैव तत्पर रहता है। उसके ऐसे स्वभाव को देखकर स्वयं मार्कण्डेय कहते हैं-"सुनीत सबके बारे में सोंचता था। सोते-जागते उसके मन में सदा हलचल मची रहती थी। वह बहुत सी कल्पनाएँ भी करता था। फिर एक बात से दूसरी, फिर तीसरी पर भागता रहता था। कभी सोंचने पर उसे अपने ही मन की यह विचित्र गति समझ में नहीं आती थी और वह थककर चूर हो जाता था।"

मुस्लिम कारीगर बाकर का बेटा मुराद भी युवा पीढ़ी के चार अंकुरों में से एक है। भूख और गरीबी के संघर्ष से जूझता हुआ वह अपने जीवन से निराश नहीं है बल्कि ऐसी परिस्थितियों का वह डटकर सामना करता है। उसके अन्दर भी गाँव में नई चेतना जगाने की तीव्र लालसा है। उसके स्वभाव में थोड़ा चिड़चिड़ापन है। मुराद आस्थावादी दृष्टिकोण रखनेवाला युवक था, जो अपनी गरीबी और भूख को वरदान मानते हुए सागर से कहता है-"गुलामी, भूख, अपमान...लेकिन यह वरदान है सागर! यही सब हमें आँख देंगे।" वह अपने मित्रों के साथ मिलकर गाँव वालों की जिन्दगी को बेहतर बनाने के लिए संघर्ष का रास्ता चुनता है।

मुराद दैवी शक्ति पर विश्वास नहीं करता क्योंकि जब वह ताबीज तोड़ देता है तो उसके पिता कहते हैं-"यह क्या किया तुमने? भूरे पार के पीर की ताबीज है, यह। इसे देह से हटाना असगुन है, मुराद! उसमें बड़ी दुआएँ हैं।" इस पर मुराद कहता है-"दुआओं से कुछ नहीं होता अब्बा।" जब पुलिस मुसई को गिरफ्तार कर लेती है तो श्यामा के गिरफ्तारी का कारण पूछने पर मुराद के मुँह से अनायास निकल जाता है-'गरीबी'! मुराद का यह कथ्य वर्तमान समय के यथार्थ को दर्शाता है। उसके चरित्र में स्त्रियों के प्रति सहानुभूति है क्योंकि वह यह भलीभाँति जानता है कि-"लड़की बोझ बन जाती है, माँ-बाप के सिर पर क्योंकि वह अपनी रोटी नहीं कमा सकती। कैसी उल्टी बात है, अब्बा जरा सा सोंचो इसे कि लड़का-लड़की माँ की एक ही कोख से जनमते हैं, लेकिन दोनों के लिए समाज ने दो कानून, दो विचार गढ़ रखे हैं। औरत को एक सामान बना दिया है लोगों ने।" मुराद का यह कथन स्पष्टतया साबित करता है कि उसके मन में पुरुष और स्त्री के लिए कोई भेद नहीं है बल्कि जो भेद करते हैं उन्हें वह कदापि पसन्द नहीं करता है। वह नारी को सम्मान की दृष्टि से देखता है और स्त्री-पुरुष के लिए समान अधिकार और समान कानून का हिमायती है। वह केवल हिन्दू धर्म नहीं बल्कि अपने धर्म में भी स्त्रियों के प्रति आलोचना करते हुए कहता है-"मुसलमानों में तो अब्बा, कई-कई शादियाँ होती हैं और औरतों को कपड़े में ढ़ककर बाहर निकाला जाता है। कहीं कोई देख न ले उसे। कैसा खराब रिवाज है यह और औरतें भी खूब हैं, जो इसे आज भी सहती जाती हैं।" मुराद मुस्लिम समाज की नारियों को इस जीवन से बाहर निकालने का प्रयत्न करता है और एक अच्छा जीवन जीने पर बल देता है।

सागर भी उपन्यास का मुख्य पात्र है और गाँधीवादी आश्रम के सदस्य मुसई महतो का बेटा है। हरिजन होने के कारण वह शोषित पात्र के रूप में दिखाई देता है। वह स्वयं को व अपने परिवार को इस दलदल से निकालना चाहता है और ऐसे लोगों को बेहतर जीवन देना चाहता है जो शोषण की चपेट में आते हैं। ऐसे लोगों को मुक्त करने के लिए वह अपने मित्रों के साथ संघर्ष के रास्ते पर चलता है। गरीबी के कारण वह और उसका परिवार ऐसा जीवन व्यतीत कर रहे थे जहाँ उन्हें रोटी भी नसीब नहीं थी। लेखक के शब्दों में-"दिन-भर बिना कुछ खाये उसे अजीब-सी मिचली छूट रही थी और पेट में ऐसी जलन और मरोड़ हो रही थी, जैसे अपच में होती है।" सागर गरीब जरूर था लेकिन गरीबी को उसने कभी अपनी कमजोरी नहीं बनाया बल्कि उससे लड़ते हुए अपनी जिन्दगी को वह हँसी-खुशी जी रहा था। गाँव में बढ़ती अशिक्षा एवं गरीबी को सागर दूर करना चाहता है। जब वह अध्यापक बन जाता है तो कुछ लोग उसे मारने का प्रयत्न करते हैं और स्कूल में आग लगा

देते हैं जिनसे "सागर जलकर वहीं खपरैल की छत पर छटपटाने लगा।" सागर के साथ-साथ सुनीत और मुराद को भी चोट आती है। सागर के दर्द से श्यामा बेचैन हो उठती है और अपने कमरे में ले जाकर उसकी सेवा करती है और तत्पश्चात् गाँव से विदा लेते-लेते सबको आगे बढ़ते रहने का सन्देश देती है।

साम्यवादी पात्र के रूप में हरगोन सिंह के चरित्र को भी बड़े स्पष्ट रूप में चित्रित किया गया है। हरगोन सिंह गाँधीवादी विचारों और उसके हृदय परिवर्तन जैसे सिद्धान्त पर विश्वास करने के बजाय साम्यता पर विश्वास करते हैं। उनके लिए गाँव का हर व्यक्ति समान है फिर चाहे वह जिस जात का हो। उनका मानना है कि सभी समस्याओं की जड़ सामन्ती व्यवस्था, अशिक्षा, राजनीतिक नेताओं की धूर्त चाल है और जब तक इनकी चालों को नाकामयाब नहीं किया जाएगा तब तक ये समस्याएँ इसी प्रकार बनी रहेंगी। उनका मानना है कि आपस में एकजुट होकर इन समस्याओं से आसानी से निकला जा सकता है। ज्वालासिंह के अत्याचारों से सबको मुक्त कराने के लिए वह श्यामा, मुराद, सुनीत और सागर की मदद लेते हैं।

हरगोन की नजर में पूँजीवादी विकास को रोकना चाहते हैं। वह कहते हैं कि "ग्राम-समाज की स्वायत्तता और स्वावलंबन को वापस करने के लिए पूँजीवादी अर्थव्यवस्था का परित्याग आवश्यक है, जो वर्तमान शासकों की शक्ति और सामर्थ्य से बाहर जा चुका है। अब यह कार्य सर्वहारा के व्यापक और क्रान्तिकारी संगठन द्वारा ही सम्भव है।" हरगोन जी के इन्हीं विचारों से प्रेरित होकर युवा पीढ़ी इनकी ओर आकृष्ट होती है और उनके साम्यवादी विचारों को आगे लाकर गाँव वालों के मन में एक नवीन चेतना को जागृत करने का प्रयास करती है। अतः यह कहा जा सकता है कि उपन्यास में "यदि कोई एक व्यक्ति या घटना इन चरित्रों के सम्पूजित अनुभवों को एक निश्चित, वैचारिक आकार और नया मोड़ देने की प्रक्रिया का प्रारम्भ करता है तो वह है गाँव का कम्युनिस्ट चरित्र हरगोन सिंह का आगमन।" अपने लेख में अरुण माहेश्वरी जी आगे कहती हैं कि "बढ़ती हुई निस्पृहता की दशा से उबारने तथा समूचे पुंजित अनुभवों को एक सकारात्मक दिशा में मोंड़कर उसे विचार-धारात्मक स्वरूप प्रदान करने की प्रक्रिया को शुरू करने का महत कार्य हरगोन सिंह के माध्यम से हुआ है।"

मार्कण्डेय के इस उपन्यास में ऐसे स्त्री चरित्र भी दर्शाये गए् हैं जो शोषण की गिरफ्त में हैं। उपन्यास में हिरनी और छबिया ऐसे नारी पात्र हैं जिन्हें या तो मार दिया गया या किसी दूसरे शहर में भेंज दिया गया। हिरनी का स्त्री और हरिजन जाति का होना ही उसके लिए सबसे बड़ा अभिशाप है क्योंकि सवर्ण जाति के बिंदेश्वरी पांडे का बेटा बड़कू हिरनी की जवानी को देखकर उसे अपनी वासना का शिकार बनाता

है। वह यह भलीभाँति जानता है कि हिरनी उसका कुछ नहीं बिगाड़ सकती और इसी कारण वह उसकी लाचारी का फायदा उठाता है। गाँव में यह खबर आग की तरह फैलती है कि-"बिन्दा भगत की लड़की को उससे हमल रह गया था। उसने लड़की को मारकर कुएँ में फेंक दिया था।" बड़कू जब हिरनी को कुएँ में ढ़केल कर मार डालता है तो हिरनी का पिता थाने में केस तो कर देता है किन्तु गरीब होने के कारण उल्टा उसी को मुर्गा बनाकर पीटा जाता है। हिरनी की हत्या के बाद गाँधीवादी आश्रम में भाई जी एक सभा का आयोजन करते हैं जिसमें श्यामा कहती है-"मैं यह सब कहीं पढ़ कर नहीं, अपने चारों ओर की देखी कह रही हूँ। किताब में द्रौपदी की कहानी है, आँखो के सामने हिरनी की हत्या है।" श्यामा के ऐसे वक्तव्यों को सुनकर बिंदेश्वरी और ज्वालासिंह के आदमी इस सभा में बाधा उत्पन्न करते हैं, और सभा को बीच में ही स्थगित कर सभी को डराते-धमकाते हैं। हिरनी पर अत्याचार करने वाला डाकू खुले आम घूमता है क्योंकि ज्वाला और बिंदेश्वरी अपनी चाल में सफल होकर बड़कू को बचाने में पूरी तरह सफल हो जाते हैं। उपन्यास में "हिरनी की हत्या का यह प्रसंग स्वाधीन भारत में दलितों की नियति को परिभाषित कर देता है।"

हिरनी के अतिरिक्त छबिया को भी एक ऐसी स्त्री पात्र के रूप में स्थान दिया गया है जो कि पूँजीपति के शोषण का शिकार बनती है। वह भले ही हिरनी की भाँति अपनी जान नहीं गंवाती किन्तु फिर भी वह स्वयं को हुड़दंगी के द्वारा की गई छेड़खानी से नहीं बचा पाती। इन सबके अतिरिक्त छबिया अपना पूरा जीवन हुड़दंगी के साथ बिताना चाहती है और पारस की सहायता से वह दोनों गाँव से भागकर कलकत्ता चले जाते हैं। छबिया श्यामा को एक पत्र लिखकर सारी बातें बताती है और अपने सुखी जीवन के बारे में भी उसे आश्वस्त करती है। छबिया का पत्र पाकर श्यामा इस बात से सन्तुष्ट है कि वह अपने द्वारा चुने गए जीवनसाथी के साथ खुश है। मार्कण्डेय ने छबिया और हुड़दंगी के मिलन के माध्यम से जाति-पाति के भेद को खण्डित करते हुए दिखाया है। इन दोनो के मिलन को प्रेमचन्द के उपन्यास गोदान से जोड़ते हुए डॉ. शिवकुमार मिश्र कहते हैं-"छबिया और हुड़दंगी का मिलन हमें प्रेमचन्द के (गोदान के) मातादीन और सिलिया का स्मरण अनायास ही कराता है और इस सन्दर्भ में हमारे इस विश्वास को बल देता है कि प्रेमचन्द के बाद प्रतिबद्ध कथाकार पीढ़ी ने प्रेमचन्द की परम्परा का न केवल विस्तार किया है वरन् उसे गुणात्मक समृद्धि भी दी है।" इस तरह इन दोनों स्त्री पात्रों के माध्यम से मार्कण्डेय ने समाज के दलित वर्ग के लोगों की वास्तविकता को उजागर करते हुए उन्हें पाठक के समक्ष प्रस्तुत किया है। ये वो दलित पात्र हैं जो हर प्रकार से शोषण की चपेट में आते हैं और उनमें से कुछ ही छबिया की भाँति अपने जीवन को सुखी बनाने में कामयाब होते हैं।

उपर्युक्त पात्रों के अतिरिक्त इस उपन्यास में चन्दा बहू (ज्वाला की पत्नी), बैजू, बिंदेश्वरी पांडे, बिसेसर, मुंशी जी, भागो बहिन, बिरंजीलाल आदि अनेक पात्र अपनी-अपनी विशिष्ट भूमिका निभाते हुए दिखाई पड़ते हैं। ज्वाला की पत्नी चन्दा और भागो बहिन नारी चरित्र की अहम भूमिका प्रस्तुत करती हैं। इस उपन्यास में ज्वाला और चन्दा के मध्य प्रारम्भ से अन्त तक किसी न किसी बात को लेकर बहस छिड़ी रहती है जिसको दर्शाकर मार्कण्डेय ने बनते-बिगड़ते रिश्तों, नवीन राजनीतिक सोंच के चलते आजादी के बाद की वास्तविकता को उजागर किया है। मार्कण्डेय ने गाँव और वहाँ की सभ्यता रहन-सहन को बहुत ही नजदीक से देखा था। वह सदैव ग्रामीण-जनों, असहायों के प्रति दया का भाव रखते थे। अपनी अनेक कहानियों में जिन समस्याओं को दर्शाया है उसका समग्र रूप 'अग्निबीज' उपन्यास में चरितार्थ करता है। यदि मधुरेश के शब्दों में कहें तो "मार्कण्डेय का 'अग्निबीज' भारतीय ग्राम जीवन की वास्तविकता के उद्घाटन का उपन्यास है।" इस प्रकार यह उपन्यास भारतीय ग्राम्य जीवन की सम्पूर्ण वास्तविकताओं को बड़े ही सहज रूप में व्यक्त करता है। सही अर्थों में यह मार्कण्डेय की औपन्यासिक कृति कही जा सकती है क्योंकि इस उपन्यास में मार्कण्डेय ने स्वातन्त्र्योत्तर भारत की वास्तविकता को बड़ी ही गहराई के साथ प्रस्तुत किया है। साथ ही युवा पीढ़ी और नारी को जागरूक करने का प्रयत्न भी किया है।

मार्कण्डेय के उपन्यास लेखन के पीछे कुछ उद्‌देश्य नजर आते हैं, जिसमें आजादी के बाद की विद्रूप स्थितियों को दर्शाने का सफल प्रयास किया गया है। अपनी रचना के माध्यम से वे एक सा समाज बनाने के पक्षधर, जिसमें सब बराबरी के धरातल पर खड़े हो। वे लोकतान्त्रिक समाज की सबसे बड़ी विडम्बना भ्रष्टाचार पर भी नजर डालते हैं और इसकी कमजोरियों पर प्रहार भी करते हैं। वे समाज को वैज्ञानिक दृष्टिकोण से देखने के हिमायती हैं जिसकी दृष्टि उन्हें मार्क्सवादी-समाजवादी विचारधारा से मिलती है। इसलिए उनकी रचनाओं में क्रमिक विकास देखने को मिलता है और 'हलयोग' तक आते-आते यह विकास अपने उत्कर्ष पर पहुँच जाता है। उनकी कहानियों में भारतीय राजनीतिक, सामाजिक जीवन में हो रहे बदलावों को स्पष्ट तौर पर रेखांकित किया जा सकता है। ग्रामीण जीवन की स्थितियाँ हों या शहरी निम्नमध्यवर्गीय जीवन सब उनकी औपन्यासिक लेखन परम्परा में दर्शाया गया है।

मार्कण्डेय की कहानियाँ : यथार्थ के विविध रूप

प्रेमचन्दयुगीन परम्परा को आगे बढ़ाने वाले प्रमुख कथाकार मार्कण्डेय नई कहानी आन्दोलन के सूत्रधारों में रहे हैं। कहानी सृजन के भीतर विविधता और विस्तार लाने के लिए उन्होंने उस यथार्थ को चित्रित किया जिसमें जनसाधारण की समस्याएँ देखने को मिलती हैं। उनकी कहानियों एवं उपन्यासों में ऐसी विडम्बनाओं को चित्रित किया गया है जो पूरी की पूरी सच प्रतीत होती है। स्वयं कथाकार के शब्दों में-''वह रचना ही क्या, जो अपने समकालीन सन्दर्भों का अंकन न करे, उत्पीड़न, दुःख और शोषण का विरोध न करे।'' मार्कण्डेय के यही विचार उनकी रचनाओं में प्रत्यक्ष रूप से देखे जा सकते हैं। ऐसे मंतव्यों को लेकर लिखी गई कहानियाँ समाज के उस विविध पहलुओं को दर्शाती है जो उसका यथार्थ है। कहानी विधा की ओर ही मार्कण्डेय का बहुत अधिक झुकाव था और यही कारण है कि उनके आठ कहानी-संग्रह प्रकाशित हुए। इन कहानी संग्रहों में संकलित अधिकतर कहानियाँ निम्नवर्ग पर हो रहे अत्याचारों को दर्शाती हैं। इसके साथ ही अनेक कथा बिन्दुओं को इनकी कहानियाँ उजागर करती हैं। इनकी कहानियाँ हमें समाज के ऐसे पहलुओं से रू-बरू कराती है जो हमारी नजरों से प्रायः अनदेखी रह जाती है। आजादी मिलने के बाद निर्मित होनेवाले समाज में यह उम्मीद की गई थी कि इस समाज में सभी लोग स्वतन्त्र होंगे, समान होंगे और उनमें आपसी बन्धुत्व की भावना विकसित होती हुई दिखाई पड़ेगी लेकिन ऐसा हुआ नहीं। दुर्भाग्यवश हमारे समाज में आज भी ऐसे कई वर्ग हैं जो परतन्त्रता की उस बेड़ियों में बँधे हैं जिनसे चाहकर भी वह नहीं निकल सकते। इनकी स्वतन्त्रता में सबसे बड़ा बाधक है सामन्तवादी और पूँजीपति वर्ग और उनके अन्दर निहित स्वार्थ। यह वर्ग सर्वहारा वर्ग को अपने अधीनस्थ बनाए रखने के लिए अनेकानेक तिकड़म आजमाता है। उदाहरण के तौर पर यह वर्ग सर्वहारा को अपने कर्ज तले इतना धंसा देते हैं कि जीवनपर्यन्त उनकी ही गुलामी करता रहे और गुलामी करने के सिवा कोई दूसरा रास्ता उनके पास नहीं बचे। बुर्जुआ वर्ग स्वयं को ईश्वर मानकर श्रमिक या सर्वहारा वर्ग के भविष्य को भी रचता है। इस वर्ग के भीतर न तो इतनी सामर्थ्य है और न ही हिम्मत, जिसके चलते

वह बुर्जुआ वर्ग की गुलामी को त्यागकर अपनी इच्छानुसार जीवन व्यतीत कर सके। उनके सामने ऐसी विकट परिस्थितियाँ आती हैं जिनके चलते उसे बुर्जुआ वर्ग के पैरों के नीचे ही रहना पड़ता है। कथाकार मार्कण्डेय ने अपनी अनेक कहानियों में सर्वहारा वर्ग की इसी परिस्थिति को उजागर किया है और बड़ी बरीकी से उनकी अनेक विसंगतियों से पाठक को रू-बरू कराया है।

मार्कण्डेय ने स्वतन्त्र भारत में पल रहे कृषक जीवन, स्त्री चिन्तन, लोक जीवन, ग्राम्य संस्कृति, प्रगतिशील चेतना, बाल-मनोविज्ञान आदि अनेक विषयों को अपनी कहानियों में प्रस्तुत किया है। इसी कारण मार्कण्डेय की कहानियाँ कुछ अलग और नवीन विषयों को लिए हुए साहित्य जगत में आई। यदि मार्कण्डेय शेखर जोशी, अमरकान्त, मोहन राकेश, राजेन्द्र यादव, कमलेश्वर, शिवप्रसाद सिंह इत्यादि कहानीकारों ने इस क्षेत्र में पदार्पण नहीं किया होता तो स्वतन्त्रता प्राप्ति के बाद की कहानी शहरी एवं कस्बाई क्षेत्र तक ही सिमट कर रह जाती। मार्कण्डेय, शेखर जोशी और अमरकान्त ने कहानियों को एक नया रूप तो दिया ही साथ ही अपने कथा-साहित्य को उस ओर मोड़ा जो शहरी और कस्बाई क्षेत्र से इतर ग्रामीण-परिवेश को उजागर करती है जबकि अन्य कथाकारों ने ग्रामीण-परिवेश से अधिक उन कहानियों को सम्मिलित किया जो शहरी और कस्बाई वातावरण से सम्बन्धित है। मार्कण्डेय इन सभी कथाकारों में अग्रणी कहे जा सकते हैं। कहानी के परिदृश्य को बदलते रूप में देखते हुए श्रीपतराय ने अपने विचारों को इन वक्तव्यों में स्पष्ट किया है-''यह स्वीकार करने में मुझे आपत्ति ही नहीं कि कहानी का स्वरूप बदल रहा है और मैं शायद अपने पुराने संस्कारों के कारण कहानी से वह माँग कर रहा हूँ जो आज उसका लक्ष्य ही नहीं है।'' श्रीपतराय के इस कथन से यह स्पष्ट होता है कि प्रेमचन्द युगीन परिस्थितियों से इतर परिस्थितियों को कहानियाँ अब अपना विषय बनाने लगी थीं और इसी प्रवृत्ति ने नई कहानी आन्दोलन को एक आन्दोलन के रूप में प्रतिष्ठित किया और अनेक युवा कहानीकारों को अपने से जोड़ा। इस युवा टोली में उपर्युक्त कहानीकारों के अलावा और भी लोग थे जिनमें इलाहाबादी मार्कण्डेय शीर्षस्थ थे।

मार्कण्डेय तो निरन्तर ही ग्रामीण वातावरण को लेकर लिखते रहे। वह अपनी इस लेखनशैली से कभी डगमगाये नहीं और निरन्तर किसानों की दयनीय स्थिति को अपनी रचनाओं में चित्रित करते रहे। एक ग्राम कथाकार होने के नाते उनका इस प्रकार से निचले वर्ग के प्रति सहानुभूति प्रदर्शित करना कोई आश्चर्य की बात नहीं क्योंकि कुछ तो उन्होंने स्वभावत: इनका चित्रण किया और कुछ परिस्थितिवश। प्रख्यात आलोचक मधुरेश ने भी मार्कण्डेय के विषय में अपने

विचार व्यक्त किए हैं-''मार्कण्डेय मूल रूप से एक ग्राम कथाकार हैं। लेकिन एक ओर यदि मैं इसके लिए ग्राम कहानी के आन्दोलन से सहमत नहीं हो पाता हूँ, तो दूसरी ओर उन आलोचकों से भी मेरी असहमति है, जो कहते हैं कि ग्राम जीवन और कथानकों की ओर मार्कण्डेय का झुकाव केवल बौद्धिक सहानुभूति का ही परिणाम था, वे जल्दी ही हमारा साथ छोड़ देते हैं जबकि मार्कण्डेय प्राय: तीन दशकों से निरन्तर ग्राम जीवन और उनकी समस्याओं पर लिखते रहे हैं।'' मधुरेश का यह कथन इस बात को और अधिक पुष्ट कर देता है कि मार्कण्डेय एक ग्रामीण कथाकार हैं।

मार्कण्डेय के ग्रामीण विषयों से सम्बन्धित कहानी सृजन में 'कथ्य एवं समय सन्दर्भ' 'प्रगतिशील चेतना', 'लोक-जीवन एवं कृषकों की स्थिति', 'स्त्री-चिन्तन' आदि विषयों को सम्मिलित किया गया है। इन विषयों पर विस्तार देते हुए सर्वप्रथम मार्कण्डेय की कहानियों में 'कथ्य एवं समय सन्दर्भ' बिन्दु पर नजर डालेगें-

(क) कथ्य एवं समय-सन्दर्भ

कोई भी रचनाकार अपनी कहानियों को विश्लेषित करने से पहले उसे समाज के उन पहलुओं से जोड़ने की कोशिश करता है जो समाज से अर्न्तसम्बन्धित होते हैं। स्वतन्त्र भारत का गणराज्य जब स्थापित हुआ तो उस समय अनेकानेक रचनाकारों ने कहानियों को उस यथार्थ की ओर खींचा जो वास्तविकता की ओर इशारा कर रहे थे। कहानी उस समय-सन्दर्भ को प्रस्तुत कर रही थी जो आम जन-जीवन में देखने को मिल रही थी। कथाकार मार्कण्डेय ने भी अपनी कहानियों को उस सन्दर्भ से जोड़ा जो आजादी के बाद का समय था। उस समय 1951-52 ई. में प्रथम पंचवर्षीय योजना लागू हो गई थी, जिसमें सरकार ने आम जनता के समक्ष अनेक प्रकार के वादे तो किए लेकिन वे वादे अधूरे रह गए। स्वतन्त्रता प्राप्ति के बावजूद देश का किसान भूखों मरने के लिए बाध्य था। स्वतन्त्र भारत में प्रत्येक मनुष्य को स्वतन्त्र रहने का पूरा अधिकार था किन्तु इस तथ्य से किसान वर्ग पूरी तरह से अनभिज्ञ था, क्योंकि जमींदार लोग उनको सदैव अपने शासन से इतना दबाये रहता था कि जिनसे निकलने की उसके भीतर ताकत नहीं थी। गाँवों की कृषि एवं वहाँ उपस्थित उपयुक्त साधनों पर सदैव से जमींदारों का कब्जा रहा है। किसान-मजदूर जिस अन्न को खून पसीना एक करके उपजाते थे उस पर जमींदार लोग कब्जा कर लेते थे और मेहनत करने वाला स्वयं को और अपने परिवार को भूख में बिलखता हुआ देखता था। यह हमारे स्वतन्त्र भारत की सच्चाई थी जिसका सामना निम्नवर्ग कर रहा था।

आजादी के तुरन्त बाद जब पंचवर्षीय योजना लागू हुई तो उसमें ग्रामीणजन को नई किरण दिखी, किन्तु कुछ समय बीतने के बाद उन्हें यह पता चला कि उनका जीवन जस का तस है, उसमें कोई परिवर्तन नहीं आया है बल्कि उनकी स्थिति और भी बिगड़ गई। रोजमर्रा के जीवन तथा आजादी के बाद के समय को मार्कण्डेय की कहानियाँ बहुत ही रोचक अन्दाज में प्रस्तुत करती हैं। मोहन राकेश के अनुसार- ''मार्कण्डेय की कहानियाँ इस दृष्टि से सोद्देश्य नहीं हैं कि उनमें से कोई न कोई निष्कर्ष निकाला जा सके, परन्तु वास्तविकता के अंकन की अपनी सोद्देश्यता है और इस दृष्टि से उनकी कहानियाँ आज के जीवन के लिए हैं क्योंकि वे जीवन से ही ली गई हैं।'' कथाकार मोहन राकेश ने बिलकुल सत्य ही कहा है कि मार्कण्डेय ने ऐसी ही कहानियों को रचा जिनमें आम जन के जीवन को दर्शाया गया है। उनका मन ग्रामीण लोगों से अधिक जुड़ा था और इसी कारण उनकी कहानियों में ग्रामीण परिवेश से सम्बन्धित बातें देखने को मिलती हैं। मार्कण्डेय की जिन कहानियों में स्वतन्त्रता के बाद के समय-सन्दर्भ को प्रस्तुत किया गया है उनमें से कुछ कहानियों का विवरण इस प्रकार हैं-

स्वातन्त्र्योत्तर भारत की परिस्थिति को अपनी कहानी में उकेरने वाले प्रसिद्ध कथाकार मार्कण्डेय ने 'भूदान' संग्रह की शीर्षक कहानी भूदान जैसे अत्यन्त चर्चित आन्दोलन की वास्तविकता को उजागर किया है। यह कहानी आजाद भारत के पश्चात् हो रही भूमि समस्याओं को बड़ी ही बारीकी के साथ प्रस्तुत करती है। आजादी के बाद के भारत को आर्थिक विपन्नता से दूर करने के लिए बिनोवा भावे ने जमींदारों से भू दान करने तथा उसे गरीब किसानों में बाँट देने के लिए कहा। बिनोवा भावे ने भारत को श्रेष्ठ बनाने तथा जमींदारों और किसानों के मानसिक विचारों को आपस में मिलाने की बात सोची किन्तु उनका यह प्रयास कम सफल हो पाया क्योंकि ज्यादातर जमींदार अपनी भूमि को केवल कागज के पन्नों तक ही दान कर पाए थे। यही नहीं जमींदारों ने अपने स्वार्थ के चलते गरीब किसान की भावनाओं से भी खिलवाड़ किया। कथाकार के शब्दों में-''ठाकुर के जिस दान से उसे भूँय मिली थी वह केवल पटवारी के कागज पर थी। असल में तो वह कब की गोमती नदी के पेट में चली गई थी।'' कहानी का मुख्य पात्र रामजतन अपनी एक बीघा जमीन के सहारे जीवन व्यतीत कर रहा है। जब से उसने भूदान की बात सुनी है तब से वह भी भूदान के लिए तैयार हो गया है क्योंकि उसे ऐसा लगता है कि बाद में दान की गई जमीन से दो-तीन बीघा जमीन उसे भी मिल जाएगी लेकिन दान करने के बाद जब उसे सच्चाई का पता चलता है तो उसे अत्यन्त दु:ख होता है। लाचारी और लालच के चलते वह अपनी एक बीघा जमीन को भी खो बैठता है। यहाँ विश्वास के नाम पर उसे छला जाता है।

'भूदान' कहानी आजादी के बाद के समय को बहुत ही स्पष्ट रूप में दर्शाती है। यह बहुत ही चर्चित कहानी इसीलिए रही क्योंकि इसमें गरीब किसानों के विश्वास को छला गया और उनको वे सपने दिखाए गए जिसमें असत्य के सिवा और कुछ नहीं था। गरीब किसान आजादी के बाद भी उन्हीं बेड़ियों में जकड़ा रहा जो आजादी से पूर्व थी। अनेक प्रकार से उनको सताया गया व उन पर अत्याचार किए गए परन्तु इन अत्याचारों को सहने के सिवा कोई दूसरा मार्ग इन गरीबों के पास नहीं था। इन लोगों को बस नाम भर की आजादी मिली। असली आजादी के हकदार वही धनी लोग थे जिनकी दबंगई से सभी लोग डरते थे। इस कहानी में 'आदर्श कुक्कुट गृह' जैसी कहानी के विषय को रेखांकित किया गया है जहाँ विकास के नाम पर भोले ग्रामीणवासियों को ठगा जाता है। "भूदान नए विकास के स्वप्नभंग की कथा है जिसमें ग्राम का पुराना शोषक वर्ग अपने संकुचित न्यस्त स्वार्थों के कारण आज भी साधारण किसानों के अभावग्रस्त एवं उनकी ट्रेजडी का उत्तरदायी है। इस कहानी का व्यंग्य उस शोषक वर्ग पर है, जो इस तरह कहानी में अपने हाथ-पैर फैलाए हुए है।" कहानी में पूँजीपति वर्ग किस प्रकार गरीब किसान की खिल्ली उड़ाते हुए उनका सब-कुछ हासिल कर लेते हैं और ठाठ से अपनी आगे की जिन्दगी को सँवारने के लिए उन्हें लूटते हैं, यह इस कहानी में दर्शाया गया है। भले ही स्वतन्त्र भारत में हर मनुष्य अपने आप में स्वतन्त्र था किन्तु गरीब किसान को अगर देखें तो वह इन सबसे कोसों दूर था। 'बातचीत' कहानी में रामू का यह कथन उन तमाम मजदूर किसानों का कथन है जो विकास के नाम पर उन्हें लूटता है-"हर विधा हमी को तो पिसना है, दादा! मरेंगें, जरेंगे, अन्न उपजाएँगे पर मजा दूसरे मारेंगे। देखो न! पंचाइत बनी थी किसानों के फायदे के लिए, लेकिन सरपंच हो ही गए गयादीन ठाकुर। खूब मुट्ठी गरम होती है।"

इसी संग्रह की कहानी 'दाना-भूसा' में भी गरीब किसानों की उस परिस्थिति का चित्रण किया गया है जहाँ खेतों में सूखा पड़ जाने के कारण उनकी स्थिति और भी निम्नतर हो गई है। बसन्त और उसका परिवार तथा जानवर सभी भूख से तड़प रहे हैं। बसन्त के परिवार को यह आशा है कि बसन्त कुछ न कुछ अवश्य लायेगा और उनकी भूख शांत हो जाएगी। बसन्त थोड़ा सा गुड़ लाता है और उसको पानी में घोलकर सबको पिला देता है किन्तु जानवरों को भूखा देखकर उसे अपार कष्ट पहुँचता है। वह सपने में रोटियों का ढ़ेर देखता है जिसमें वह मनमानी रोटियां लूट रहा है-"रोटियों का एक बहुत बड़ा ढ़ेर लगा हुआ है। इतना बड़ा कि बाँस की सीढ़ियां लगा कर भी उसके ऊपरी हिस्से को छूना मुश्किल था और लोगों की बहुत बड़ी भीड़ उसे मनमाना लूट रही है।" वास्तव में यह सपना आम किसान की उस

उम्मीद को दर्शाता है जहाँ उसका परिवार भरपेट भोजन को पा सके लेकिन समय आने पर उसके हाथ निराशा के सिवा कुछ न लगा। उनका सपना सिर्फ सपना ही रह गया। यह कहानी स्वतन्त्र भारत के बाद की परिस्थिति को दर्शाती है जहाँ एक परिवार अकाल के कारण भूखों मरता है।

स्वतन्त्रता प्राप्ति के पहले तो अंग्रेजों का शासन भारतीयों के लिए न केवल सांस्कृतिक रूप से बल्कि आर्थिक रूप से भी बहुत चोट पहुँचाने वाला था। उनकी अमानवीयता का कोई अन्त नहीं था, किन्तु जब भारत आजाद हुआ तब एक उम्मीद थी कि मंजर बदलेगा, लेकिन ऐसा हुआ नहीं। अब भूरे साहब बनकर लोगों पर अत्याचार करने लगे। किसान, मजदूर, निम्न जाति के गरीब लोगों को किसी प्रकार का कोई अधिकार नहीं मिला। गाँव व कस्बे से दूर मजूर जब मजदूरी करने जाते हैं तो पूरे दिन उनसे श्रम करवाया जाता है किन्तु जब मजदूरी मिलनी होती है तो उनके श्रम का एक हिस्सा भी उनको नहीं मिलता। ऐसे ही मजदूर की विडम्बनाओं को रेखांकित करती है-'चाँद का टुकडा' नामक कहानी। सनोहर कहानी का मुख्य पात्र है। उसके पास उसकी बूढ़ी माँ और एक बहन है। अपनी बहन दुलारी की शादी के लिए अपने गाँव से दस मील की दूरी तय करके पैदल काम की तलाश में जाता है और वहाँ सड़क निर्माण के कार्य में मजूरी करने लगता है। रात-दिन मेहनत करने के बाद भी जब उसे रूपए नहीं मिलते तो वह अपनी भूख को दबाकर सो जाता है, किन्तु इसके बावजूद भी ठेकेदार के भीतर मानवीय संवेदना नहीं जगती और वह अपनी नृशंसता का परिचय देते हुए कहता है-"बेकार की बात है। वह बीमार होगा। भूख से कैसे कोई मर सकता है।" रात दिन मेहनत मजूरी करने पर भी ठेकेदार उसकी सिधाई का फायदा उठाता है। उसकी इस प्रकार की नृशंसता जहाँ समाज के दुष्ट प्रवृत्ति के लोगों के चरित्र को उघारती है वहीं सहुआइन की दया-दृष्टि ऐसे लोगों पर प्रहार करती है। जिस सड़क निर्माण के कार्य में वह लगा हुआ है वह आजादी के बाद का पहला ऐसा कार्य है। कथाकार ने आजादी के कई वर्षों बाद भी सड़कों की उस दुर्दशा का वर्णन किया गया है जो आज भी अनेक तरह की समस्याओं का कारक बनता है। यही नहीं ये सड़के कई बार नए सिरे से बनती हैं और तुरन्त उखड़ जाती हैं। इसमें लाभ कमाते हैं ठेकेदार, नौकरशाह और नेता जबकि शोषण का शिकार बनते हैं मजदूर। आजादी के बाद भी हमारे देश के किसान एवं मजदूरों की स्थिति और भी चिन्तनीय होती गई है।

स्वतन्त्रता के बाद गाँव को आर्थिक विपन्नता से बचाने के लिए सरकारी लोग अनेक प्रकार की योजनाएँ बनाते हैं, किन्तु किस प्रकार से ये योजनाएँ खोखली साबित होती हैं, यह मार्कण्डेय की कहानी 'आदर्श कुक्कुट गृह' में बड़े ही यथार्थ

रूप में रेखांकित किया गया है। सरकारी ठेकेदारों की वास्तविकता को उजागर करनेवाली इस कहानी में आजादी के बाद पनपती हुई समस्या को उजागर किया गया है। बी0डी0ओ0 साहब पूरे गाँव में घोषणा कराते हैं कि गाँव को विकसित करने के लिए यहाँ पर 'आदर्श-कुक्कुट-गृह' की स्थापना होगी। उनकी झूठी बातों में आकर गाँव के लोग अपने मुर्गे-मुर्गियाँ वहाँ रख देते हैं। रमजान और बसावन भी अपने मुर्गे-मुर्गियों को दाखिल कर देते हैं और गाँव के भाग्योदय होने के सपने संजोने लगते हैं, किन्तु जब उन्हें सच्चाई का पता चलता है कि उनकी आँखों में धूल झोंककर उनके सारे मुर्गे-मुर्गियों को कहीं दूसरी जगह ले जाया गया है तो रमजान और बसावन अत्यन्त दु:खी होते हैं। यदि देखा जाए तो ''आदर्श-कुक्कुट-गृह' में विकास की उत्सवधर्मिता पर कटाक्ष व्यंग्य है।'' इस कहानी में पहले तो विकास का लालच देकर भोले-भाले ग्रामीणवासियों को फँसाया गया तत्पश्चात् उनके सपनों पर पानी फेरकर कुक्कुट-गृह का नामोनिशान मिटा दिया। इस कहानी में ''सरकारी योजना में भोले-भाले ग्रामीणों का विश्वास, उनके प्रति उनके सपने और उत्साह लेकिन अन्ततः उसका खोखलापन और उभरता हुआ व्यंग्य (आदर्श-कुक्कुट-गृह), बदलते हुए जीवन-सन्दर्भों और प्रतिक्रियाओं को रोशन करता है।'' आज के युग में भी बहुत से ऐसे लोग हैं जो सामान्य जीवन से कोसों दूर हैं। आजादी के पूर्व भी आम जनता को अनेक प्रकार की प्रताड़नाएँ दी जाती थी। उनकी स्त्रियों पर जबरन अत्याचार किए जाते थे तथा बच्चों को भी बेच दिया जाता था। उनके द्वारा लूटे गए ये मासूम बहुत ही डरे हुए रहते थे। उपर्युक्त कहानियों की भाँति 'हल लिए मजूर' में भी पूँजीपति वर्ग की उसी दशा को दर्शाया गया है जो आजादी के बाद भी जस की तस है। निहोर ने साहस बाँधकर प्रमुख की हलवाही तो छोड़ दी किन्तु उसके बाद वह अनेक प्रकार की आर्थिक समस्या से जूझता है और अन्ततः अपने इस निर्णय पर पछताते हुए कहता है-''आज ही जाऊँगा भइया, पगड़ी उतार कर पाँव पर रख दूँगा। और नहीं तो पाँच सेर अन्न रोज आएगा। लड़के-बच्चे तो भूखे नहीं मरेंगे। निहोर उठ कर बैठ गया। जैसे इस नए निश्चय ने उसे जीने की राह दिखा दी हो।'' लाचारी और भुखमरी इनसान को किसी के भी समक्ष झुकने व नाक रगड़ने पर मजबूर तो कर ही देती है साथ ही किसी के हाथ से निवाला छुड़ाने पर भी विवश करती है। अपने परिवार को भूखा न देख पाने के कारण निहोर अपने अहम को त्यागकर ठाकुर के आगे झुकने को तैयार है।

हमारे समाज में यह परम्परा पहले से चली आ रही है कि निम्नवर्ग को इतना दबाकर रखा जाए कि वह आजीवन आवाज न उठा पाए और यदि वह हिमाकत करे भी तो निहोर की ही भाँति उसका सब-कुछ छीन लिया जाता था और उसे

पुन: नाक रगड़ने पर विवश होना पड़ता था। आर्थिक समस्या से जूझ रहे एक किसान के प्रति किस प्रकार की राजनीति रची जाती है कि वह पुन: उसी नरक में आ जाता है जहाँ वह पहले था। इस तरह की राजनीति रचना कोई नई बात नहीं है यह तो पुरातन काल से चला आ रहा है जहाँ भ्रष्टाचार, शोषण, विद्रोह भारी मात्रा में दिखाई पड़ते हैं। इसी संग्रह की कहानी 'निबन्ध सौरभ' में शोध कर रहे छात्रों के शोषण को कथाकार ने इस तरह से समन्वित किया है जो बिलकुल सत्य है। उच्चतर शिक्षा प्राप्त करनेवाले बच्चों का प्रोफेसर किस प्रकार फायदा उठाते हैं यह इस कहानी में देखा जा सकता है। दरअसल शोध कर रहे छात्र शोधार्थी कम और प्रोफेसर के नौकर ज्यादा होते हैं। कहानी इलाहाबाद विश्वविद्यालय के प्रोफेसरों पर कटाक्ष करके लिखी गई है। रंगीलाल विश्वविद्यालय के प्रोफेसर हैं और उनके यहाँ एक प्रकाशक महोदय निबन्ध की एक किताब छपवाने का प्रस्ताव लेकर आए हैं। रंगीलाल प्रस्ताव तो स्वीकार कर लेते हैं किन्तु इससे सम्बन्धित सारे काम शोध छात्रों से कराते हैं और इसका पूरा पारिश्रमिक अपने ले लेते हैं। वह अपने पद का इस्तेमाल कर बच्चों के नम्बर घटवा, बढ़वा देते हैं। साथ ही अयोग्य लड़कों को वहाँ लेक्चरर भी बनवा देते हैं। उच्च शिक्षा को बदनाम करनेवाले कुछ ऐसे ही अहंकारी प्रोफेसर हैं। इन्हीं कारणों से "विश्वविद्यालयों को ग्लोबल रैकिंग में जब भारतीय विश्वविद्यालयों का नाम नहीं दिखाई देता तो समूचा देश भारत की उच्च शिक्षा के बारे में आत्मग्लानि महसूस करता है।" आज भी हमारे देश के विश्वविद्यालयों का अच्छी शिक्षा देने में कोई स्थान नहीं है क्योंकि यहाँ भी भ्रष्टाचार, शोषण, छात्रों में मतभेद करना आदि ऐसे कई कारण हैं जिसके चलते हम उच्च विश्वविद्यालयों का दर्जा पाने में आज भी कई कदम पीछे हैं। इसे हासिल करने के लिए पहले अपनी सोच व अहम को बदलना अत्यावश्क है।

पचास के दशक के बाद का समय भी लगभग पहले जैसा ही था जहाँ गरीब के पास न तो दो वक्त की रोटी थी और न ही तन ढ़कने के लिए कपड़े। आर्थिक विपन्नता से जूझ रहे इन गरीब किसान मजदूरों का सिर्फ एक काम था और वह था धनीवर्ग की हर बात मानना। मार्कण्डेय ने अपनी कहानियों में आर्थिक विपत्ति से जूझ रहे ऐसे किसानों की स्थितियों को कई कहानियों में दर्शाया है साथ ही उनके प्रति सहानुभूति भी दिखाई है। आर्थिक विपन्नता को लेकर लिखी गई उनकी कहानियों में 'दूध और दवा', 'खोया स्वर्ग', 'घुन', 'बादलों का टुकड़ा', 'हल लिए मजूर' आदि अनेक कहानियाँ हैं। 'दूध और दवा' नामक कहानी में आर्थिक रूप से परेशान लेखक अपनी बच्ची को एक सुखद जीवन नहीं दे पाता है और न ही अपनी बच्ची का इलाज करा पाता है। अपने घर की ऐसी परिस्थिति को देखकर

लेखक की पत्नी अन्दर से टूट जाती है और उसके मन में प्रेम एवं सेक्स की सम्पूर्ण इच्छाएँ मर जाती हैं। वह अपने पति से कहती है-''अब इसके सुख की कल्पना मेरे पास नहीं है, न ही तुम्हारे मन में है, और अगर है तो नहीं होनी चाहिए।'' अपनी बेटी की समस्या व परेशानी को न सुलझा पाने के कारण दोनों का जीवन नीरस हो जाता है। 'खोया स्वर्ग' में भी एक ऐसे पिता की स्थिति को दर्शाया गया है जो अपने बेटे सतीश की बीमारी से परेशान है। वह अपने बेटे की बीमारी को दूर करना चाहता है किन्तु परिस्थिति से तंग आकर वह कुछ नहीं कर पाता और अन्तत: अपने बेटे को खो देता है। उसके ऊपर परिस्थिति की ऐसी मार पड़ती है कि वह आजीवन अपने पुत्र शोक में डूबा रहता है। यह कहानी एक गरीब पिता की लाचारी को दिलचस्प अंदाज में रेखांकित करती है।

ऐसे ही आजादी के बाद के किसानों की आर्थिक हालत को चित्रित करनेवाली कहानी 'घुन' में भी आर्थिक समस्या से जूझता हुआ किसान ही मुख्य भूमिका के रूप में चित्रित किया गया है। किस प्रकार से साहूकार अपने बल व धन का इस्तेमाल करके किसानों का पूरा जीवन अपने तक सीमित कर देते हैं कि वह इनके इतर कहीं और जाने का साहस भी नहीं जुटा पाता और पीढ़ी दर पीढ़ी उनकी सेवा करने को बाध्य रहता है। दिन-रात किसानी करने के बाद भी नाथू गरीबी झेल रहा है जबकि साहूकार लालच के वशीभूत होकर अपने गोदाम से गेहूँ न निकालने के कारण भुखमरी झेल रहा है। गेहूँ को गोदाम से न निकालने का परिणाम यह होता है कि उसमें 'घुन' लग जाती है। घुन लगे हुए गेहूँ को जब जोखू महाजन नाथू से भाठने को कहता है तो वह उसकी बात मान लेता है। यदि गेहूँ को समय रहते गोदाम से निकाल लिया जाता तो कई लोग भुखमरी से बच जाते किन्तु जोखू महाजन जैसे साहूकारों के चलते किसानों की सारी मेहनत पर पानी फिर जाता है। मधुरेश के शब्दों में ''घुन खासतौर पर किसानों की मानसिक जड़ता और सोच की परिपाटीबद्धता को रेखांकित करती है, जिनसे उनके शोषण की संभावना बढ़ती है। इस मानसिकता के घुन को नष्ट किए बिना शोषण और अभावों से मुक्ति असम्भव है।'' दरअसल जब हमारा देश आजाद हुआ तो लोगों ने अनेक प्रकार के सपने देखे किन्तु वह सपने यदि पूरे हुए तो केवल जमींदार, पूँजीपति वर्ग, दबंग किस्म के लोगों की भाँति ऐसे मनुष्यों के जिनका गाँव, कस्बा या शहर में दबदबा बना था। ऐसे ही लोगों ने स्वतन्त्रता का भरपूर लाभ उठाया जबकि गरीब किसान आज भी बेड़ियों में बँधा था बस फर्क यह था कि स्वतन्त्रता के बाद अपने ही देश के भूरे लोगों ने उन पर शासन किया। जुल्म सहना और उसके खिलाफ कुछ न कहना उनके जीवन का मात्र हिस्सा बनकर रह गया।

ग्रामीणों की आर्थिक समस्या को 'बीच के लोग' संग्रह की दूसरी कहानी 'बादलों का टुकड़ा' में भी बड़ी ही बारीकी के साथ रेखांकित किया है। 'घुन' की भाँति ही इस कहानी में भी खेतिहर मजदूर महाजन के पैरों तले दबकर अपने परिवार का बोझ ढ़ो रहे हैं। खेत-खलिहान में जी तोड़ मेहनत करने के बावजूद भी जब उन्हें समय से मजदूरी नहीं मिलती तो उन्हें उधार लेना पड़ता है जिसकी भरपायी न कर पाने के कारण वह जीवनपर्यन्त उनकी गुलामी करता है। कुनाई भूख से तड़पते हुए जब रसोई में कुछ खाने को ढूँढ़ता है तो कुछ न मिल पाने के कारण वह केवल लपसी का घोल पीकर ही अपनी भूख मिटाने की कोशिश करता है। महाजन का कर्ज न चुका पाने के कारण कुनाई की बकरी पर अपना अधिकार जमा लेता है। जब कारिंदा उसकी बकरी खोलने लगता है तो क्रोध में तपती हुई जसमा कहती है-"खोल लो और ले जाओ। मरेंगे, जिएँगे लेकिन यह करज का खटका तो छूटा। न मजूरी, न धतूरी, जब देखो दरवाजे पर ठढ़क्कर की तरह खड़े हैं कि यह कर दो, वह कर दो। दिन-दिन भर खटो और सरबउला एक रोरा गुर पानी को नहीं पूछता... पचास रूपया ले क्या लिया, जिनगी बेंच दी। ..... ले जाओ, खड़े-खड़े मुँह क्या ताक रहे हो। आज से उरिन हुई उस कलमुँहे से।" इस तरह जसमा का यह कथन न सिर्फ अपने क्रोध को दर्शाता है बल्कि ठाकुर के खिलाफ बोलने की हिम्मत को भी प्रदर्शित करता है।

मार्कण्डेय की कहानियों में कृषक आजादी के बाद के मोहभंग के सबसे ज्यादा शिकार हुए। कृषकों को सुधार और विकास के नाम पर कुछ भी नहीं मिल पाया। यह न तो सुखपूर्वक जीवनयापन कर सके और न ही एकजुट होकर अपने अधिकार के लिए आवाज उठा सके। इनका सबसे बड़ा दोष एकजुट न हो पाने के कारण था, जिसके चलते कई हथकण्डों को अपनाकर इनका शोषण किया जाता था। यदि वह अपने हक के प्रति जागरूक होते तो शायद इन पर इस प्रकार के अत्याचार नहीं होते। 'हंसा जाई अकेला' का प्रमुख गाँधीवादी पात्र हंसा है। इसमें हंसा का अकेलापन सामाजिक यथार्थ के रूप में सामने आता है। हंसा सुशीला के साथ मिलकर चुनाव का प्रचार करता है और धीरे-धीरे दोनों प्रेम के बन्धन में बँध जाते हैं। सुशीला बीमारी के कारण मर जाती है और उसकी याद में हंसा की स्थिति असन्तुलित हो जाती है, जिसके कारण गाँव के लोग उसे पागल समझने लगते हैं। एक अत्यन्त ही गम्भीर विषय को रेखांकित करती इस कहानी में हंसा के अकेलेपन को इस प्रकार चित्रित किया गया है मानो सम्पूर्ण पृथ्वी में जन्म लेनेवाले मनुष्यों का एकाकीपन हो। इस कहानी के विषय में ए0 अरविंदाक्षन कहते हैं-"'हंसा जाई अकेला' कहानी की अन्तरंग संरचना में ग्रामीण समय के

संक्रमण का भी परिदृश्य देखने को मिलता है। इसलिए कहानी का सामान्य यथार्थ पुनर्वाचन के अवसर पर गहन मानवीय यथार्थ में परिवर्तित होता दिखाई देता है। 'हंसा जाई अकेला' व्यक्ति जीवन की त्रासदी के साथ-साथ भारतीय ग्रामीण जीवन के अयाचित दिशा की ओर संक्रमण की भी कहानी है।'' इस तरह आजादी के बाद के मोहभंग को तथा कृषकों के एकाकी जीवन को व्यक्त करनेवाली यह अत्यन्त रोचक कहानी है। भारत देश को आजादी के शिखर तक पहुँचाने वाले लोगों को भी हमारे देश में आम जनता की ही भाँति अधिकार दिए जाते हैं। 'बीच के लोग' नामक कहानी में स्वतन्त्रता संग्राम सेनानी फउदी दादा जैसे एक ऐसे व्यक्ति का चित्रण है जो आजादी दिलाने में हिस्सेदारी लेने के बावजूद भी उन्हें किसी प्रकार की कोई सुविधाएँ नहीं दी जाती। इस मामले में सरकार भी अपने कदम पीछे किए हुए है। बड़ी-बड़ी बातें करनेवाली सरकार के चलते ही स्वतन्त्रता संग्राम सेनानियों को कोई अधिकार नहीं सौंपे गए। फउदी दादा पर सबको भरोसा रहता है किन्तु बुझावन आजकल इस बात से घबराया हुआ है कि ठाकुर उस खेत को महाजन के पास बेंचने वाला है। अपनी आजीविका का एक मात्र साधन अपने हाथ से निकलता देख भयभीत बुझावन कहता है-''मेरे तो बाल-बच्चे अनाथ हो जाएँगें दादा। चाहो तो लगान बढ़वा दो लेकिन सहुआ को खेत लिखने से बिनास हो जाएगा।'' बुझावन फउदी दादा के व्यवहार से आशंकित है। आजादी के बाद की एक बड़ी समस्या भ्रष्टाचार को दर्शाते हुए मार्कण्डेय बुझावन के माध्यम से कहते हैं-''कइसा कानून-नियम दादा, देख तो रहे हो। सब जस का तस है। पइसा का जोर, बल का जोर सब निकाम किया दे रहा है।'' यह कथन यथार्थवादी सोच को दर्शाता है। भले ही हमारे स्वतन्त्रता सेनानियों ने यह सपना देखा था कि आजाद भारत के सभी लोग समान होंगे और भूमि का वितरण लोगों के बीच समान रूप से किया जाएगा लेकिन यह सपना आजादी के इतने वर्ष बाद भी आज तक पूरा नहीं हो सका है। वस्तुतः यह कहानी गाँव में उभरने वाली वर्ग चेतना के साथ बदलते सम्बन्धों एवं मूल्यों को उद्घाटित करते हुए स्वातन्त्र्योत्तर भारत के ग्रामीण जीवन के यथार्थ को अभिव्यंजित करती है। निःसन्देह यह कहानी अपनी वैचारिक अभिव्यक्ति से कहानी कला को सार्थक बनाती है।

समाज में अमानवीयता दिखाने वाले लोगों के साथ-साथ कई लोग बहुत अच्छे भी हैं, लेकिन उनकी अच्छाई व उनके सपनों को तोड़ने में गाँव के ही कुछ नामी लोग मुख्य भूमिका निभाते हैं। उन्हें किसी के दुःख, दर्द से कोई लेना-देना नहीं होता है बस अपने स्वार्थ के लिए वह किसी भी हद तक पहुँचकर उन्हें नुकसान पहुँचा सकते हैं, फिर वह चाहे जीवन से जूझ रहा गरीब किसान हो या अपने हक

के लिए लड़ती 'कल्यानमन' की विधवा मंगी हो या 'महुए का पेड़' की दुखना हो। दोनों के साहस को कहानी में भलीभाँति देखा जा सकता है। कल्यानमन की मंगी के पास जायदाद के रूप में एक तालाब है जिसका नाम कहानी शीर्षक 'कल्यानमन' है। ठाकुर की नजरें मंगी के तालाब पर सदैव बनी रहती है किन्तु मंगी के तेज तर्रार स्वभाव के कारण वह उससे कुछ नहीं कह पाता है। किसी प्रकार की बात न बन पाने के कारण ठाकुर मंगी के बेटे को भड़काता है। इस बात को समझते हुए मंगी पोखरी को जमींदार के हवाले कर देती है क्योंकि वह अपने बेटे को खोना नहीं चाहती। इस तरह ठाकुर अपनी चाल में कामयाब हो जाता है और सालों से देखभाल करनेवाली मंगी का कल्यानमन अब ठाकुर का हो जाता है क्योंकि उसे स्पष्ट रूप से दिखाई पड़ता है कि समूचा स्वातन्त्र्योत्तर ग्राम-विकास सम्पन्नों के हिस्से में पड़ा है और गरीब वर्ग आज भी अपनी गरीबी से जूझ रहा है। ठाकुर की तानाशाही को बयान करती मार्कण्डेय की यह कहानी अत्यन्त ही रोचक जान पड़ती है। ऐसे ही विषयवस्तु को 'महुए का पेड़' में भी दर्शाया गया है जहाँ दुखना नाम की वृद्ध महिला का सब-कुछ ठाकुर महाजन अपने नाम करा लेते हैं। उसके पास एक टूटी झोपड़ी और 'महुए का पेड़' है जिसकी रक्षा वह अपने पुत्र की तरह करती है। हरखू की माँ जब तीरथ में चलने को कहती है तो वह पैसे के इन्तजाम के लिए अपने रिश्तेदार के यहाँ जाती है। अवसर का लाभ उठाते हुए ठाकुर महुए के पेड़ को गिरवा देता है जिनसे उसकी झोपड़ी पूरी तरह बिखर जाती है। गाँव वापस आने के बाद ऐसे विध्वंश को देखकर वह जड़वत सी हो जाती है और जाते-जाते हरखू की माँ से कहती है-"हरखू की माँ, चलती हो तीरथ को? मैं तो चली।" एक बुजुर्ग असहाय महिला के प्रति इस प्रकार का व्यवहार बहुत ही दर्दनाक है। पूँजीपति वर्ग की कठोरता को व्यक्त करनेवाली यह अत्यन्त ही भावुक कहानी है। कथाकार ने ऐसी ही अमानवीयता को दिखाने का प्रयत्न कहानी के माध्यम से किया है जो बिलकुल सत्य है।

(ख) प्रगतिशील चेतना

किसी भी समय और समाज के लेखक से यह अपेक्षा की जाती है कि अपने समय के हो रहे बदलावों को न केवल अपनी रचनाओं में रेखांकित करे बल्कि मनुष्यधर्मी चेतना को बढ़ावा देनेवाली धारा को अपना समर्थन प्रदान करे। रचनाकार की यह सोच बने बनाए ढ़ाँचे और परम्परागत सोच से विद्रोह के परिणामस्वरूप उपजती है। इससे परिवर्तनकामी तत्वों को बल मिलता है और समाज अपनी संकीर्णताओं से उबरकर नई धारा, नए बदलावों की तरफ बढ़ता है। वही रचनाकार

समय के थपेड़ों का सामना करते हुए लम्बे समय तक जिन्दा भी रह सकता है जो अपनी रचनाओं में मनुष्यगत भावों को प्रमुखता प्रदान करता है। सम्भवत: इसी को आधार बनाकर प्राचीन ग्रन्थों में ऋषियों ने 'तमसो मा ज्योतिर्गिमय्, मृत्यों मा अमृतं गमय्' अर्थात् असत्य से सत्य की तरफ जाने की जिजीविषा भरी कल्पना की। छठीं शताब्दी ई.पू0 में जन्मे गौतम बुद्ध और महावीर स्वामी ने तत्कालीन समाज में व्याप्त कुरीतियों, अन्धविश्वासों, पाखंडों और संकीर्णताओं का जमकर प्रतिवाद किया और जाति-प्रथा, ऊँच-नीच, अस्पृश्यता का खंडन किया तथा मानव मात्र की एकता और समानता की बात को आधार बनाकर लोगों को प्रगतिशील चेतना से जोड़ने का कार्य किया।

आगे चलकर 14वीं शताब्दी में कबीर लगभग उसी भावभूमि पर अपनी बात करते हैं जिस पर कालांतर में बुद्ध और महावीर बात कर चुके थे। कबीर अपने समय में व्याप्त कुरीतियों का न केवल खंडन करते हैं बल्कि हिन्दू समाज के पण्डितों और मुस्लिम समाज के मौलवियों की खिल्ली भी उड़ाते हैं। वे अपरिग्रह की उस संकल्पना को भी अपना स्वर प्रदान करते हैं जिसमें अधिक धन संचय का प्रतिवाद किया गया है। अपनी साखी में वे कहते हैं 'साईं इतना दीजिये, जामें कुटुम्ब समाय। मैं भी भूखा न रहूँ, साधु न भूखा जाए।।' इस तरह कबीर अपने समय की प्रतिगामी धाराओं से काफी अलग और आगे दिखाई पड़ते हैं। डॉ. हजारी प्रसाद द्विवेदी के शब्दों में-''युगावतार की शक्ति और विश्वास लेकर वे पैदा हुए और युग प्रवर्तन की दृढ़ता उनमे विद्यमान थी इसलिए वे युग प्रवर्तन कर सके।'' इस काल के अन्य भक्ति सन्तो गुरुनानक, रैदास, दादू, चैतन्य महाप्रभु, नामदेव आदि ने भी अपने समय के अन्धविश्वासों और सामाजिक बुराइयों के खिलाफ आवाज उठाई और प्रगतिशील चेतना के पक्ष में खड़े हुए।

आधुनिक काल में पनुर्जागरण काल के अन्तर्गत राममोहन राय, ईश्वरचन्द विद्यासागर, दयानन्द सरस्वती, विवेकानन्द, गोविन्द रानाडे आदि ने भी सदियों से चली आ रही कुरीतियों और अन्धविश्वासों के खिलाफ अपनी दमदार आवाज उठायी और लोगों को जागृत करने का कार्य किया। इसका प्रमुख परिणाम यह निकला कि अनेकानेक जातियों, उपजातियों, सम्प्रदायों में बँटे हुए भारतीय अब इन संकीर्णताओं से ऊपर उठकर सोचने लगे और राष्ट्रवादी चेतना के उत्थान में इसकी एक बड़ी भूमिका रही। भारतेन्दु हरिश्चन्द्र ने अपनी रचनाओं में इस समय की संकीर्ण प्रवृत्तियों पर खुलकर प्रहार किया और भारतीयों से एक जुट होने का आह्वाहन किया। हिन्दी जगत में इस धारा को आगे बढ़ाने का काम मुन्शी प्रेमचन्द ने किया। यही नहीं उन्होंने भारतीयों का सांस्कृतिक और आर्थिक तौर पर

शोषण कर रही तत्कालीन ब्रिटिश भारत की सरकार के मन्तव्यों पर भी खुलकर प्रहार किया यही वजह थी कि ब्रिटिश सरकार द्वारा इनके पहले कहानी-संग्रह 'सोजेवतन' को जब्त कर लिया गया। आजादी के बाद नई कहानी आन्दोलन के कहानीकारों ने अपनी रचनाओं में प्रगतिशील चेतना को अधिक तरजीह प्रदान किया और इसी को आधार बनाकर अपना सम्पूर्ण लेखन किया। प्रर्वतकों में से एक मार्कण्डेय ने इस प्रगतिशील चेतना को अपने सम्पूर्ण रचनाकर्म का आधार बनाया और अपनी कहानियाँ लिखीं यही कारण था कि एक जमींदार परिवार में जन्म लेकर भी वे उन मजदूरों, किसानों और निम्नवर्ग के लोगों से जुड़े जो सामान्यतया जमींदारों के शोषण के शिकार हुआ करते थे। यह उनकी प्रगतिशील चेतना का ही परिणाम था कि वे अपने वर्ग से इतर उस वर्ग के अधिकारों के हिमायती बने जो आमतौर पर उस वर्ग का विरोधी समझा जाता है। मार्कण्डेय जी अपनी रचनाओं में किसी किसान, मजदूर और आमजन के पक्ष में मजबूती के साथ दिखाई पड़ते हैं और उन्हीं के हक की बातें करते हैं।

वस्तुत: मानवसभ्यता का सम्पूर्ण इतिहास प्रगतिशीलता का इतिहास है। यद्यपि बहुत से लेखक इस बात का खंडन करते हैं किन्तु जहाँ पर भी मनुष्य के भीतर बदलती हुई सोच व आगे बढ़ने की जिजीविषा दिखाई देती है वहीं प्रगतिशील चेतना का विकास होता है। प्रगतिशील चेतना में पुराने संकीर्ण विचारों का खंडन किया जाता है और नए विचारों को जगह दी जाती है। "साहित्य का समग्र विकास अब एक समय के अपने क्रान्तिकारी या प्रगतिशील चरित्र का स्थिरीकरण करके शोषक वर्ग से सम्बद्ध होकर उसकी विचारधाराओं की अभिव्यक्ति करने लगता है तो धीरे-धीरे सामाजिक शक्ति के कारण उसके मध्य से ही नई संभावनाएँ उत्पन्न होने लगती है। मनुष्य के जीने की शर्त के बदलते ही मनुष्य की चेतना बदल जाती है, जिसके कारण साहित्य के आधारभूत तत्व सामाजिक वातावरण और चेतना दोनों के बदलाव से साहित्य का वस्तुतत्व बदल जाता है।" इस तरह साहित्य के क्षेत्र में भी अब बदलाव की स्थिति देखी जा सकती है। यही बदलाव हमें मार्कण्डेय की कहानियों में दिखाई पड़ता है। उनकी कहानियों में भविष्य की ओर बढ़ रहे कुछ ऐसे पात्रों को दर्शाया गया है जो न सिर्फ अपने हक के लिए लड़ते हैं अपितु समाज के शक्तिशाली एवं प्रभावी तत्वों का विरोध भी करते हैं। ऐसी परिस्थितियाँ कई कहानियों में दिखाई देती हैं जहाँ कथाकार संकेत अथवा खुले माध्यम से संकीर्णताओं पर प्रहार करता है। कुछ इसी तरह की स्थिति मार्कण्डेय की अत्यन्त चर्चित कहानी 'गुलरा के बाबा' में हमें देखने को मिलती है। चैतू अहीर जब बाबा के खेत से सरपत काट लेता है तो बाबा के मना करने के बाद

भी वह उनकी बात का विरोध करता है। उसके हठ को मिटाने के लिए बाबा उसे ललकारते हैं और चैतू के जीत जाने पर सरपत काटने को कहते हैं। चैतू हार जाता है किन्तु अपनी भलमनसाहत का परिचय देते हुए बाबा उसे दंड नहीं देते हैं और बीमारी की हालत में चैतू का इलाज करते हैं तथा सरपत काटने की अनुमति देते हैं। चैतू का बाबा के प्रति विरोध ही प्रगतिशील सोच को दर्शाता है। वह भले ही निम्नजाति का है किन्तु उसके हृदय में अपने हक के लिए आवाज उठाने की हिम्मत देखी जा सकती है जो प्रायः मार्कण्डेय के निम्नवर्ग के पात्रों में नहीं दिखाई पड़ती है। ठाकुर होने के बावजूद भी बाबा जातिगत संकीर्णताओं से मुक्त हैं। यही कारण है कि चैतू को दंड देने के बजाय वह उसकी सहायता करते हैं। "मार्कण्डेय की कहानियों में सहानुभूति और रस-बोध के बीच इस विरोध का एक उल्लेखनीय पक्ष है। कुल मिलाकर ऐसा लगता है कि देहात के जीवन की ओर वह कुछ तो संस्कारवश आकृष्ट हुए हैं और कुछ एक प्रकार की सहानुभूतिवश भी।" बाबा सामन्ती व्यवस्था से सम्बद्ध होने के बावजूद भी जातिगत विशेषता को पूरी तरह तोड़ते हुए दिखाई पड़ते हैं। उनके अन्दर मानवीय संवेदना के चलते ही वह चैतू की मदद करते हैं जबकि अन्य कहानियों में यदि देखें तो सामन्ती व्यवस्था इतनी मजबूत और ताकतवर है कि वह उनके खिलाफ नहीं जा सकती जबकि चैतू हिम्मत दिखाता हुआ यह साबित करता है कि अब मनुष्य अपने हक के लिए जागरूक होने लगा है। मार्कण्डेय ने ग्राम्य-जीवन से सम्बन्धित कहानियाँ लिखीं, जिसमें उन्होंने अनेक विषयों और सन्दर्भों को सम्मिलित किया। उनका यह प्रयास ही प्रगतिशील चेतना कहलाया।

कथाकार मार्कण्डेय का कथा साहित्य सामाजिक जीवन से सम्बन्धित अनेक प्रकार की समस्याओं को रेखांकित करता है। उन्होंने अपने समूचे कथा-साहित्य में मानव सम्बन्धी अनेक समस्याओं को चित्रित किया है। मार्कण्डेय मानव जीवन से सम्बन्धित यथार्थपरक समस्याओं को चित्रित करनेवाले पात्रों के माध्यम से आमजन की समस्या को बड़े ही रोचक अन्दाज में प्रस्तुत करते हैं। इनकी 'हलयोग' नामक कहानी भी प्रगतिशील दृष्टिकोण को उजागर करती है क्योंकि जहाँ निम्नवर्ग अशिक्षा से कोसों दूर अपने जीवन को ठाकुरों के पैरों तले ही बिताते हैं, किन्तु जब चौथीराम अध्यापक बनकर बच्चों को एक समान शिक्षा देता है तो गाँव के कुछ दबंग इसका विरोध करते हैं। चौथिया के अध्यापक बनने पर पण्डित रघुबर कहता है-"लुटिया ही डूब गई गाँव के ब्राह्मन, ठाकुरों की। कोप होगा। महामारी और नाती-पनाती संकर बरन हो जाएँगे। इसी को कलिकाल कहते हैं। अब चमार वेद बाँचेंगे और बच्चों का विद्यारम्भ करेंगे।" गाँव में

एक चमार का अध्यापक बन जाना कुछ लोगों को नहीं भाता क्योंकि उसका निम्नजाति का होना ही उसके लिए सबसे बड़ा शाप है। जब बाबा चौथीराम से सवर्ण बच्चों के प्रति अलग पानी और बैठने की व्यवस्था करने को कहते हैं तो वह शालीनता से उन्हें मना कर देता है, जिसके चलते गाँव में अफवाह उड़ाते हैं कि चौथिया पर 'बरम' का प्रकोप है। ऐसा करने के बाद उसे 'हलयोग' का दंड देते हैं। इस कहानी के माध्यम से मार्कण्डेय बताना चाहते हैं कि आजादी के बाद प्रत्येक चीज में बदलाव आया है। अब लोग अपने जीवन में आगे बढ़ रहे हैं, किन्तु समाज का ऐसा क्रूर मानव जो अपने से नीचे वाले को बढ़ता हुआ नहीं देख सकता और उसे नीचा दिखाने का हर सम्भव प्रयास करता है, कहानी में देखा जा सकता है। चौथीराम उन बन्धनों और विचारों का खंडन करता हुआ दिखाई पड़ता है जो बच्चों को जातिगत समस्याओं से दूर रखता है। मार्कण्डेय ने 'गुलरा के बाबा' में जहाँ बाबा को इतना उदार दिखाया है वहीं 'हलयोग' में एक अमानवीय व्यवहार करने तथा अपनी सोच के चलते बाबा ने चौथी को ऐसा मृत्युदंड दिया जो उनकी नृशंसता का परिचय देता है। ये दोनों कहानियाँ बाबा के अलग-अलग चरित्र को दर्शाती हैं, जिसमें एक तो मानवीयता का परिचायक है और दूसरी अपनी नृशंसता का। जहाँ चौथी के हृदय में सबके प्रति समान व्यवहार उसकी नई सोच को दर्शाता है वहीं 'बीच के लोग' संग्रह की कहानी 'गनेसी' में मार्कण्डेय गनेसी के माध्यम से प्रगतिवादी सोच को दर्शाते हैं। कथाकार ने गनेसी के चरित्र को उजागर करते हुए उसके माध्यम से नए परिवर्तन की ओर संकेत किया है। हिटलर काका ने गनेसी की दक्षिणा हड़प ली जिनसे नाराज होकर वह गाँव छोड़ देता है, किन्तु सात वर्ष छः महीने बाद तो वेशभूषा के साथ-साथ उसकी सोच में भी परिवर्तन आता है। गाँव में आने के बाद उसके अन्दर पुराने युग की बजाय नवीन युग का स्पर्श हुआ है। जो लोग गाँव में चुपचाप दिक्कतें सहते हैं उन लोगों का भी वह विरोध करता है। उसके मन मस्तिष्क में आगे की ओर बढ़ने का जज्बा है क्योंकि "अब अरसे बाद उसी गाँव में उसकी वापसी नई चेतना और नई विवेक से लैस वापसी है। वह गाँव की कूप-मंडूपता का विरोध करता है। गाँव के बच्चों के प्रति उसकी संलग्नता और स्नेह उसके दिमाग में उनकी भूमिका को साफ कर देता है और गाँव जवार के लोगों की समस्याओं में उसकी सक्रिय साझेदारी है।" गनेसी अपनी जान की परवाह न करते हुए गाँव के लोगों को एक जंगली सुअर से मुक्त करता है। कहानी में गनेसी द्वारा विकास की कोशिश करने पर ही इस कहानी में प्रगतिशील चेतना को अवश्य देखा जा सकता है।

हमारे समाज की एक बहुत ही जटिल समस्या है और वह है बेरोजगारी की। समाज इतना अधिक भ्रष्ट होता जा रहा है जहाँ बिना घूस दिए कोई भी कार्य हो पाना असम्भव है। घूस के चलते ही हमारे देश की ऐसी स्थिति हो गई है कि प्रतिभावान बच्चे नौकरी से कोसों दूर हैं जबकि मूढ़ घूस देकर आगे निकल जाते हैं। 'निबन्ध सौरभ' कहानी में एक ऐसे ही धूर्त प्रोफेसर का वर्णन किया है जो मूर्ख लोगों को अपने फायदे के लिए विश्वविद्यालयों में लेक्चरर बनवा देता है जबकि प्रतिभाशाली छात्र बेरोजगार घूमते रहते हैं। ऐसे ही लोगों के चलते हमारा भारत देश शिक्षा के स्तर पर बहुत नीचे है। आज भी अनेक विश्वविद्यालयों में शिक्षकों के कई पद रिक्त हैं किन्तु जब उसे भरने की बारी आती है तो घूस देने वालों का चयन हो जाता है जबकि गरीब प्रतिभावान छात्र मुँह ताकते रह जाते हैं। इस बेराजगारी के चलते आधे से ज्यादा आबादी भूखों मर रही है। कथाकार मार्कण्डेय ने इसी विषय से सम्बन्धित एक ऐसी कहानी को प्रस्तुत किया है जहाँ राजेश इसी समस्या से जूझ रहा है। 'साबुन' कहानी का मुख्य पात्र राजेश के पिता किसानी मजूरी करके अपने बेटे की पढ़ाई के लिए पैसे भेजते रहते हैं क्योंकि वह अपने बेटे को एक अच्छी नौकरी में देखना चाहते हैं, किन्तु समाज में फैले भ्रष्टाचार के चलते जब राजेश को नौकरी नहीं मिलती तो उसके माँ-बाप अत्यन्त दु:खी होते हैं। अपने बेटे को बड़ी मुश्किल से पढ़ाने वाले राजेश के पिता अपने बेटे की नौकरी न लगने के कारण खिन्न रहते हैं। वह राजेश को खेत-खलिहान में काम करने को कहते हैं, किन्तु राजेश को यह मंजूर नहीं है। अपने पिता के बर्ताव से तंग आकर वह घर छोड़कर चला जाता है और वहाँ से अपनी माँ को खत लिखता है-''शहरों में चिकने लोगों का राज्य है, जो सिफारिश और घूस पर जीते हैं। मैं क्या कर सकूँगा यह आज भी नहीं समझ सका हूँ। पिताजी की परेशानी जानता हूँ। कुछ करूँगा जरूर। उनसे कहना चिन्ता न करे, अब उन्हें परेशानी में नहीं डालूँगा।'' राजेश का यह खत उसकी लाचारी और बेबसी को दर्शाता है। अपने पिता का सहारा बनने के बजाय वह बेरोजगारी के चलते उन पर बोझ बन गया है। ''साहित्य के माध्यम से हमें समाज और वस्तुजगत को वैज्ञानिक और समाजशास्त्रीय ढंग से समझने की कोशिश अथवा मनुष्य की स्वतन्त्रता, गरिमा और व्यक्तित्व का विकास करने के लिए समान अधिकारों जैसे मानवीय मूल्यों की पक्षधरता को स्थापित करना चाहिए था। लेकिन हुआ ठीक इसके विपरीत जनवादी और प्रगतिशील मूल्यों के नाम पर कुछ ऐसे मूल्यों का प्रचार प्रसार करते रहे जो बाह्य रूप में तो बहुत ही आकर्षक लग रहे थे, लेकिन भीतर ही भीतर वे सामंती, पूँजीवादी एवं वर्णव्यवस्था समर्थक मूल्यों को स्थापित करने में लगे थे। परिवर्तन की प्रक्रिया लगातार धीमी पड़ रही

थी जो यथास्थिति बनाए रखने की पक्षधर थी।'' इस प्रकार हम देख सकते हैं कि साहित्य और शिक्षा में भी कितनी धाँधलेबाजी है और वहाँ भी पूँजीपति अपने साहस के चलते अपना काम करा लेते है। यह हमारे समाज की एक ऐसी विडम्बना है जिनसे निकल पाना बहुत ही कठिन है।

यह कहानी राजेश की भाँति उन तमाम नवयुवकों का सम्बोधन करती है जो पढ़ लिखकर भी बेरोजगार घूम रहे हैं। बेरोजगारी हमारे समाज की एक जटिल समस्या है जिनसे तंग आकर अनेक युवक आत्महत्या कर लेते हैं। इस कहानी में मार्कण्डेय राजेश के माध्यम से यह दिखाना चाहते हैं कि आज के नवयुवक खेती-किसानी से आगे की सोच रखते हैं इसी कारण वह नौकरी करना चाहते हैं क्योंकि वह अपनी पिछली पीढ़ियों की भाँति पूँजीपति वर्ग की चाकरी नहीं करना चाहते बल्कि अपने बलबूते पर कुछ करना चाहते हैं।

'आदमी की दुम' कहानी में भी एक गड़रिया अपने बेटे के भविष्य को सँवारने के लिए पूरी जिन्दगी लगा देता है क्योंकि वह नहीं चाहता कि उसका बेटा उसकी तरह गड़रिया बने। रामसेवक यादव इलाहाबाद विश्वविद्यालय से बी0ए0 पास है और वह गाँव में ग्राम सेवक की नौकरी करता है। वह अपने कार्य को ईमानदारीपूर्वक करते हैं, किन्तु मिसिर जी उसके कार्य में अड़चन डालते हैं और अपने पैसे व अपनी चालाकी का इस्तेमाल कर गाँव वालों के दिल में राज करते हैं और वहाँ के सभापति बन जाते हैं। रामसेवक अपने पिता व गाँव वालों की स्थिति को बखूबी जानता है इस कारण वह गाँव वालों की मदद करना चाहता है। किन्तु रामसेवक के पद को मिसिर जी अपने अधिकार में कर लेते हैं। इस कहानी में भी भेड़ पालने वाले एक गड़रिया का बेटा अपने नेक विचारों के चलते गाँव के लोगों का साथ देना चाहता है और उन्हें आगे बढ़ने को प्रेरित करना चाहता है, किन्तु वह अपनी इस योजना में असफल होता है। दरअसल जब हमारा देश आजाद हुआ तो सभी को स्वतन्त्र रूप से जीने का अधिकार था, किन्तु शासक वर्ग के चलते निम्नवर्ग इस स्वतन्त्रता से दूर था। किसानों के विचारों में अब धीरे-धीरे अपने बच्चों को पढ़ाने की ललक जागी और वे मेहनत-मजदूरी करके अपने बच्चों को शिक्षित करने लगा। क्योंकि वह यह नहीं चाहता था कि उनके बच्चों का जीवन भी साहब लोगों के वशीभूत हो जाए और वह एक-एक दाने के मोहताज हों। इन्हीं सब के चलते अब निम्नजाति के लोग अपने बच्चों को शिक्षा की ओर प्रेरित करने लगे। यह बदलाव होना आवश्यक था क्योंकि शिक्षित होने के बाद मनुष्य अपने अधिकार व हक के लिए आवाज उठाता है। मार्कण्डेय की कुछ ऐसी ही कहानियों में प्रगतिशील दृष्टिकोण दिखाई पड़ता है।

कथाकार मार्कण्डेय की कहानियों में सरकारी विकास योजनाओं की वास्तविकता को बेनकाब किया गया है। आजादी के बाद पंचवर्षीय योजना, चकबन्दी, भूदान, सहकारिता, सड़क निर्माण आदि अनेक विकास योजनाएँ आईं लेकिन यहाँ भी गरीब किसान छला गया, ऐसी ही स्थिति 'दौने की पत्तियाँ' नामक कहानी में दिखाई देती है, जहाँ पंचवर्षीय योजना के तहत भोला का सब-कुछ लुट जाता है। प्रथम पंचवर्षीय योजना के तहत गाँव में नहर आई तो गाँव के प्रतिष्ठित तिवारी जी के खेत में आकर रुक गई। तिवारी जी ने नहर को भोला के खेत की तरफ मुड़वा दिया। उसी खेत से भोला का परिवार चलता था। गरीबी के कारण वह अपना खेत बचाने में असमर्थ रहता है और उसका खेत नहर की चपेट में आ जाता है। इन सबका कसूरवार तिवारी जी को समझता हुआ वह उन्हें मारने जाता है किन्तु वह सोचता है कि तिवारी जी ने तो अपना खेत बचाया है इसलिए इनके बजाय इंजीनियर का दोष है। जब इंजीनियर को मारने जाता है तो पुनः सोचता है कि इंजीनियर तो सरकारी नौकर है, इसलिए दोषी सरकार है। उसके मन में आता है कि-"सरकार को क्या मालूम कि मेरे पास एक ही खेत है, मैंने पाँच बरस में आधे पेट खाकर उसे खरीदा है?" इस तरह पंचवर्षीय योजना के चलते इस कहानी में ग्रामीण विकास के साथ-साथ आर्थिक विकास को भी कहानी में चित्रित किया है। इसके अलावा 'चाँद का टुकड़ा', 'आदर्श-कुक्कुट-गृह', 'मधुपुर के सिवान का एक कोना', 'हल लिए मजूर', 'भूदान' आदि कहानियाँ सरकारी योजनाओं की विफलता को अनेक प्रकार के सन्दर्भों में व्याख्यायित करती हैं। उपर्युक्त इन सभी कहानियों में विकास योजना के चलते गरीब किसान लूटा जाता है जबकि पहले से बने धनी लोगों के खाते में और विकास होने लगता है। यदि देखा जाए तो "आजादी के बाद गाँवों में आया बदलाव, जमींदारी उन्मूलन के बाद बदला हुआ परिदृश्य, सरकारी योजनाओं का क्रियान्वयन और युवा वर्ग की नई आशा-आकांक्षा के साथ स्त्री-पुरुष के बदलते सम्बन्ध थे। ये विषय नई पड़ताल के थे और इनका विश्लेषण और मूल्यांकन केवल यथार्थपरकता की ही नहीं, बल्कि ऐतिहासिक सन्दर्भों के साथ नई संवेदनात्मकता के साथ मूल्यांकन की माँग करता था।" नमिता सिंह का यह कथन आजादी के बाद गाँवों में हो रहे परिवर्तनों व युवाओं की बदलती सोच की ओर इंगित करता है।

स्वतन्त्रता के अनेक वर्षों बाद भी हमारे देश में जाति समस्या एक बहुत ही कठिन विषय है। भारत में महात्मा गाँधी और लोहिया ने पिछड़ेपन के आकलन के लिए जाति व्यवस्था को अनेक वर्गों में विभाजित रहने को महत्त्वपूर्ण माना है, किन्तु अनुच्छेद 16-ए में जाति को सामाजिक असमानता का कारण माना है। इन

सबके होने के बावजूद भी हमारे समाज में अशिक्षा और अहंकार के चलते लोग निम्नजाति के लोगों को छूते नहीं हैं। विधाता ने प्रत्येक मानव को एक ही तरह से गढ़कर उसे असमानता से दूर रखा किन्तु मानव ने स्वयं ही इस अलगाव को बनाया और यही कारण है कि आज भी हम इन सब दकियानूसी सोच से उबर नहीं पाए हैं। जातिगत समस्याओं को लेकर अनेक लेखकों ने अपने विचार कहानियों, उपन्यासों, कविताओं, आलोचनाओं आदि के जरिये वर्णित किया। यही कार्य मार्कण्डेय ने भी अपनी कहानियों में किया। मार्कण्डेय इस व्यवस्था को अपनी कहानियों के माध्यम से तोड़ते हुए नजर आते हैं। उनकी कहानी 'पानफूल' में भी दो मासूम बच्चियों की मित्रता से यह देखने को मिलता है कि किस प्रकार दोनों अपनी मित्रता को जातिगत व्यवस्था से दरकिनार रखते हुए जीवन के आखिरी पड़ाव तक निभाती हैं। कहानी में नीली जानकी की पुत्री है जो ठाकुर घराने से ताल्लुक रखती है जबकि रीति जानकी के घर में काम करनेवाली पारो की लड़की है। एक दिन कुत्ते के काटने से नीली का बहुत खून बह चुका था तब रीति ने उसे अपना खून देकर उसकी जान बचाई। इन दोनों की मित्रता में पूसी कुतिया भी शामिल थी। अपने गुड्डे-गुड़िया की शादी के लिए तीनों आपस में खेल खेलती है। नीली कहती है कि मैं पान ले आऊँगी और तुम फूल लाना। बाउली में अथाह पानी होने के कारण तीनों एक-दूसरे की जान बचाने के चक्कर में बाउली में डूब जाती हैं। लेखक के शब्दों में-''रीति कमल के पास पहुँच गई .... फूल हाथ में तो आ गया पर वह चिल्लाई ''लीतीऽ.....लीतीऽऽ।'' और इतने में पूसी पानी में कूद पड़ी। रीति कुछ ऊपर आई, उसने हाथ फटफटाये और कुतिया ऊपर आ गई।'' लीतीऽ.....लीतीऽऽ .... मेली... मुझे.....'' और फिर छप्.... की आवाज, फिर एक शून्य, निरन्तर शून्य।''

समाज की सच्चाई को रू-बरू करती इस कहानी में बाल मनोविज्ञान के साथ-साथ एक बहुत ही अहम मुद्दे को उठाया गया है और वह है जाति-पाति का खंडन। कहानी में निम्नवर्ग एवं उच्चवर्ग में किसी प्रकार का कोई भेद नहीं दिखाया गया है तभी तो नीली और रीती के परिवारीजन भी उनकी मित्रता का विरोध नहीं करते। इस कहानी में मार्कण्डेय जाति-व्यवस्था का पूर्णरूप से खंडन करते हैं। यही खंडन 'गुलरा के बाबा' कहानी में तब दिखाई देता है जब बाबा चैतू की मदद करते हैं। जहाँ एक ओर देवी सिंह जातिवादी मानसिकता का परिचायक है वहीं दूसरी ओर बाबा जातिभेद और वर्ग विषमता को खण्डित करते हुए देखे जा सकते हैं। 'नौ सौ रूपए और एक ऊँट दाना' कहानी में भी मार्कण्डेय अपनी बात को बुचऊ के माध्यम से कहते हुए बताते हैं ''चमार, मुसहर, भर, पासी....सबके हाथ

मिलाए से देसवा जागी।'' इस कथन में स्पष्ट रूप से जातिभेद का खंडन करते हुए सबको समानता का पाठ पढ़ाते हैं।

उपन्यासकार प्रेमचन्द के बाद यदि किसी की कहानियों में ग्रामीण-परिवेश का प्रत्येक पहलू दृष्टिगोचर होता है तो वह है कहानीकार मार्कण्डेय। इनकी कहानियाँ गाँव की आर्थिक, राजनीतिक, सांस्कृतिक आदि अनेक पहलुओं को बड़ी ही सुन्दरता के साथ व्यक्त करती है। 'बातचीत' कहानी में जग्गी के पिता के चरित्र को उभारा गया है। वह ठाकुर के लिए काम करता था। कथाकार ने उसके चरित्र को निम्न शब्दों में व्यक्त किया है-''क्या शरीर दी थी भगवान ने उसे कि घोड़े को भी पीछे छोड़ जाए। घर की साधारण दीवारों को तो वह चौफाल में कूद जाता। एक-एक रात में हजारों का सोना-चाँदी ला देना, ठाकुर के एक इशारे पर किसी को बना बिगाड़ देना, उसके बाँये हाथ का काम था।'' जग्गी का पिता ठाकुर के लिए हर प्रकार के काम करता था, किन्तु जब ठाकुर अपने दुश्मन के खेत में आग लगाने को कहता है तो जग्गी का पिता मना कर देता है, जिसके बाद उसे झूठे केस में फँसा दिया जाता है। जब वह जेल से आया तो उसने ठाकुर की लड़की की शादी में जेवरों से भरी पेटियाँ दे दी, जिनसे पूरा गाँव अचम्भित था और ठाकुर भी अपनी करनी पर पछता रहा था। यदि देखा जाए तो जग्गी का पिता जहाँ हमेशा उसकी बात मानता था वहीं एक बात का विरोध करना उसके मानसिक दृष्टिकोण को उजागर करता है। यदि वह ठाकुर की इस बात का विरोध न करता और आग लगा देता तो शायद यह कहानी पूर्णरूप से शोषक वर्ग के अन्तर्गत आ जाती किन्तु ठाकुर की एक बात को न मानना ही उस विचार को व्यक्त करता है जहाँ वह अपने ही मन की सुनता है। ठाकुर के प्रति उसका यह विरोध आजादी के बाद की उस परिस्थिति को दर्शाता है जहाँ वह अब अपने लिए लड़ता है। बहरहाल ठाकुर अपनी करनी पर पछताता है और उसका सिर एक निम्नवर्ग के उस नौकर के समाने झुक जाता है जो हमेशा ठाकुर के लिए काम करता है। इस प्रकार एक ठाकुर का विरोध करना ही कहानी में प्रगतिशील दृष्टिकोण को दर्शाता है।

आजादी के बाद जैसे-जैसे समय बीतता गया वैसे-वैसे लोग अपने अधिकारों के प्रति जागरूक होते गए। निम्नवर्ग की एक बहुत छोटी पाँत अपने अधिकारों के लिए लड़ने लगी और जागरूक होने लगी। उनके इस थोड़े से ही विरोध के चलते अब ठाकुरों में भय होने लगा कि अब उनकी चाकरी कौन करेगा? इसी के चलते कई लोगों ने अपने व्यवहार को सरल बनाया तो कई ने कठोर। वैसे इन सबके बावजूद आज भी अनेक स्थानों में ठाकुरों के अत्याचार दिखाई पड़ते हैं,

किन्तु मजदूर-किसान अब उस सीमित सोच से बहुत आगे बढ़ चुका है और अपने अधिकारों के प्रति जागरूक हो गया है।

(ग) स्त्री-चिन्तन :

उपन्यास सम्राट कहे जानेवाले प्रेमचन्द ने बड़ी ही सुन्दरता के साथ अपनी कहानियों में स्त्री की स्थिति का वर्णन किया है। जहाँ एक ओर उन्होंने अपने उपन्यास 'गोदान' में धनिया के चरित्र को उभारा है वहीं दूसरी ओर 'कफन' में एक स्त्री के शोषण को दिखाया है। प्रेमचन्द के उपरान्त मार्कण्डेय एक ऐसे व्यक्तित्व हैं, जिन्होंने कहानी के माध्यम से अपनी एक अलग पहचान बनाई है। इन्होंने अपने आठ कहानी संग्रहों में ग्रामीण जीवन की प्रत्येक परिस्थिति को दिखाया है। किस प्रकार से मनुष्य समाज में रहकर भी समाज में शिकार का पात्र होता है यह उनके संकलन में हमें देखने को मिलता है। समाज में स्त्रियों को सम्मान देने के बजाय उसका हर गली-कूचे में किस प्रकार शोषण हो रहा है यह उनकी कहानियों में दिखाई पड़ता है। कथाकार मार्कण्डेय ने अपनी कहानियों में स्त्री के अनेक रूप दिखाए हैं। हमारे पुरुष प्रधान समाज में जहाँ नारियों को सदैव उपेक्षित रखा गया है वहीं मार्कण्डेय की कहानियों में स्त्रियों को मुख्या दर्जा दिया गया है।

आजादी के पूर्व का समय हो या पश्चात् का स्त्रियों की स्थिति में कोई परिवर्तन नहीं आया है क्योंकि उनकी स्थिति जस की तस बनी हुई है। आधुनिक युग में नारी किसी भी कार्य में पीछे नहीं है लेकिन इसके बावजूद उसे वह अधिकार उपलब्ध नहीं हैं जो पुरुष वर्ग को प्राप्त है क्योंकि समाज पितृ सत्तात्मक है। पुरुष वर्ग प्रत्येक स्थान पर आज भी अपना दबदबा बनाए हुए है। अनेक लेखकों एवं कवियों ने स्त्रियों की उस दशा को वर्णित करने का प्रयास किया है जो बिलकुल सच है। उन्होंने समाज में रह रही स्त्री की वास्तविकता को अपनी कहानियों, कविताओं एवं उपन्यासों में विश्लेषित किया है। ऐसे ही एक युवा कवि सन्तोष चतुर्वेदी की कविता 'माँ का घर' की कुछ पंक्तियाँ बरबस ही स्मरण हो आती है जिसमें पुरुष वर्ग के प्रभुत्व को दिखाया गया है जो हमारे समाज की वास्तविकता है। किस प्रकार स्त्रियाँ हाशिये पर खड़ी हैं। सन्तोष चतुर्वेदी अपनी कविता 'माँ का घर' में इसे रेखांकित करते हैं-''हर जगह साधिकार खड़े दिखे/कहीं पर हम/या फिर कहीं पर हमारे भाई/या फिर कहीं पर हमारे पिता ही।'' इन पंक्तियों में पुरुष प्रधान समाज की सच्चाई को देखा जा सकता है। इस पूरी कविता में स्त्री-जीवन की उस परिस्थिति को रेखांकित किया है जहाँ पर न तो उसके लिए कोई सम्मान है न

ही स्थान। शिक्षित समाज होने के बावजूद भी इस प्रकार से स्त्रियों के हक को दबा देना पुरुष वर्ग की अमानवीयता को दर्शाता है।

बहरहाल मार्कण्डेय ने स्त्री-चिन्तन को लेकर बहुत सी कहानियाँ लिखीं, किन्तु उपर्युक्त पंक्तियाँ भी उसी कथा केन्द्र को उजागर करती हैं जो मार्कण्डेय की कहानियों में दिखाई गई है, बस फर्क यह है कि युवा कवि सन्तोष ने उस परिस्थिति को कविता के माध्यम से रेखांकित किया जबकि मार्कण्डेय ने कहानी के माध्यम से। मार्कण्डेय ने कहानियों में स्त्री के चरित्र को बड़े ही अलग अन्दाज में प्रस्तुत किया है। आज के युग में गाँव हो या शहर प्रत्येक स्थान पर स्त्रियों के प्रति लोगों की कुदृष्टि एवं कुविचार दिखाई पड़ता है। ग्रामीण स्त्रियों के ऐसे ही दयनीय रूप को शिवपूजन सहाय ने इस प्रकार वर्णित किया है-''ग्राम प्रधान देश भारत के गाँवों की दशा सोचनीय होने से ही देश की दशा दयनीय हो गई है। गाँवों की दुर्दशा के कारणों में सबसे प्रधान है-ग्रामीण स्त्रियों की दुर्गति।'' गाँव की स्त्रियों की स्थिति इसलिए और भी अधिक दयनीय है क्योंकि वह पूँजीपतियों के कर्ज व अहसान के नीचे इतनी दबी हैं कि न चाहकर भी उन्हें वह सारी बात माननी पड़ती है, जो धनीवर्ग कहता है। धनी लोग गरीब लोगों के साथ ऐसा व्यवहार करते हैं जिसे देखकर लोगों का मानवीयता से यकीन उठ जाता है। जहाँ किसान उनके अत्याचारों का शिकार होते हैं वहीं उनकी स्त्रियाँ उनकी वासना का।

मार्कण्डेय ने ग्रामीण और सामाजिक स्त्रियों की बदहाल जिन्दगी को अपनी कहानियों में चित्रित किया है। उन्होंने समाज मे हो रहे नारी शोषण की समस्या को पूरी गम्भीरता के साथ चित्रित किया है साथ ही उनके साथ हो रहे अमानवीय सलूक को भी शब्दबद्ध किया है। जहाँ एक तरफ हमारा समाज तेज गति से आगे बढ़ रहा है वहीं दूसरी तरफ स्त्रियों के प्रति तुच्छ सोच हमारी अशिक्षा को भी दर्शाता है। ऐसे शिक्षित समाज में इस प्रकार से स्त्रियों की बेकदरी होना बहुत शर्मनाक है। पुरुष वर्ग अपने प्रभुत्व को बनाए रखने के लिए स्त्रियों को उनके अधिकारों से वंचित रखता है। क्योंकि उसे इस बात का भय सताता है कि यदि स्त्रियों को वह सम्पूर्ण अधिकार सौंप दिए जाएँगे तो स्त्रियाँ प्रत्येक क्षेत्र में आगे निकल जाएँगी। इसी सोच के चलते वह सदैव स्त्रियों को बंदिश में रखना चाहते हैं। मार्कण्डेय ने स्त्री-पुरुष के बीच के इस प्रकार के सम्बन्धों को बड़ी बारीकी से चित्रित किया है क्योंकि ''वे स्त्री समानाधिकार के समर्थक हैं। उनकी दृष्टि में सामाजिक जीवन में स्त्री-पुरुष में सांस्कारिक विचारों को छोड़ दिया जाए तो कुछ भी भेद नहीं है।'' इस तरह मार्कण्डेय की कहानियाँ स्त्री जीवन को दर्शाती हुई आगे की ओर बढ़ती दिखाई देती है।

कथाकार मार्कण्डेय ने अपनी अनेक कहानियों में स्त्री-चिन्तन पर विचार करते हुए उनके नए पहलुओं को चित्रित कर कहानी को नवीन दिशा की ओर बढ़ाया है। मार्कण्डेय के ''नारी पात्र गतिशील, सजग, साहसिक और विद्रोही, क्रान्तिकारी, परिवर्तनकामी, प्रणयी के लिए दुनिया छोड़ने के लिए तैयार, उतावले, वासना से लबालब, मुँहफट और सीनाजोर है।'' इनकी कहानियों में जहाँ एक रूप यह देखने को मिलता है वहीं दूसरी ओर मृणालिनी जैसी ऐसी स्त्री का रूप अंकित है जो अपने पति के नृशंस व्यवहार से अपने को मृत्युदंड दे देती है। 'पानफूल' संग्रह में संकलित कहानी 'वासवी की माँ' में एक ऐसे कथा बिन्दु को उकेरा गया है जिसमें एक स्त्री अपने ही पति के दोस्त द्वारा लूटी जाती है वह भी अपने पति के इशारों पर। जहाँ हिन्दू धर्म में पति अपनी पत्नी की सात जन्मों तक रक्षा करने की सौगन्ध खाता है वहीं मृणालिनी का पति एक ही जन्म में अपनी पत्नी को अपनी नजरों के सामने लुटते देखता है। अपने पति के इस दुर्व्यवहार के कारण मृणालिनी अन्दर से टूट जाती है और वह आत्महत्या कर लेती है, क्योंकि इसके अलावा उसके पास कोई दूसरा विकल्प नहीं बचता। कहानी में एक स्थान पर कथाकार मार्कण्डेय ने सीता द्वारा कहे गए इस कथन में नारी की वास्तविकता को उजागर किया है-''नहीं-नहीं स्त्री इस नीचे बहते हुए गंदे नाले के पानी से ज्यादा नहीं है। उसका मन और उसका शरीर गुलामी की सांस्कारिक जंजीर से कसकर फँस गया है और वह जी कर भी नहीं जीती।'' मार्कण्डेय ने इस कथन के माध्यम से समाज में स्त्री की उस दशा को उजागर किया है जहाँ उसे गंदे नाले के अलावा और कुछ नहीं समझा जाता। मार्कण्डेय की कहानियों में स्त्रियाँ संघर्ष करते हुए दिखाई गई है फिर चाहे वह माँ के रूप में हो, चाहे पत्नी के, चाहे प्रेमिका अथवा पुत्री के रूप में। प्रत्येक स्थान पर वह परिवार एवं समाज से जूझती हई ही दिखाई गई है।

मार्कण्डेय की अनेक कहानियाँ विधवा स्त्री चरित्र को भी पूरी तन्मयता के साथ रेखांकित करती है। 'घूरा' कहानी मे उस बूढ़ी दुखियारी माँ की स्थिति को उजागर किया गया है जो अपने बेटों द्वारा तिरस्कृत की गई है। घूरा के दोनों बेटे भले ही उसे हेय दृष्टि से देखते हैं और उसे कलंकिनी, कुलटा आदि प्रकार के अपशब्द बोलते हैं, परन्तु इन सबको सहन करते हुए उसका अपने बेटों के प्रति मातृत्व खत्म नहीं होता। इसी मातृत्व के चलते वह अपने बेटे को पुलिस की गिरफ्त से बचा लेती है। विधवा घूरा के चरित्र को उभारकर कथाकार नारी हृदय में वह साहस भरना चाहता है जो नारी-जीवन में अत्यावश्यक है क्योंकि यह साहस न हो पाने के कारण ही मृणालिनी अपनी जान गँवा देती है, परन्तु घूरा जैसी विधवा

एवं असहाय स्त्री विपरीत परिस्थितियों का सामना भी डटकर करती हैं। मार्कण्डेय की कहानियों में घूरा, दुखना, महाराजिन, मंगी आदि ऐसी विधवा पात्र हैं जिनमें संघर्षशीलता एवं धैर्य को स्पष्टतया देखा जा सकता है। इनको वृद्धावस्था में भी अनेक कष्टों से जूझना पड़ता है किन्तु बिना किसी घबराहट के ये अपने बल पर संघर्षरत रहे। इस प्रकार मार्कण्डेय के ये नारी पात्र बुजुर्ग होकर भी बिलकुल विपरीत अवस्था में दिखाई पड़ते हैं और इसी कारण इनके नारी पात्र अनेक रूपों में देखने को मिलते हैं।

नारी चरित्र के इन रूपों के बाद 'प्रिया सैनी' नामक कहानी में नारी का बिलकुल अलग रूप चरितार्थ है। इस कहानी में प्रिया नृत्य संगीत की शिक्षिका है, किन्तु वह अपनी इस नौकरी से इस्तीफा दे देती है। प्रिया के अन्दर कथाकार ने उस साहस को दिखाया है जो आम स्त्रियों के बस का नहीं है। हमारे समाज में अविवाहित स्त्री का गर्भवती हो जाना बहुत ही शर्मनाक माना जाता है किन्तु प्रिया अविवाहित होने के बावजूद भी अपनी सन्तान को जन्म देना चाहती है। भारतीय समाज में प्रेम व प्रेम विवाह आज भी ग्राह्य नहीं है और इसे हेय दृष्टि से देखा जाता है, किन्तु इन सबके बावजूद ''प्रिया के रूप में मार्कण्डेय ने सहज, सादगी प्रिय, दृढ़ और अभूतपूर्व बेझिझक नारी को गढ़कर अपनी कहानियों के नारी पात्रों में दृढ़ता का समावेश कर दिखाया है।'' प्रेम सम्बन्धों को उजागर करती इस कहानी में प्रेम विवाह के अलावा अनमेल विवाह, बाल विवाह और विधवा विवाह की समस्या को भी दर्शाया गया है। अनमेल विवाह पर लिखी गई मार्कण्डेय की कहानी 'सात बच्चों की माँ' में सन्तो की इसी स्थिति को दर्शाया गया है। गरीबी के कारण सन्तो का विवाह पचास वर्ष के लंगड़े सरूप के साथ कर दिया जाता है। भले ही सन्तो किसी से कुछ नहीं कहती किन्तु उसके भीतर इतनी घुटन भरती जा रही थी जिनसे निकलने के लिए वह अवैध सम्बन्ध बनाती है क्योंकि उसका पति उसके शरीर और पेट दोनों की भूख को समाप्त नहीं कर पाता है। अवैध सम्बन्धों के चलते वह सात बच्चों की माँ बन जाती है। सभी लोग उसे कुलटा कहते हैं जिनसे ऊबकर वह कुएँ में कूद जाती है लेकिन वहाँ भी उसे मौत नहीं मिलती। मार्कण्डेय की यह कहानी अनमेल विवाह की समस्याओं को बड़े दिलचस्प तरीके से बयां करती है। इस कहानी को पढ़कर समाज की ऐसी स्त्रियों का स्मरण हो आता है जो सन्तो की ही भाँति गरीबी के कारण अनेमल विवाह में आज भी जबरन बाँध दी जाती हैं और फिर उस दंश को आजीवन झेलती रहती हैं। कथाकार ने अनमेल विवाह के साथ-साथ बाल-विवाह, दहेज प्रथा आदि का चित्रण भी किया है। इस कहानी के अतिरिक्त 'रेखाएँ', 'बिन्दी', 'सूर्या', 'आँखें', 'कहानी के लिए नारी

पात्र चाहिए' आदि कहानियों में प्रेम एवं विवाह के सम्बन्ध को बड़ी ही रोचकता के साथ प्रस्तुत किया है।

मार्कण्डेय ने अपने कहानी जगत में समाज की उस स्त्री के रूप को चित्रित किया है जो अलग-अलग विचारों, कुंठाओं, शोषण, अत्याचार, धोखाधड़ी आदि की शिकार होती है। मार्क्सवादी विचारधारा रखनेवाले मार्कण्डेय सदैव स्त्री-जीवन के पक्षधर रहे हैं। उन्होंने अपनी कहानियों में स्त्रियों के उसी रूप को चित्रित किया जिसे प्रत्यक्षत: देखा था और जो यथार्थ के बिलकुल नजदीक थी। उनकी एक कहानी 'कहानी के लिए नारी पात्र चाहिए' में पाँच स्त्रियों के माध्यम से स्त्री के अलग-अलग रूप को चित्रित किया गया है। जहाँ सन्ध्या अपनी ही चाची के खिलाफ जाकर प्रेम विवाह करती है वहीं रमोला अपने द्वारा चुने गए प्रेम से छली जाती है। लक्ष्मी एक ऐसी स्त्री पात्र है जो प्रेम को पैसे से तौलती है। वह अपने माता-पिता की मर्जी से ब्याह तो कर लेती है लेकिन जब वह अपने ससुराल जाती है तो सारी सुख-सुविधा होने के बावजूद भी उसे अपार धनराशि के अभाव में जीना पड़ता है। ऐसी परिस्थिति में उसे अपने गरीब प्रेमी की याद आती है और अन्तत: वह जानकीनाथ को छोड़कर अपने प्रेमी से शादी कर लेती है। लक्ष्मी का फिर से विवाह कर लेना पुनर्विवाह की समस्या को भी दर्शाता है। कहानी की चौथी स्त्री पात्र रशीदा का चरित्र इन सबसे अलग है। वह पठान के बेटे से प्यार करती है किन्तु उस पर जबरदस्ती नहीं करना चाहती। पठान रशीदा को अपनी बहू बनाना चाहता है किन्तु उसका बेटा किसी दूसरी लड़की से शादी कर लेता है। पठान उसे घर से निकाल देता है और उसका बेटा भी पुन: घर नहीं आता। वह मेहनत कर के पेट भरता है किन्तु खाने की कमी के कारण उसे टी0बी0 हो जाती है और वह मर जाता है। रशीदा उस औरत की देखभाल करती है और उसके पहले प्रेमी से ब्याह करने को कहती है और स्वयं अपने प्रेमी की निशानी को जीवनभर पालती है। रशीदा के माध्यम से मार्कण्डेय ने स्त्री के उस रूप को दिखाया है जो बहुत कम देखने को मिलता है। अन्तिम पात्र जमुना ऐसी स्त्री है जिसने आठ बार शादी की और अपने आठवें पति को त्यागकर दूसरे पुरुष के साथ भाग गई। उसका चरित्र इन सभी पात्रों में सबसे ज्यादा दर्दनाक है क्योंकि गाँव का पंडित, जमींदार का लड़का और महाजन का छोटा भाई सभी मिलकर इतनी बार उसके शरीर का शोषण करते हैं कि अब वह स्वभावत: ऐसी हो गई है कि उसका मन किसी एक से नहीं भरता। इन नारी पात्रों के विषय में कथाकार मार्कण्डेय कहते हैं-''यह सारे के सारे और न जाने कितने नारी पात्र, पर एक भी मेरे बस के नहीं हैं, क्योंकि इनका अपना निजी अस्तित्व है। ये स्वतन्त्र हैं, इन्हें मेरे दिमाग ने नहीं बल्कि इन्होंने मेरे

दिमाग को बनाया है।'' इस प्रकार इस कहानी में नारियों के अलग-अलग रूप को देखा जा सकता है।

समाज में प्रत्येक स्थान पर स्त्री का शोषण खुले आम होता है। भले ही प्रशासन ने इस पर कई नियम लागू किए हैं लेकिन सख्ती न हो पाने के कारण स्त्रियों का शोषण घटने के बजाय और अधिक बढ़ रहा है। उसके साथ जबरन अत्याचार करना आज भी आम है। आज के अखबारों में प्रत्येक दिन नारी शोषण से सम्बन्धित कई खबरें छपती हैं किन्तु उसके बावजूद भी उनके सम्मान की कोई रक्षा नहीं करता। यह समाज स्त्री के प्रति अपने दृष्टिकोण को कभी नहीं बदल सकता। जिस नारी ने उसे जन्म दिया उसी नारी का वह शोषण करता है। मार्कण्डेय की कहानियाँ स्त्री के अनेक रूपों को उजागर करती है। किन्तु नारी का शोषित रूप उनकी कहानियों में ज्यादा देखने को मिलता है। जहाँ पूँजीपति वर्ग निम्न स्तरीय औरतों की देह से अपनी हवस को बुझाते हैं वहीं इन औरतों को ये सारे कष्ट सहने पड़ते हैं क्योंकि इसके अलावा इनके पास कोई दूसरा मार्ग ही नहीं है। मार्कण्डेय का कहानी-संग्रह 'माही' की सम्पूर्ण कहानियाँ प्रेम सम्बन्धी विषय को लेकर ही लिखी गई है। जहाँ 'दूध और दवा' में एक गरीब किसान की दयनीय स्थिति को रेखांकित किया है, वहीं यह भी दर्शाया है कि दोनों पति पत्नी में अत्यन्त प्रेम होने के बावज़ूद परिस्थिति के चलते सेक्स करने की इच्छा नहीं होती। पति-पत्नी के आपसी सम्बन्ध को दर्शाते हुए कहा गया है कि ''दूध और दवा कहानी के पति-पत्नी बिना प्रत्यक्ष संवादों के एक-दूसरे के भीतर बसे संसार में ही विचरण करते हैं। कभी टकराते हैं तो कभी बाह्य संसार के चुभते यथार्थ से घायल एक-दूसरे से दूर होते जाते हैं, और फिर अचानक साथ दिखाई देने लगते हैं।'' इसी संग्रह की 'सतह की बातें' कहानी भी प्रेम एवं सेक्स पर आधारित है। कहानी की शुरुआत कॉफी हाउस में बैठे लेखकों व चित्रकारों के वार्तालाप से होती है। यह बातचीत एक अटपटी प्रेमकथा पर आधारित है। इस बातचीत में भल्ला, ज्ञान, मुकुटलाल, मन्नन, मुन्शी राधा लाल आदि शामिल हैं। कॉफी हाउस में बैठे ये लोग औरतों के विषय में बात करते हैं जिसमें एक कहता है-''शारीरिक सौन्दर्य के बिना किसी औरत को कोई प्यार कर ही नहीं सकता।''

समाज में लोगों का ऐसा घिनौना दृष्टिकोण कई स्थानों पर देखने को मिलता है। इस कहानी के अन्दर भी एक कहानी तब दिखाई देती है जब दीक्षित अपनी प्रेम कहानी के विषय में बताता है। जहाँ अविश्वास की एक ऐसी कड़ी है, जिसके चलते दीक्षित अपनी प्रेमिका के द्वारा भेजी गई गोलियों को न खाकर ऑफिस में काम करनेवाली फिलीसिया को बाँहों में भरकर उसे प्यार करने लगता है। इस

प्रकार ''प्रस्तुत कहानी में जहाँ प्रेम की अनेक रूपों की चर्चा छिड़ी हुई थी वहाँ उस बदसूरत नौजवान का प्रेम सम्बन्ध एक नए रूप को सामने लाता है। कहानी में मुख्यत: प्रेम और सेक्स का स्वर ही अधिक उभरा है। कहानी का अन्त अस्पष्ट होने के कारण यह कहानी अपना अपेक्षित प्रभाव नहीं छोड़ पाती।'' इस तरह इस कहानी में स्त्री के एक ऐसे रूप को दिखाया गया है जहाँ प्रेम के साथ-साथ अविश्वास भी पनपता है और उसी अविश्वास के चलते दीक्षित फिलीसिया की बाँहों में सुकून महसूस करता है।

इसी संग्रह की शीर्षक कहानी 'माही' में एक ऐसे प्रेम सम्बन्ध को व्यक्त किया गया है जहाँ छलावा के सिवा और कुछ भी नहीं है। प्रीतिश से अत्यन्त प्रेम करने के बावजूद भी माही को प्रीतिश से धोखा मिलता है। माही की स्थिति को देखकर रूक्मी को अपनी कुछ बातें याद आ जाती हैं और इसी कारण माही की मन:स्थिति को समझते हुए वह उससे बच्चों के साथ खेलकर अपने अकेलेपन को दूर करने के लिए कहती है। दोनों एक ही स्थिति से गुजरती हैं जहाँ प्रेम के नाम पर उन्हें केवल धोखा मिलता है। मार्कण्डेय की इस कहानी में ''पुरुष वर्ग के अहम् एवं स्वार्थ की शिकार नारी की व्यथा भरी जिन्दगी का अत्यन्त मार्मिक चित्रण किया गया है। माही और रूक्मी की जीवन स्थितियाँ यद्यपि अलग-अलग हैं किन्तु उनकी पीड़ा और व्यथा एक जैसी ही संग्रह की अन्य कहानियों की तरह है। इस कहानी में भी प्रेम एवं सेक्स की भूमिका प्रधान है।'' यह कहानी अत्यन्त ही छोटी व कमजोर होने के बावजूद भी एक मुख्य मुद्दे को उठाती है। इस कहानी में माही और रूबी की एक जैसी स्थिति को दर्शाते हुए जहाँ इन दोनों के प्रति सहानुभूति उपजती है वहीं 'सूर्या' कहानी में अपनी सेक्स की इच्छाओं को पूरा करने के लिए पर पुरुषों से सम्बन्ध बनाने वाली सूर्या के प्रति वासना की भूख दिखाई पड़ती है। माही अपने प्रेमी प्रीतिश के द्वारा छली जाती है वहीं सुनील अपनी प्रेमिका सूर्या द्वारा छला जाता है। प्रीतिश माही को छोड़कर कहीं और सम्बन्ध बनाता है और सूर्या सुनील के अलावा जगजीत से सम्बन्ध बनाती है। इन दोनों कहानियों को पढ़कर ऐसा प्रतीत होता है कि कथाकार ने पात्रों के नाम व उनके स्थान में बदलाव करके एक ही विषय को दोनों कहानियों में चित्रित कर दिया है। नारी के दो अलग-अलग रूपों को इन दोनों कहानियों के माध्यम से देखा जा सकता है। जहाँ एक शोषण का शिकार बनती है तो वहीं दूसरी शोषण करती है। इस तरह कथाकार मार्कण्डेय ने स्त्री-जीवन से सम्बन्धित उन अनेक मुद्दों को अपनी कहानियों के माध्यम से उठाया है जो यथार्थपरक है। इसी संग्रह की 'तारों का गुच्छा' नामक कहानी में एक स्त्री अपने स्त्रीत्व धर्म को पूरा करना चाहती है, किन्तु लेखक को अपने परिवार

के साथ खुशहाल देखकर रोली वहाँ से लौट आती है। 'आदर्शों का नायक' भी प्रेम एवं यौन-सम्बन्धों को लेकर लिखी गई है जबकि 'पक्षाघात' पति-पत्नी के सम्बन्धों को लेकर लिखी गई एक ऐसी कहानी है जहाँ अपने पति द्वारा प्रेम न पाने पर रीना के अन्दर भटकाव की स्थिति आ जाती है और वह परेश से सम्बन्ध स्थापित करती है क्योंकि वह कहती है-"मैं बचपन से यही सोचती हूँ कि माँ बनूँ और किसी बच्चे के साथ खेलूँ। सिर्फ इसी एक इच्छा को मारते-मारते मैं एकदम मर गई लेकिन यह आज तक नहीं मरी।" इस तरह अपने स्त्रीत्व को पूरा करने के लिए ही उसके जीवन में भटकाव उत्पन्न होता है। इस तरह एक स्त्री के एक ऐसे रूप को मार्कण्डेय दर्शाते हैं जिसे प्राय: हर स्त्री पाना चाहती है। कहानी 'आवाज' में भी पति पत्नी के ऐसे अलगाव को दिखाया गया है जो पति के घमण्ड के चलते टूट जाते हैं। इस प्रकार कथाकार मार्कण्डेय का संग्रह 'माही' की सम्पूर्ण कहानियाँ लगभग स्त्री-जीवन को रेखांकित करने के साथ-साथ यौन सम्बन्धों को भी दर्शाती है। मार्कण्डेय ने यह पूरा का पूरा संग्रह एक ही विषय को लेकर केन्द्रित किया है और स्त्री-जीवन से सम्बन्धित अनेक विषयों को भी रूपायित किया है।

कथाकार मार्कण्डेय ने स्त्री-जीवन की गाथा व संघर्ष को एक अत्यन्त ही रोचक कहानी 'संगीत, आँसू और इनसान' में व्याख्यायित किया है। यह कहानी एक ऐसी स्त्री की गाथा है जो रेलगाड़ी में अपने पति बरकत के साथ गाना गाकर पेट भरती है। दिन भर मेहनत करने के बाद उसका पति सोना के सारे पैसों को हथिया कर शराब पीता है और अपनी पत्नी पर जबरन अत्याचार करता है। सोना के जीवन में तब और कठिनाई आती है जब वह गर्भवती होती है क्योंकि ऐसी अवस्था में वह ठीक से गाना नहीं गा पाती है जिसके कारण बरकत उससे नाखुश रहता है। बच्चा होने के बाद भी उसकी स्थिति जस की तस है। यह सब देखकर बरकत को बच्चे से चिढ़ होने लगी और वह अपनी कमाई की सबसे बड़ी रुकावट अपने बच्चे को मारकर उसकी हत्या कर देता है। लेखक के शब्दों में-"उसे दया आनी थी पर उसने सोचा-नहीं, यह तो दुश्मन की लाचारी है। उसके हत्यारे हाथों ने बिजली की सी तेजी से बच्चे की गरदन को दबोच लिया। पतला, कोमल माँस का लुथड़ा छटपटाया भी तो नहीं। हाँ, उसके चेहरे पर, क्षण भर के लिए एक हल्की सी लालिमा आई और फिर धीरे-धीरे एक ठण्डी सफेदी में बदल गई।" इस कहानी के माध्यम से पुन: एक स्त्री को अस्वतन्त्र दिखाया गया है क्योंकि सोना को ही सारे कष्ट झेलने पड़ते हैं फिर चाहे वह बरकत की मार हो, चाहे उसके द्वारा दी गई प्रताड़नाएँ हों, चाहे बच्चे की मौत हो। इस प्रकार एक स्त्री की बदहाल जिन्दगी को मार्कण्डेय इस कहानी में भलीभाँति उजागर करते हैं। इस कहानी के अलावा

'हरामी के बच्चे', 'मुन्शी जी', 'वासवी की माँ', 'खुशहाल ठाकुर' आदि अनेक कहानियों में स्त्री के शोषित रूप को दर्शाया गया है। मार्कण्डेय स्त्री के प्रति समाज में हो रहे अत्याचारों को अपनी कहानियों के माध्यम से व्यक्त करते हैं।

कहानी जगत में अपनी अलग पहचान बनाने वाले मार्कण्डेय ने स्त्री के अलग-अलग रूप को दर्शाते हुए कहीं उसके प्रति सहानुभूति दर्शायी है तो कहीं उसके नृशंस रूप को भी चित्रित किया है। स्त्री के ममतामयी रूप को चित्रित करने के साथ ही स्त्री के पत्नी, प्रेमिका, बेटी से बिलकुल अलग ही रूप को दर्शाया हैं। 'मन के मोड़' नामक कहानी में द्रौपदी अपने देवर जीतू को माँ के समान स्नेह देती है और उसकी प्रत्येक इच्छा का ख्याल भी रखती है। जीतू को लेकर एक दिन रामशरण और द्रौपदी में कहासुनी हो जाती है और जीतू घर छोड़कर अलग रहने लगता है, किन्तु द्रौपदी अपने स्नेह के वशीभूत होकर जीतू को मना लेती है। यह एक ऐसी कहानी है जहाँ भाभी को माता के रूप में चित्रित किया गया है। माँ की झाँकी को प्रस्तुत करनेवाली कहानी 'माई' में भी माई अपने चारों बच्चों से बराबर स्नेह तो करती है किन्तु बीमार रहने वाले बीरू के ऊपर उसका मातृत्व लचीला पड़ जाता है क्योंकि बीरू की लापरवाही उसकी चिन्ता का कारण बनता है जिसके चलते उसका झुकाव बीरू की ओर अधिक है। मातृ-स्नेह को लेकर लिखी गई 'हलयोग' संग्रह की कहानी 'अब वह हमेशा के लिए हमारी है' में सन्तान सुख से वंचित एक दम्पत्ति के जीवन को दर्शाया गया है। कथावाचक और विद्या राजन की देखभाल करते हैं किन्तु जब राजन चला जाता है तो विद्या का मातृत्व तड़प उठता है। इन कहानियों के अतिरिक्त भी मार्कण्डेय की और कहानियों में स्त्री को माँ के रूप में दर्शाया गया है। इस प्रकार हम देखते हैं कि स्त्री का जीवन माँ के रूप में मुख्य भूमिका निभाता है। मातृ हृदय के अनेक बिन्दुओं को कथाकार ने बहुत अच्छे ढंग से अपनी कहानी में प्रस्तुत किया है।

इस तरह मार्कण्डेय ने अपने सम्पूर्ण कथा-संसार में नारियों के कई रूप दिखाये हैं। नारियों के बेहतर जीवन के समर्थक मार्कण्डेय के ये पात्र बड़े ही जुझारू, संघर्षशील, विद्रोही व साहसी हैं, किन्तु उनकी कुछ कहानियों में स्त्री का बिलकुल विपरीत रूप दिखाई पड़ता है। जैसे 'वासवी की माँ', 'संगीत, आँसू और इनसान', 'सात बच्चों की माँ' आदि कहानियों में स्त्री पात्र मजबूरीवश कष्ट एवं प्रताड़नाएँ सहते हैं। ''कुल मिलाकर स्त्री पात्र किसी न किसी रूप में विशिष्ट और विचित्र बन पड़े हैं। कारण स्पष्ट है कि मार्कण्डेय ने अपने स्त्री पात्रों को गढ़ने में पर्याप्त रुचि ली है और उनके चरित्रों में लेखक ने अनूठे और विचित्र रंग भरे हैं।'' इस प्रकार मार्कण्डेय ने स्त्री सम्बन्धी विषयों पर गम्भीर चिन्तन किया है।

स्त्री जीवन की समस्याओं को उजागर कर कथाकार उन विसंगतियों को रेखांकित करता है जो हमारे समाज की प्रगति में एक बड़ा बाधक है। आधी आबादी के भरपूर सहयोग के बिना आधुनिक समाज की कल्पना भी नहीं की जा सकती। स्त्रियों ने अपनी कर्तव्यनिष्ठा एवं जीवट से अपने को प्राय: प्रत्येक क्षेत्र में साबित किया है। इस अर्थ में साहित्य की भूमिका अग्रणी होती है। मार्कण्डेय जी अपने समय में अपने स्त्री-विषयक चिन्तन से एक महत्त्वपूर्ण सांस्कृतिक साहित्यिक भूमिका निभाते हुए दिखाई पड़ते हैं।

(घ) लोक-जीवन

लोक-जीवन को व्याख्यायित करने से पहले हमें सर्वप्रथम संस्कृति के विषय में चर्चा कर लेनी चाहिए क्योंकि संस्कृति से ही लोक का विकास होता है। मनुष्य द्वारा स्वयं के जिये गए सुसंस्कारित जीवन को ही संस्कृति का नाम दिया गया है। संस्कृति शब्द दो शब्दों से मिलकर बना है 'सम्' और कृति। संस्कृत व्याकरण के अनुसार 'कृ' धातु में 'सम्' उपसर्ग लगाकर भूषण अर्थ में 'सुट्' प्रत्यय होने से संस्कृति शब्द बनता है। संस्कृति शब्द अत्यन्त व्यापक है। इसका सम्बन्ध धर्म, दर्शन, संस्कार, विश्वास, स्नान, नदी, तीर्थ, शिक्षा-दीक्षा, मंदिर, त्यौहार, पूजा, कला, विवाह, कृषि, नृत्य, संगीत, अन्धविश्वास आदि अनेक प्रकार की वस्तुओं से उत्पन्न होती है। ''समाज जीवन के शरीर को लेकर जिन बाह्याचारों की सृष्टि हुई है, मानव मन की बाह्य प्रेरणाओं से जो कुछ विकास हुआ है उसे 'सभ्यता' कहेगें और उसकी अन्तर्मुखी प्रवृत्तियों से जो कुछ बना है उसे 'संस्कृति' कहेंगे।'' अनेक विद्वानों ने अपने-अपने तरीके से संस्कृति को परिभाषित किया है। डॉ. बलदेव उपाध्याय का इस विषय में मत है कि-''लोक संस्कृति शिष्ट संस्कृति की सहायक होती है। किसी देश के धार्मिक विश्वासों, अनुष्ठानों तथा क्रियाकलापों के पूर्ण परिचय के लिए दोनों संस्कृतियों में परस्पर सहयोग अपेक्षित रहता है। इस दृष्टि से अथर्ववेद ऋग्वेद का पूरक है। ये दोनों संहिताएँ दो विभिन्न संस्कृतियों के स्वरूप की परिचारिकाएँ हैं। यदि अथर्ववेद लोक संस्कृति का परिचायक है तो ऋग्वेद शिष्ट संस्कृति का दर्पण है। अथर्ववेद के विचारों का धरातल सामान्य जन-जीवन है तो ऋग्वेद का विशिष्ट जन-जीवन है।'' यदि सरल शब्दों में कहें तो हमारा रहन-सहन, खान-पान, वेशभूषा सभी संस्कृति के अन्तर्गत आता है।

संस्कृति और लोक में आपसी सामंजस्य देखने को मिलता है। 'लोक' को अंग्रेजी में 'फोक' कहा जाता है। लोक का मतलब संसार की उन तमाम वस्तुओं से किया जाता है जो हमें प्रत्यक्ष रूप से दिखाई पड़ती है अर्थात् जो कुछ हमने

सोचा, किया और सहा, उसका प्रकट रूप ही हमारा लोक-जीवन है। महाभारत में लोक को गतानुगतिक कहा गया है 'गतानुगतिक: लोक: न लोक: परमार्थिक:।' इसके साथ ही वेदव्यास की शतसाहस्त्री संहिता में भी भारतीय लोक जीवन के विषय में कहा गया है कि 'प्रत्यक्षदर्शी लोकानां सर्वदर्शी भवेन्नर:।' इस प्रकार कहा जा सकता है कि हमारे प्राचीन ग्रन्थों में लोक के विषय में बहुत कुछ लिखा जा चुका है। इसी सब के चलते प्राचीन ग्रन्थ 'ऋग्वेद' में लोक के लिए 'जन' शब्द का प्रयोग किया गया है। इसके साथ ही तुलसीदास, कबीरदास, मीराबाई और सूरदास आदि के काव्य जगत में भी लोक से सम्बन्धित अनेक दोहे व चौपाइयाँ देखने को मिलते हैं। मुख्यत: तुलसीदास की रचनाओं में तो लोकमंगल की भावना स्पष्ट रूप से वर्णित है। वर्तमान समय में बहुत कम ही कुछ ऐसे गाँव बचे हैं जहाँ लोक-संस्कृति, लोक परम्पराएँ एवं लोकगीत देखने को मिलते हैं क्योंकि समय के साथ इन सारी परम्पराओं में भी बदलाव आने लगा। जीवन सिंह अपने लेख 'लोक का सच, पक्षधरता और मुक्तिबोध की कविता' में लिखते हैं-"भारतीय स्वाधीनता आन्दोलन में लोक की उल्लेखनीय भूमिका रही है, यह बात अलग है कि श्रम की वर्ग-चेतना के अभाव में सत्ता पर लोक की बजाय उच्च और मध्यवर्ग का आधिपत्य ही होता रहा है। इसके बावजूद आज लोक का मतलब है, वह सामूहिक सामान्य जन, जो अपेक्षाकृत ईमानदारी से मेहनत करके अपनी आजीविका अर्जित करता है, जो अपनी जिन्दगी में ईमानदारी जैसे जीवन-मूल्य को पूँजीवादी व्यवस्था में भी जैसे-तैसे सहेज रखने का प्रयास करता है और छल-कपट से दूर रहने की कोशिश भी करता है।" कहने का तात्पर्य है कि आम जन का जीवन ही लोक-जीवन है। किसान और मजदूरों के अलावा जो आम मनुष्य अपने जीवन में संघर्ष करता है वह लोक के अन्तर्गत आता है। चूँकि प्राचीनकाल से ही हमारे पुराणों व ग्रन्थों में लोक की चर्चा हो चुकी थी इसलिए आधुनिक युग के कथाकार एवं कवियों ने भी लोक से सम्बन्धित अनेक प्रकार की कहानियाँ एवं कविताएँ लिखीं। जिसमें समाज के उस हर एक पहलू को उजागर किया जो साधारण जनता से ताल्लुक रखता था।

कहानीकार मार्कण्डेय की प्राय: समस्त कहानियों में लोक-जीवन देखने को मिलता है क्योंकि ग्रामीण-जीवन के कथाकार होने के कारण वह गाँव व आम मनुष्य के जीवन तथा उनके रहन-सहन से भलीभाँति परिचित थे। साथ ही मार्कण्डेय लोक जीवन का चित्रण करने के साथ-साथ स्वयं लोकगीत बहुत अच्छा गाते भी थे। उनकी मित्र मंडली में भी जब उनसे कहा जाता तो वह बड़े ही चाव से गाया करते थे। नामवर सिंह के शब्दों में यदि कहें तो-"आरम्भ में मार्कण्डेय बहुत अच्छा लोकगीत गाते थे। अवधी का एक गीत है, 'छापक पेड़

छिहुलिया त पतवन गहबर हो'। बहुत करुण गीत है। मार्कण्डेय इस गीत को इतना अच्छा गाते थे और उस गीत की मार्मिकता मार्कण्डेय के मुँह से सुनने के बाद मेरे मन में रह गई। मार्कण्डेय की जो छवि मेरे मन में बनी वह ऐसे युवक की थी जो लोकगीत बहुत अच्छा गाता है और जिसका लोकभाषा से लगाव है, गाँव से लगाव है जो इलाहाबाद शहर में रहते हुए भी अपने ग्रामीण संस्कार को भूला नहीं है।'' नामवर सिंह की इस बात से पता चलता है कि मार्कण्डेय वास्तव में गाना बहुत अच्छा गाते थे। मार्कण्डेय की कहानियों में लोक-जीवन अधिक मात्रा में है, जिसमें अन्धविश्वास, बाल-विवाह, तीज-त्यौहार, गीत, रस्म-रिवाज, अनमेल विवाह, भाषा, बोली, मुहावरे, लोकगीत, लोककथा आदि अनेक प्रकार की चीजें आती हैं। जैसा कि पहले कहा जा चुका है मार्कण्डेय की अधिकांश कहानियों में लोक-जीवन के अनेक प्रतिबिम्ब देखने को मिलते है।

मार्कण्डेय ने अपनी कुछ कहानियों में 'धर्म' एवं 'संस्कृति' के नाम पर गाँवों में व्याप्त अनेक मान्यताओं पर व्यंग्यात्मक रूप से प्रहार किया है। अन्धविश्वास एक ऐसा विषय है जिसमें आज के समय के शिक्षित लोग भी विश्वास करते हैं। इसी को मुख्य मुद्दा बनाते हुए मार्कण्डेय ने 'पानफूल' संग्रह में संग्रहित 'नीम की टहनी' नामक कहानी में समाज में व्याप्त एक ऐसे ही विषय को रेखांकित किया है। इस कहानी में एक गाँव के परिवेश व पृष्ठभूमि का चित्रण किया गया है। गाँव में महारानी देवी वाला नीम का पेड़ महत्त्वपूर्ण है। गाँव में अन्धविश्वास के चलते कोई भी उस नीम के पेड़ के नजदीक नहीं जाता था क्योंकि ऐसी मान्यता थी कि यदि महराजिन बुआ के अतिरिक्त कोई भी उस पेड़ को छुवेगा तो उसकी मृत्यु हो जाएगी। गाँव में किसी को यदि चेचक का रोग होता तो महाराजिन बुआ के इस पेड़ की पत्तियों के सहलाने से दूर हो जाता। अन्धविश्वास को बढ़ावा देते हुए कथाकार मार्कण्डेय कहते हैं-''बुआ ने उससे कह रखा था कि नीम की पत्तियाँ मत छूना, पर वह नहीं माना और हँसते-हँसते एक टहनी तोड़ ही तो ली। गाँव की और बहुत सी औरतें थीं-सबकी आँखें टंग गई और बुआ तो वहीं रोने लगी। लौटकर लड़के को जो बुखार आया, तो महरानी ने उसे उठा ही लिया, और तभी से बुआ लगातार नीम की टहनियाँ तोड़ती रही और उन्हें कुछ न हुआ।'' गाँव के ही कुमार और पियारी में प्रेम सम्बन्ध थे। पियारी को चेचक निकल आया जिनसे उसकी तबीयत और खराब होने लगी। पियारी की दशा देखकर कुमार चिन्तित रहने लगा। बुआ के तीर्थयात्रा में चले जाने के कारण कोई भी उस नीम की टहनी को तोड़ने का साहस नहीं जुटा पा रहा था किन्तु कुमार किसी की बात माने बिना उस पेड़ की टहनियाँ तोड़ लाता है और उससे पियारी के शरीर को सहलाता है। पियारी

तो ठीक हो जाती है किन्तु नीम की पत्तियाँ उसके हाथ में सूख जाती हैं। कथाकार के शब्दों में-''इस समय, उस महारानी देवी वाले नीम के नीचे, महाराजिन बुआ की नहीं, पियारी की झोपडी़ है। कहते हैं, चेचक के मरते हुए मरीज को भी यदि नीम की टहनी से सहला दें, तो आराम हो जाता है।'' वस्तुत: कहानी का अन्त भी अन्धविश्वास के साथ होता है। कहानी के माध्यम से मार्कण्डेय ने आज के समय में फैली हुई ऐसी प्रथा को उजागर किया है जो कि समाज के शिक्षित होने के बावजूद भी अपनी पकड़ जमाये हुए हैं। प्रकारान्तर से इस कहानी के माध्यम से मार्कण्डेय ने यह भी दर्शाया है कि स्वतन्त्रता के बाद भी हमारे गाँव चिकित्सकीय सुविधाओं से रहित हैं। इस कारण गाँवों के लोग परम्परागत मान्यताओं पर आश्रित रहते हैं। समुचित विकास के अभाव में अन्धविश्वास जैसी प्रवृत्तियों को ही बढ़ावा मिलता है। इन प्रवृत्तियों पर प्रहार करने के लिए यह आवश्यक है कि गाँवों को आधारभूत सुविधाएँ उपलब्ध करायी जाए। इस प्रकार यह कहानी लोक में व्याप्त अन्धविश्वास को ही बढ़ावा देती है।

मार्कण्डेय ने ग्रामीण समाज में व्याप्त कुरीतियों, रूढ़ियों, परम्पराओं, अन्धविश्वासों का खुलकर विरोध किया है। उनके अनुसार इन सबका समाज में व्याप्त होने का मुख्य कारण अशिक्षा एवं अज्ञान है, जिसके चलते हमारा समाज इस तरह के ढ़ोंगाचार का शिकार होता है। मार्कण्डेय के विषय में डॉ. लक्ष्मणदत्त गौतम ने अपने विचारों को व्यक्त करते हुए कहा है-''उसने जनजीवन में रचे बसे अन्धविश्वासों को देखा है और उन्हें ध्वस्त होते देखने का स्वप्न भी देखा है। यही नहीं, पूर्ण संकल्प के साथ उसने उन रूढ़ियों पर प्रहार करने का कोई अवसर नहीं जाने दिया। भारतीय जनजीवन में जो धार्मिक रूढ़ियाँ जड़ जमाए हैं, उनसे लेखक समझौता नहीं कर पाता। धर्म उसके लिए जरूरतमंदों के नैतिक नियमों का नाम है।'' मार्कण्डेय ने एक ऐसे ही विषय को रेखांकित किया है, 'गनेसी' नामक कहानी में। जिसमें गनेसी की चेतावनी के भय से पूरा का पूरा गाँव न सिर्फ सुअर की बोटी को अपने घर में पकाता है बल्कि उसका सेवन भी करता है। गाँव वालों में अशिक्षा, अज्ञान, भय और अन्धविश्वास की गहरी पकड़ है। गनेसी अपनी जान की परवाह न करते हुए गाँव के लोगों को एक जंगली सुअर से मुक्त करता है और गाँव वालों पर अपना भय इस प्रकार समाहित कर देता है कि वह सुअर का माँस बनाने को बाध्य हो जाते हैं। वह कहता है-''इतना याद रखना कि यदि मैं मर गया तो सुअर की बोटी-बोटी बाँटकर कम से कम एक बोटी गाँव के सारे लोग अपने-अपने घर ले जाएँ और सबके घर पर माँस पकाकर खाया जाए वरना जो ब्रह्म आग लगेगी कि सारा गाँव जलकर छार हो जाएगा।'' यदि देखा जाए तो भले

ही इस कहानी में प्रगतिवादी सोच दिखाई पड़ती है किन्तु कहीं न कहीं अपने पुराने विचारों में जीते हुए वह इस प्रकार की बात कहता है जिनसे सारा गाँव भयभीत हो जाता है। कुछ इसी प्रकार का विषय 'भविष्यवाचन' कहानी में भी देखने को मिलता है। भविष्यवाचन कहानी में ऐसे पण्डितों पर व्यंग्य किया गया है जो पोथी पत्तरा के चलते लोगों का भविष्य बताते हैं। कुनाई एक ऐसा ही धूर्त व चरित्रहीन पण्डित है जो अपनी धूर्तता के चलते अपनी अवैध सन्तान को भोले-भाले किसान परसाद सिंह का नाम देकर उसे वैध बनाना चाहता है। जब वह परसाद सिंह के बेटे का भविष्य देखता है तो उसे दक्षिणा में कुछ नहीं मिलता जिनसे क्रोधित होकर कुनाई उस बच्चे को घर का कलंकी कह देता है। इस तरह यह कहानी तमाम ऐसे ढ़ोंगी पण्डितों की असलियत को बड़ी ही सुन्दरता के साथ रेखांकित करती है। इस कहानी के विषय में डॉ. शशिभूषण द्विवेदी लिखते हैं-''भविष्यवाचन भी गँवई समाज में अन्धविश्वास और उससे उपजे शोषण की कहानी है। इसी कहानी का विस्तार है 'ब्रह्मदोष' कहानी। यह कहानी भी गाँव-समाज की छोटी-छोटी चालाकियों, अन्धविश्वासों के आधार पर बुनी गई है, बल्कि सही अर्थों में यह कहानी 'भविष्यवाचन' का ही अगला भाग है।'' इस तरह यह दोनों ही कहानी समाज में फैली हुई कुरीतियों पर प्रहार करती है। वर्तमान समय में भले ही आधी से अधिक आबादी शिक्षित है किन्तु फिर भी हम इस तरह के ढ़ोंगाचार में फँसने से नहीं चूकते हैं। इतना आगे बढ़ने के बाद भी हमारी सोच सीमित है जिसके चलते हम ऐसे अन्धविश्वासों में पड़कर अपना सब-कुछ धूर्त पण्डितों के ऊपर लुटाने पर आमादा हो जाते हैं। कथाकार ने भी अन्धविश्वास को कुछ कहानियों में बढ़ावा देते हुए उसका अन्त भी अन्धविश्वास के चलते ही किया है। जबकि कुछ कहानियों में वह ऐसी कुरीतियों का भण्डाफोड़ करते हुए दिखाई पड़ते हैं जो हमारे समाज की बड़ी विडम्बना है।

बाह्याचार का खंडन करनेवाली 'शव-साधना' कहानी में ढ़ोंगी, पाखंडी, लोभी, साधु-सन्यासियों की वास्तविकता को उजागर किया गया है। कहानी उन पाखंडी साधुओं के चरित्र को इंगित करती है जो भोले-भाले ग्रामीण वासियों को इस प्रकार अपने झूठे चमत्कार से प्रभावित कर लेते हैं जिसके चलते वह सब-कुछ बाबा के चरणों में अर्पित करने को बाध्य हो जाते हैं। अनपढ़ के साथ-साथ पढ़े लिखे लोग भी इनकी बातों पर विश्वास कर लेते हैं। कहानी का केन्द्रीय पात्र घूरे बाबा को पूरा गाँव ईश्वर का अवतार मानता है-''भगवान का एक ही रूप समझो, बाबा को।'' यह ढोंगी घूरे बाबा धर्मवश सन्यासी नहीं बने बल्कि अपनी पत्नी और अपने बॉस के प्रेम सम्बन्धों को देखकर और उनके द्वारा अपनी जान को खतरे में पाकर अपने गाँव से भाग कर एक-दूसरे गाँव पहुँचते हैं और वहाँ पर साधु-सन्यासी के रूप में

गाँव के भोले-भाले ग्रामीणों पर अपना प्रभाव जमाते हैं। वह गाँव वालों के मन में अपनी झूठी शक्तियों के प्रति विश्वास जमा लेता है और शव-साधना के नाम पर गाँव की स्त्रियों का शोषण करता है। घूरे बाबा के माध्यम से कथाकार ने उन ढ़ोंगी साधु-सन्यासियों की वास्तविकता को उजागर किया है जो अपनी झूठी शक्तियों के चलते लोगों पर विश्वास जगाते हैं और फिर उन्हीं के घर की लक्ष्मी को लूटते हैं। ''इस कहानी में संकेत किया गया है कि ग्रामीण जनों के अज्ञान और अन्धविश्वास का फायदा उठाकर वे किस तरह उनके जीवन को बिखेर देते है।'' कथाकार ने उन पाखंडी बाबाओं के चारित्रिक दोष को अपनी कहानी में वर्णित कर पाठक तक यह सन्देश पहुँचाने का प्रयास किया है कि ऐसे धूर्त, स्वार्थी, पाखंडी बाबाओं पर कभी भी आँख मूँदकर विश्वास नहीं करना चाहिए और न उनकी बातों में आकर अपनी आबरू उन्हें सौंपना चाहिए क्योंकि ऐसे लोग केवल अपनी हवस और स्वार्थ के चलते ढ़ोंगी बाबाओं का भेष बनाकर लोगों को अपनी ओर आकृष्ट करते हैं।

बाल-विवाह जैसे ठोंस मुद्दे को उठाती 'सोहगइला' कहानी में ग्रामीण-जीवन की रूढ़ि पर प्रहार किया गया है। बचपन में विवाह हो जाने के कारण ऐसे बच्चे अपने से बड़ों के द्वारा बताई गई बातों को ही सर्वस्व मानते हैं। रनिया का ब्याह आठ साल की छोटी सी उम्र में तब कर दिया जाता है जब रूढ़ि-परम्परा के बजाय उसे खान-पान और खिलौनों में दिलचस्पी है। उसकी माँ अपनी बेटी के हाथ में सोहगइला थमाते हुए कहती है-''इन्हें छोड़ना नहीं। कुल-परिवार की लाज का ध्यान रखना।'' वह कुछ समय तक अपनी माँ की बात को ध्यान में रखती है किन्तु जब उसे प्यास लगती है तो वह सब भूलकर पानी का लोटा मुँह में लगाकर अपनी मूर्खता पर हँस देती है। अचानक से ''उसका ध्यान एकदम अपने हाथों पर चला गया। क्षण भर के लिए प्यास का सारा पता जैसे वह भूल गई हो-वह ब्याहता है, वह ससुराल जा रही है, वह उसका सुहाग है, सुहाग-और प्यास की तकलीफ से ढ़ीले होनेवाले उसके हाथ एकाएक फँस गए, क्योंकि ठकुरानी बहू की एक-एक बात उसे याद आ रही थी।'' इस प्रकार यह कहानी उत्तरी भारत के उन हिस्सों की वास्तविकता को दर्शाती है जो आज भी प्रचलित है। बलभद्र सिंह इस कहानी के विषय में कहते हैं कि-''सोहगइला तो उनकी एक विशिष्ट रचना है। इसमें ग्रामीण जीवन और संस्कृति की लयात्मक अभिव्यक्ति है। सामाजिक संरचना की जटिलताओं को कहानीकार ने जगह-जगह पर संकेतों में भी उभारने की कोशिश की है। लेकिन मुश्किल तो यह है कि हम इन संकेतों को गम्भीरता के साथ नहीं लेते।'' इस तरह बालजीवन में विवाह हो जानेवाली एक ऐसी बच्ची के जीवन को रेखांकित किया है जो अपने बड़ों द्वारा बताई गई रूढ़ियों पर विश्वास तो करती है, किन्तु अपनी जरूरत के चलते वह

उस आडम्बर को तोड़ देती है। मार्कण्डेय की कहानी 'सहज और शुभ' में भी गाँव में व्याप्त अन्धविश्वासों को ही दर्शाया गया है। कहानी में बकरा काटकर देवी को प्रसन्न करने जैसा ढ़ोंग कथाकार ने चित्रित किया है। आज भी अनेक स्थानों पर इस प्रकार के ढ़कोसले देखने को मिलते हैं जहाँ पशुओं की बलि देकर देवताओं को प्रसन्न करने का दावा किया जाता है। अभी हाल ही में नेपाल के एक स्थान पर ढ़ाई लाख जानवरों की बलि केवल इस वजह से दी गई क्योंकि वे अपने एक त्योहार पर अपने देवता को प्रसन्न करना चाहते थे। उनके इस कुकर्म का परिणाम यह हुआ कि पूरा नेपाल तबाही की चपेट में आ गया। भला किसी की बलि देकर किसी भी देवता को कैसे प्रसन्न किया जा सकता है? मार्कण्डेय की इस कहानी को पढ़कर कबीरदास का एक दोहा याद आता है जिसमें उन्होंने ऐसे ही प्रश्न को उठाया है-'दिन में रोजा रखत हैं, रात हनत हैं गाय। यह तो खून नहिं बंदगी, फिर कैसे मिले खुदाय'।। इन सबके बावजूद भी हम इस प्रकार के अन्धविश्वासों पर पड़कर ऐसा अपराध कर जाते हैं जिसमें ईश्वर भी हमें क्षमा नहीं करता।

मार्कण्डेय की कहानियों में मुख्यत: समाज का हर पहलू दृष्टिगत होता है। उन्होंने समाज के तमाम रूपों एवं बिडम्बनाओं को अपनी कहानियों में चित्रित किया है। लोक-जीवन के चितेरे मार्कण्डेय की कहानियों में विवाह जैसा ठोंस विषय भला कैसे छूट सकता है। उन्होंने 'रेखाएँ', 'बिन्दी', 'प्रिया सैनी', 'सूर्या', 'आँखे', 'खुशहाल ठाकुर', 'सोहगइला', 'मन के मोड़', 'कहानी के लिए नारी पात्र चाहिए' आदि अनेक कहानियों के माध्यम से प्रेम-विवाह, बाल-विवाह, पुनर्विवाह, अनमेल-विवाह जैसी समस्या को रेखांकित किया है। उनका 'माही' संग्रह तो पूरा का पूरा प्रेम सम्बन्धी विषय को लेकर ही लिखा गया है। 'पानफूल' संग्रह में संकलित 'रेखाएँ' कहानी में जहाँ प्रेम सम्बन्ध व प्रेम विवाह को दर्शाया गया है वहीं 'कहानी के लिए नारी पात्र चाहिए' में तो प्रेम सम्बन्धी सभी समस्याएँ दर्शायी गई हैं। 'हलयोग' संग्रह की 'खुशहाल ठाकुर' नामक कहानी में ठाकुर खुशहाल सिंह अपनी पहली पत्नी की मृत्यु के बाद दूसरा विवाह कर लेते हैं किन्तु जब उसकी दूसरी पत्नी को बच्चा नहीं होता तो वह नौकरानी से अवैध सम्बन्ध बनाता है और इसी के चलते नौकरानी किसुनी गर्भवती हो जाती है। गरीब एवं निम्नजाति की होने के कारण किसुनी पर लोग अत्याचार करते हैं और वह कुछ नहीं कर पाती। मार्कण्डेय की कहानी ''खुशहाल ठाकुर' कहानी भी अधूरी लगती है। नौकरानी से अवैध सन्तान के घटनाचक्र के सिवा वहाँ कुछ भी नहीं है। कहानी के कथ्य का चेहरा-मोहरा स्पष्ट नहीं हो पाता।'' कथाकार ने जहाँ एक ओर खुशहाल ठाकुर में पुनर्विवाह की समस्या को दर्शाया है वहीं दूसरी ओर इसी संग्रह

की कहानी 'प्रोफेसर' में अनमेल विवाह की समस्या को रेखांकित किया गया है। कथावाचक जब पेपर पढ़ रहा होता है तो वह देखता है कि एक नई खबर थी कि "वृद्ध प्रोफेसस ने शादी की।" जब वह देखता है कि 60 वर्षीय प्रोफेसर धावन ने अपनी 22 वर्षीय छात्रा रजनी से सिविल मैरिज कर ली तो वह आश्चर्यचकित हो जाता है। इस विवाह में नगर के प्रतिष्ठित व्यक्ति, पत्रकारों, राजनीतिक कार्यकर्ता, कॉलेज और यूनिवर्सिटी के प्रोफेसर उपस्थिति थे। विवाह के बाद रजनी उन्हें धोखा दे देती है जिसे बर्दाश्त न कर पाने के कारण वह आत्महत्या कर लेते हैं। यह कहानी अनमेल-विवाह की खामियों को दर्शाती है।

लोक भाषा की छौंक देते हुए लिखनेवाले ग्रामीण कथाकार मार्कण्डेय की कहानियों में लोकगीत भी देखे जा सकते हैं। वह लोकगीत बहुत अच्छा गाते थे। अमरकान्त कहते हैं-"जब हमारी बैठकी जमती तो मार्कण्डेय हमें अवधी के लोकगीत बहुत सधे स्वरों में गाकर सुनाता।" उनकी कहानी 'हरामी के बच्चे', 'हंसा जाई अकेला', 'बोझ भर राख', 'घी के दिए' आदि कहानियों में उन्होंने गाँव में गाये जानेवाले लोकगीतों का चित्रण किया है। स्वतन्त्रता के बाद उपजे मोहभंग को चित्रित करनेवाली कहानी 'हंसा जाई अकेला' में उन्होंने 'हंसा जाई अकेला, ई देहिया ना रही। मल ले, धो ले, नहा ले खा ले/ करना हो सो कर ले/ ई देहिया......" गीत के माध्यम से गँवई सभ्यता को दर्शाते हुए वहाँ गाये जानेवाले गीतों को चित्रित किया है। हंसा भी इस कहानी में गीत गाता है-

जग बेल्हमौलू जुलूम कइलू ननदी .... जग ....
बरम्हा के मोहलू, बिसनू के मोहलू
शिव जी के नचिया नचौलू मोरी ननदी ... जग.... ।।"

हंसा द्वारा गाया जाने वाला यह गीत भोजपुरी की मिठास को पूरी तरह दर्शाता है। चूँकि मार्कण्डेय जौनपुर जिले के बराई गाँव के रहने वाले थे इसलिए इनके गीतों में भोजपुरी और अवधी का मिश्रण भी है। लोकगीत को एक गीत के रूप में 'हरामी के बच्चे' नामक कहानी में बड़ी ही सुन्दरता के साथ चित्रित किया गया है। स्त्री शोषण को दर्शाती इस कहानी में मल्लाह द्वारा गाया जाने वाला गीत गाँव की परम्परा को दर्शाता है। किस तरह दिन भर मेहनत करने के बाद भी अपनी धुन में मस्त मल्लाल यह गीत गाकर मानों अपनी सारी थकान को दूर करना चाहता है। मार्कण्डेय ने गीत को इस प्रकार प्रस्तुत किया है-

"काहेन की तेरी नइया रे,
काहे की करूवारि।

कहाँ तोरा नइया खेवइया,
के धन उतरई पार।
धरमै के मोरी नइया रे,
सत कइ लागी करूवारि।
सैंया मेरा नइया खेवइया रे,
हम धन उतरब पार।.... ''

कहानी में लोकगीत के साथ ही समाज की स्थितियों को भी दर्शाया गया है। एक स्त्री का शोषण कर उस पर जबरन अत्याचार करना बड़ा ही अमानवीय है। प्रेम सम्बन्ध के साथ ही उच्चवर्ग के शोषण को दर्शाती हुई यह कहानी इसीलिए अलग जान पड़ती है क्योंकि इसमें कथाकार ने सभी समस्याओं को चित्रित किया है जो ग्राम और समाज से ताल्लुक रखती है। कुछ भी हो ''हरामी के बच्चे कहानी में तीव्र नाटकीय सम्भावनाएँ दिखाई पड़ती है, किन्तु उसे इतने भावावेग, बल्कि लगभग विक्षिप्त भावावेग के साथ कहा गया है कि समूचा प्रभाव और शक्ति नष्ट हो जाती है।'' इस तरह लोकगीत को प्रस्तुत करती इस कहानी में अनेक विषयों को रेखांकित किया गया है।

हमारे समाज की अनेक विषमताओं को मार्कण्डेय ने अपनी कहानी का विषय बनाया है। उन्होंने एक ढोंगी पण्डित के साथ किए गए मजाक को तथा विपत्ति पड़ने पर उस पण्डित का साथ देनेवाले उन्हीं लोगों के चरित्र को दर्शाया है। कहने का तात्पर्य है कि गाँव में हो रहे आपसी सम्बन्धों में हँसी-मजाक जैसे वाक्यांशों को कथाकार ने बड़ी ही सहजता के साथ रेखांकित किया है। कहानी में पतुरिया का नाच भी दिखाया गया है, जिसमें कथाकार यह दिखाना चाहता है कि किस प्रकार एक नचनिया का नाच देखने के लिए पण्डित तक नहीं चूकता। यही स्थिति 'गुलरा के बाबा' में भी है। मार्कण्डेय का यह कथन एक नाचने वाली के प्रति लोगों का दृष्टिकोण दर्शाता है फिर वह चाहे कोई बालक हो, चाहे युवा हो या फिर बूढ़ा। सबका उस नचनिया के प्रति एक ही दृष्टिकोण है। कथाकार के शब्दों में ''पण्डित काका रुपया अँगुली की पोर पर साध रहे हैं, पर बुढ़ाई के कारण हाथ हिल जाता है, और रुपया गिर पड़ता है। बीबी उसे उठाकर चली जाती है। पण्डित पागल हो गए हैं। उनकी नस-नस में नारी की गन्ध भर गई है। विश्वामित्र-मेनका, उर्वशी ...औरत...सँवरिया-पण्डित की आँखों के आगे जैसे अँधेरा छा जाता है, फिर रंग-बिरंग के तारे टूटने लगते हैं...साँझ होते ही चौघट्टे का कक्कर, सावन की भरी-भरी सी रात और उसमें दूर-दूरकर गायी जानेवाली कजरी-

हरि हरि बाबा के अँगनवाँ मोरवा बोले रे हरी
मोरवा कर बोली सुनके बिहरे करेजवा रामा,
हरि हरि कइदा बाबा हमरो गवनवाँ रे हरी।
असुके सवनवाँ बेटी खेलिला कजरिया रामा,
हरि हरि आगे के अगहनवाँ करब गवनवाँ रे हरी।''

एक पण्डित कुनाई के चरित्र को बयाँ करनेवाली इस कहानी में गाँव के परम्परागत रीति-रिवाज को भी रेखांकित किया गया है। साथ ही कजरी में गाये जानेवाले गीतों को भी दर्शाया गया है जो आज कहीं खो गए हैं। मार्कण्डेय ने अपनी कहानियों में ऐसे चित्र उकेरे हैं, जिन्हें पढ़कर हम गँवई वातावरण से रू-बरू होते हैं।

मार्कण्डेय की कहानियों में से जिस कहानी में उनके क्षेत्र को सबसे अधिक दर्शाया गया है वह है 'घी के दिए' नामक कहानी। यह उनकी प्रारम्भिक कहानियों में से एक है। इस कहानी में उन्होंने अवध क्षेत्र में प्रचलित एक लोकगीत को आधार बनाया है जिसमें लोकगीतों की परम्परा में ही राम यानी ईश्वर से अँधेरा दूर करने की प्रार्थना की गई है। कहानी के मुख्य पात्र सुनील के मन में एक विचार लगातार प्रवाहित होता है। वह सोचता है-''भोग और वैभव-उन्माद ने दुनिया के सुख को, संसार की अमारत को जबरन अपने हिस्से में कर लिया है।'' विद्यार्थी सुनील असंख्य दलित, शोषितों में से खुद को महसूस करता है और अनेक तरह की बातें सोचता है। कहानी में एक अधेड़ औरत अपनी बच्ची के साथ खजड़ी बजाकर लोकगीत गा रही है।

गीत सुनकर सुनील के मन में उद्वेलन होने लगता है और वह सोचने को विवश हो जाता है-''वह इस दुनिया को नष्ट-भ्रष्ट करके इस कृत्रिम त्योहार और पापात्मक सामाजिक व्यवस्था का नाश कर दे। साथ-साथ समाज को ऐसा बना दे जिनसे सबके घर में दिए जल सके, सबके घर में ज्योनार बन सके और सबके घर में सेज लग सके।'' कहानी तब एकाएक मोड़ लेती है जब वह औरत बताती है कि दीवाली के ही दिन उसके पति अँग्रेज द्वारा गोली से मार दिए गए थे और उनकी समाधि पर वह घी का दीपक जलाना चाहती है। सुनील बाजार से दियाबत्ती, घी और मिठाई लाता है ताकि वह औरत अपने पति की समाधि में घी का दिया जला सके। कहानी के अन्त में कथाकार ने उड़िया पुजारी के लोकगीत को प्रस्तुत किया है-

''सरि लगा दीप दीप-तेल
कि परि दीप जालि बी। महाप्रभु से।

तेल लगा वावु जाओ हे राम
से तेल दीप-रे ठालि बी। महाप्रभु से।
सुना सुना दीप रे चन्दन तेल
सी ताया दीप जालछी। महाप्रभु से।
दीप जाली जाली-सी ताया
मा घर कथा माल छी। महाप्रभु से।''

लोकगीत को जगह-जगह रेखांकित करनेवाली इस कहानी में उस सामाजिक अभाव की ओर संकेत किया गया है, जिसमें हमारे समाज का एक बड़ा हिस्सा आज भी अभाव में जी रहा है। इस तरह लोक-जीवन व लोकगीत को प्रस्तुत करती यह मार्कण्डेय की बड़ी रोचक कहानी है।

इन सबके अलावा मार्कण्डेय की कहानियाँ अधिकांशतः लोकजीवन पर आधारित हैं। उनकी अनेक कहानियाँ समाज में फैली वास्तविकताओं को उजागर करती है। कहानी 'गुलरा के बाबा' में शाप के माध्यम से वेश्या की आँखों का दोष मिटने का उल्लेख है तो दूसरी तरफ एक लोमड़ी के रास्ता काटने पर कथानायक रामजतन के मन में शुभ-अशुभ की शंका उत्पन्न हो जाती है। इस तरह और अनेक कहानियों में छोटे-छोटे रीति रस्मों, शकुन-अपशकुन, त्यौहारों, पूजा-पाठ आदि का वर्णन तो है ही साथ ही लोकशब्द जैसे टिकोरी मारना, पौदर, मोह, गडारी, निथार देना, ब्रह्मदोख, ऊबड़-खाबड़, परछाँही, अकिल, मड़इया आदि अनेक बोलचाल के शब्दों का ढ़ेर लगा दिया है। इस तरह मार्कण्डेय ने अपनी कहानियों को लोक परम्परा, लोकरीति, लोक-जीवन आदि प्रकार के सन्दर्भों से जोड़कर एक विशिष्ट उपलब्धि को प्राप्त किया है।

(च) शिल्प-विधान

अनुभवों की सार्थक अभिव्यक्ति का माध्यम भाषा है। मनुष्य की उत्पत्ति एवं उत्कर्ष का सफल माध्यम भाषा है। वर्तमान समय में भी इसका बहुत महत्त्व है। भाषा मनुष्य को वरदान के रूप में प्राप्त हुई है। भाषा के माध्यम से ही हम अपनी बात को किसी और के समक्ष प्रस्तुत कर सकते हैं क्योंकि यदि भाषा न होती तो हम अपने विचारों और मन्तव्यों को इतनी सहजता के साथ किसी के समक्ष प्रस्तुत नहीं कर सकते थे। एक सामाजिक प्राणी होने के नाते मनुष्य का विचार-विनिमय करना एक आम बात है। कभी-कभी तो हम केवल संकेतों के माध्यम से ही अपनी बात को समझाने में सफल हो जाते हैं किन्तु प्रत्येक बात सांकेतिक रूप से कह पाना एक जटिल समस्या है और इसी समस्या को सुलझाने के लिए भाषा की उत्पत्ति हुई।

भाषा के विषय में अनेक विद्वानों ने अपने विचारों को व्यक्त किया है। डॉ. भोलानाथ तिवारी के मतानुसार-"भाषा मानव-उच्चारणावयवों से उच्चारित यादृच्छिक ध्वनि प्रतीकों की वह संरचनात्मक व्यवस्था है, जिसके द्वारा समाज विशेष के लोग आपस में विचार विनिमय करते हैं।" इसके अतिरिक्त डॉ. श्यामसुन्दर दास ने लिखा है-"मनुष्य और मनुष्य के बीच वस्तुओं के विषय में अपनी इच्छा और मति का आदान-प्रदान करने के लिए व्यक्त ध्वनि-संकेतों का जो व्यवहार होता है, उसे भाषा कहते हैं।"

भाषा में अभिव्यक्ति के साथ ही चिन्तन भी होता है। लेखक अपनी कहानियों, उपन्यासों आदि लेखनशैली को भाषा के माध्यम से ही व्यक्त करता है। वह मानवीय संवेदनाओं और जटिलताओं को भाषा के माध्यम से बड़े ही सहज रूप में व्यक्त करता है क्योंकि "कहानीकार अपनी बोलचाल की भाषा से ही ऐसे शब्दों का चुनाव करता है जिनमें गहरी अर्थवत्ता होती है तथा वह उसे इस रूप में अभिव्यक्त करता है कि उससे भाषा बोलचाल की भाषा से ऊपर उठकर सामयिक जीवन सत्य की संवाहक बनाने में समर्थ हो जाती है। कहानीकार के सामने जीवन का व्यापक बोध उसकी जटिलताएँ एवं मानवीय संवेदनाएँ होती हैं जिन्हें वह प्रकट करने की कोशिश करता है। कहानी के रचनात्मक स्तर पर भाषा विधान की यह प्रक्रिया निरन्तर चलती रहती है। कथाकार अपने बाहर और भीतर के आत्मसंघर्ष का साक्षात्कार करते हुए भाषा के रचनात्मक सन्दर्भों की नई दिशाएँ तलाश करता है जो उसके कथ्य, परिवेश और उसकी रचनाशक्ति को अधिक यथार्थवादी बनाती है।" जब लेखक अपने विचारों को प्रत्यक्षत: न कहकर पात्रों व परिस्थितियों के माध्यम से अभिव्यक्त करता है तो उसमें एक अलग ही प्रभाव छोड़ता है। रचनाकार मुहावरों, लोकोक्तियों, रूढ़िगत परम्पराओं, विचारों, लोकगीतों आदि अनेक माध्यम से अपनी विशिष्ट लेखनशैली को बड़े ही सहज ढंग से प्रस्तुत करता है। भाषा के उपर्युक्त उपकरण ही 'शिल्प-विधान' के अन्तर्गत आते हैं। हिन्दी कहानी में नवीनता आने का मुख्य कारण शिल्प और भाषा ही थी क्योंकि इन दोनों के नव्यतम रूप ने ही कहानी को नए रूप की ओर अग्रसित किया। भाषा के बाद अब शिल्प-विधान पर भी नजर डालनी चाहिए। शिल्प-विधान दो शब्दों से मिलकर बना है 'शिल्प' और 'विधान'। शिल्प को अंग्रेजी में Technique कहते हैं जिसका अर्थ है 'हाथ से कोई चीज बनाकर तैयार करने का काम, दस्तकारी, कारीगरी आदि। डॉ. जैनेन्द्र कुमार के अनुसार "टेकनीक (शिल्प) उस ढाँचे के नियमों का नाम है पर ढ़ाँचे की जानकारी की उपयोगिता इसी में है कि वह सजीव मनुष्य के जीवन में काम आए। वैसे ही 'टेकनीक' साहित्य सृजन में योग देने के लिए है।" विधान का अर्थ है "किसी

कार्य के सम्बन्ध में किया जाने वाला आयोजन और उसका प्रबन्ध, व्यवस्था, निर्माण, रचना, सर्जन किसी चीज या बात का किया जाने वाला उपयोग, प्रयोजन या व्यवहार, ढंग, प्रणाली रीति।'' कथाकार मार्कण्डेय की कहानियों में शिल्प की गहरी अर्न्तसूत्रता दिखाई पड़ती है क्योंकि सामान्य जनता की भाषा को उन्होंने अत्यधिक महत्त्व देते हुए अपनी कहानियों में स्थान दिया है। गाँव से अत्यधिक लगाव होने के कारण ही गँवई गन्ध कहानियों में दिखाई पड़ती है। कथाकार ''मार्कण्डेय जी कहानी के शिल्प-पक्ष की उपेक्षा नहीं करते थे। वे कथारस को बनाए रखने के पक्षधर थे।'' 'गुलरा के बाबा', 'हंसा जाई अकेला', 'नीम की टहनी', 'घूरा', 'चाँद का टुकड़ा', 'दौने की पत्तियाँ', 'महुए का पेड़' आदि अनेक कहानियों में शिल्प का बहुत ही सुन्दर प्रयोग किया है। भोजपुरी, अवधी, खड़ी बोली आदि अनेक भाषाओं का कुछ ही रूप उनकी कहानियों में देखा जा सकता है। उनकी कहानियों का अधिकांश रूप ग्रामीण परिवेश ही है, जिसमें भाषा-शैली, वस्तु एवं शिल्प-विधान को बड़ी ही बारीकी के साथ प्रस्तुत करते हुए कहते हैं-''कला और शिल्प की बारीकियों में डूबे रहना कलाकार के शैशव का सबसे बड़ा मोह होता है। हम सभी इस लोभ के बीच से गुजरते हैं। कुछ लोग जीवन-भर इसी लोभ में तड़पते रह जाते हैं और कुछ आगे बढ़ जाते हैं।'' मार्क्सवादी विचारधारा के समर्थक मार्कण्डेय ने अपने उपन्यास अथवा कहानी साहित्य में कला एवं शिल्प के बजाय वस्तु को अधिक महत्त्व दिया है। अपने कथा साहित्य में जिन-जिन सन्दर्भों को प्रस्तुत किया है, वह इस प्रकार है-

कहानी को छः तत्वों के आधार पर विभाजित किया गया है जिसमें कथावस्तु को सर्वप्रमुख माना गया है। किसी भी छोटी या बड़ी कहानी को लिखने से पहले उसका पूरा खाका तैयार कर लेना पड़ता है क्योंकि जब तक हम विषय का चयन नहीं करते तब तक कहानी लिख पाना कठिन है। इसलिए कहानी में कथानक होना परमावश्यक है। कथावस्तु के अन्तर्गत कहानी का वह सम्पूर्ण परिदृश्य आ जाता है जिसके इर्द-गिर्द कहानी चलती है।

मार्कण्डेय की कहानियाँ पूर्णरूप से आंचलिक तो नहीं कही जा सकती किन्तु उसमें आंचलिकता की मिठास जरूर महसूस की जा सकती है। ''मार्कण्डेय गढ़े हुए कथानक के दौर में अनगढ़ स्थितियों के साधक कहानीकार हैं, उनके कथा-जगत में यथार्थ बहुबचनात्मक है, इसलिए उनकी कहानियाँ आज अपने समय की बेहतर साक्ष्य है, हिन्दी कहानीकारों में मार्कण्डेय ऐसे कहानीकार हैं जिनके यहाँ स्वाधीनता की इच्छा और उसे पाने की प्रक्रिया में सामने आ रहे अन्तर्विरोधों की गहरी पहचान है। उनके कथा-सार में राष्ट्र की परछाइयाँ हिलती-डुलती हैं, गाँव की सामंती, जातिवादी संरचना में हो रहे परिवर्तन की परख है। मार्कण्डेय की कहानियाँ

राजनीतिक इस अर्थ में है कि वे अपनी कथा भूमि की वर्गीय और जातीय संरचना की समझ रखती हैं और अधिरचना के आधार से सम्बन्ध के प्रति सचेत भी हैं।'' मार्कण्डेय की कहानियों के कथानक में गाँव के बदलते हुए परिवेश को रेखांकित किया गया है इसलिए उनकी कहानियों के शिल्प में कुछ नयापन दिखाई पड़ता है। जहाँ 'शवसाधना', 'बातचीत' आदि कहानियों में फ्लैशबैक का प्रयोग है वहीं 'प्रलय और मनुष्य' आदि कहानियों का शिल्प फैंटेसी पर आधारित है। मार्कण्डेय 'माही' संग्रह की प्राय: सभी कहानियों में ग्रामीण परिवेश से हटकर नगरबोध का चित्रण करते हैं, किन्तु अपनी कुछ ही कहानियों को नगर की ओर मोड़ कर वह पुन: ग्राम्य जीवन के यथार्थ को उजागर करते हैं।

कथावस्तु के बाद कहानी का दूसरा प्रमुख तत्व है-पात्र एवं चरित्र चित्रण। प्रत्येक कहानी, उपन्यास, नाटक, एकांकी का एक प्रमुख पात्र होता है जो मुख्य भूमिका निभाता है। पूरी कहानी में मुख्य पात्र पर ही सबकी दृष्टि टिकी होती है। कहानी पढ़ने पर ही यह पता चल जाता है कि कहानी का मुख्य पात्र कौन है? मार्क्सवादी एवं प्रगतिवादी लेखक मार्कण्डेय ने अपने कथा साहित्य में सामाजिक जीवन का चित्रण किया है। मनुष्य का जीवन उनके कथा साहित्य का मुख्य विषय है। वह मानव जीवन के यथार्थ को बड़े ही सहज रूप में प्रस्तुत करते हैं। ''कहानीकार की सार्थकता इस बात में है कि वह अपने युग के मुख्य सामाजिक अन्तर्विरोध के सन्दर्भ मे अपनी कहानियों की सामग्री चुनता है, ऐतिहासिक विकास के दौरान विरोधी शक्तियों के संघर्ष के फलस्वरूप जीवन के नए-नए क्षेत्र खुलते चलते हैं, पिछले युग की दबी हुई शक्तियाँ उभर आती हैं उभरी हुई शक्तियाँ दब जाती हैं, गौण प्रधान हो जाता है और प्रधान गौण। इस प्रकार सामाजिक अन्तर्विरोध का रूप ही नहीं बदलता, बल्कि उसमें भाग लेने वाली अथवा भाग न भी लेने वाली किन्तु भाग होने वाली हर सामाजिक इकाई के भीतर अन्तर्विरोध के रूप में भी बदल जाते हैं।'' वैसे देखा जाए तो कहानियाँ समाज के बिन्दुओं पर ही आधारित होती हैं। जैसा कि कहा जाता है कि 'मनुष्य एक सामाजिक प्राणी है', यह कथन बिलकुल सत्य है क्योंकि मनुष्य समाज में रहकर ही अच्छे व बुरे कार्य करता है। कहानीकार सामाजिक ढाँचे एवं परिवेश को ही अपनी कहानियों में मिर्च मसाला डालकर ऐसे पेश करता है कि वह रोचक बन जाती है।

वर्गीय विशेषताओं एवं प्रवृत्तियों के साथ कथाकार ने अपने पात्रों को हमारे समक्ष प्रस्तुत किया है। ग्रामीण कहानीकार होने के नाते उनके पात्र भी ग्रामीण ही हैं। ''गाँव के इन पात्रों के जरिये स्वतन्त्रता-आन्दोलन के दिनों की याद, बड़े-बड़े नेताओं की प्रशंसात्मक स्मृति और फिर उन नेताओं के बावजूद आजादी की भावना

तथा देशभक्ति एवं देश के नवनिर्माण की बातों का हता हो जाना, कथनी करनी में भेद हो जाना यह सब मार्कण्डेय ग्रामीण परिवेश और ग्रामीण पात्रों के अनुभवों के जरिए बाखूबी व्यक्त करते हैं।'' उनके पात्रों में गाँव की मानसिकता भी स्पष्टतया परिलक्षित होती है। कहीं पर वह अपने पात्र को बेरोजगारी की समस्या से घिरा हुआ दिखाते हैं तो कहीं पर भुखमरी से जूझता हुआ चित्रित करते हैं। कहीं आर्थिक तंगी है तो कहीं झूठी अफवाहों व अन्धविश्वासों पर लोगों की अधिकता। प्रत्येक स्थिति में उनके पात्र संघर्षरत हैं। इनके पात्रों के विषय में डॉ. सुरेश सिन्हा लिखते हैं-''मार्कण्डेय की कहानियों के पात्र जातीय हैं। उन्होंने जिस वर्गों से अपने पात्रों को लिया है उसी वर्ग की सारी विशेषताएँ उनमें हैं। इसलिए वे अत्यन्त यथार्थ और स्वाभाविक प्रतीत होते हैं। पर उनकी जातीयता के बावजूद मार्कण्डेय ने अत्यन्त कलात्मक कौशल से उनके व्यक्ति स्वरूप की रक्षा की है।'' कहानी में पात्रों के चरित्र-चित्रण के बिना कहानी नीरस लगती है इसलिए कहानीकार उसे दिलचस्प बनाने के लिए पात्रों के चरित्र को बड़ी ही सजगता के साथ प्रस्तुत करता है क्योंकि ''कोई भी पात्र या जीवन का प्रसंग पहले समाज में आता है, उसके बाद ही साहित्य में।'' कथाकार ने पात्रों के चरित्र में गुण एवं दोषों को दर्शाते हुए उसे संघर्षरत दिखाया है जैसे 'गुलरा के बाबा' कहानी के बाबा, 'घूरा' की घूरा, 'महुए का पेड़' की दुखना, 'कल्यानमन' की मंगी, 'दौने की पत्तियाँ' का भोला आदि अनेक ऐसे पात्र हैं जो कहानी में संघर्ष करते हुए दिखाये गए हैं। ''प्रगतिशील लेखकों ने समाज में उन पात्रों की खोज की, जो स्वतन्त्र भारत के समाज और राजनीति से निराश होकर भी मनुष्य के आन्तरिक गुणों को कायम रखने का और जीवन का नया रास्ता बनाने का संघर्ष किसी न किसी रूप में कर रहे थे। मार्कण्डेय समाज को तो पहचान ही रहे थे, इसलिए उसकी असंगतियों को अपनी रचनाओं में जगह देने की कोशिश करते रहे हैं।'' भले ही मार्कण्डेय ने गिनी-चुनी कहानियाँ शहरी-जीवन पर लिखी हों किन्तु ग्रामीण-जीवन के साधारण एवं सामान्य पात्रों के चरित्र-चित्रण में उन्हें अधिक सफलता मिली है।

संवाद व कथोकथन में कथाकार के विचार व जीवन दर्शन के प्रति सोच प्रदर्शित होती है। ग्रामीण परिवेश से जुड़े होने के कारण गाँव की भाषा, बोली, रहन-सहन से परिचित होने के कारण ही उन्होंने संवाद और कथोपकथन को बड़े ही सहज रूप में चित्रित किया है। उन्होंने अपनी कहानियों में किसान, मजदूर, शिक्षित, अशिक्षित, राजनेता, कलाकार, स्त्री-पुरुष सम्बन्ध, शोषक एवं शोषित वर्ग आदि अनेक रूपों में पात्रों का चित्रण किया है। अपने पात्रों को ध्यान में रखते हुए इस प्रकार के संवादों का प्रयोग किया है जो उनके पात्रों के चरित्र में बिलकुल ठीक

बैठते हैं। 'एक दिन की डायरी' नामक कहानी में लेखक और शील के बीच संवाद को इस तरह प्रस्तुत किया है-

"तो बोलो कुछ। या लिखकर ही व्यक्त करते हो, अपने को।"

"नहीं तो ! पर क्या कहूँ, कुछ समझ में नहीं आता।"

"कोई नई कहानी लिखी इधर?"

"लिख नहीं पाया।"

"क्यों?"

मैं बोल नहीं सका।

"इसलिए कि कोई मन की लड़की नहीं मिलती।"

"हाँ ऐसा ही मानो।" मैंने बहुत साहस करके उदास मन से कहा।

"तो लड़कियों के लिए लिखते हो ?"

"नहीं तो।"

"अपने लिए ?"

"नहीं।"

"पढ़ने वालों के लिए ?"

"कह नहीं सकता।"

ऐसे अनेक संवाद मार्कण्डेय की कहानियों में जगह-जगह पर मिलते हैं। वस्तुतः कथाकार मार्कण्डेय ने अपने कथा-साहित्य में कथोपकथन की सभी विशेषताओं का वर्णन किया है। "कथा वर्णन में पाठक का तादात्म्य लेखक से होता है किन्तु पात्र संवादों के द्वारा वह पाठकों से सीधा साक्षात्कार करता है। उन दोनों के बीच से लेखक का हस्तक्षेप हट जाता है। स्वयं लेखक भी संवादों के द्वारा पात्रों को आसानी से और सशक्त रूप में व्यक्त कर सकते हैं क्योंकि इसके बीच सप्रेम चरित्र अपने पूर्णरूप में अभिव्यक्ति पाती है।" इस प्रकार मार्कण्डेय ने संवादों एवं कथोपकथनों के माध्यम से अपने साहित्य को एक रोचक रूप में प्रस्तुत किया।

कहानी का अगला प्रमुख तत्व देशकाल व वातावरण है। इसके अन्तर्गत समाज का सम्पूर्ण परिवेश समाहित हो जाता है। देशकाल व वातावरण में समाज का राजनीतिक, सामाजिक, आर्थिक, धार्मिक, सांस्कृतिक, रीति-रिवाज, भाषा-बोली, रूढ़ि-आडम्बर आदि सभी कुछ आ जाता है। इसके लिए यथार्थ सन्दर्भ और वर्णनों को अधिक महत्त्वपूर्ण माना गया है। मार्कण्डेय ने अपने कथा साहित्य में समाज के यथार्थ रूप को दिखाया है। दरअसल कथाकार ने ग्रामीण-वातावरण को ही कहानी का मुख्य बिन्दु बनाया है और "यही कारण है कि ग्रामीण वातावरण, कहानी के वास्तविक सन्दर्भों में आने की बजाय उसको बोझिल बना देता है।

गाँव से हटकर उसकी हर कहानी अस्वाभाविक और नाटकीयता से भरी लगती है। पात्रों को एक निश्चित सोद्देश्यता का प्रभाव पड़ता है लेकिन वे अविश्वसनीय भी उसी मात्रा में हो जाते हैं।'' मार्कण्डेय ने कथा साहित्य में देशकाल व वातावरण का प्रयोग करने में भरपूर सफलता अर्जित की है। कहानी के इस तत्व के अन्तर्गत सामाजिक, राजनीतिक, आर्थिक आदि कई समस्याओं से हमें रू-बरू कराया है। 'आदर्श-कुक्कुट-गृह', 'भूदान', 'घूरा', 'दौने की पत्तियाँ', 'महुए का पेड़' आदि अनेक कहानियाँ पूँजीपति वर्ग की राजनीति को प्रदर्शित करती है वहीं आर्थिक और सामाजिक विषमता को विज्ञापित कर 'सात बच्चों की माँ', 'जूते', 'घुन', 'आँखें', 'बादलों का टुकड़ा' आदि कहानियाँ सामने खड़ी दिखाई पड़ती हैं। किसान रात-दिन मेहनत-मजूरी करने के बावजूद भी जब अपना मेहनताना नहीं पाते तो उन पर आक्रोश होना स्वाभाविक है लेकिन ये आक्रोश कुछ ही किसानों को विरोध करने पर विवश कर देता है क्योंकि प्रत्येक किसान इतना साहस नहीं जुटा पाता। किसान का जीवन ताउम्र पूँजीपतियों के कर्ज के तले बीत जाता है।''मार्कण्डेय के किसान-चरित्र जीवन की जिन परिस्थितियों के सन्दर्भ में चित्रित हुए हैं, वे आधुनिक भूमि-सुधारों और विकास-योजनाओं से सम्बद्ध हैं और इनकी भूमि समस्याएँ नई जीवन-व्यवस्था तथा मानसिक व्यवस्था को अभिव्यंजित करती है।'' अत: मार्कण्डेय की कहानियों का वातावरण विशेष रूप से सफल रहा, जिसमें उनके पात्रों की मुख्य भूमिका रही। कहने का तात्पर्य है कि कहानीकार ने अपने कहानी साहित्य में समूचे, ग्रामीण-परिवेश और वातावरण को पूरी जीवन्तता के साथ यथार्थ रूप में चित्रित किया है।

कहानी का पाँचवा मुख्य तत्व भाषा-शैली है। भावों की अभिव्यक्ति का माध्यम भाषा है और अभिव्यक्ति का ढ़ंग ही शैली कही जाती है। अनुभव एवं विचारों को व्यक्त करने के लिए भाषा की मुख्य भूमिका रही है। कुछ साहित्यकार अपनी भाषा को जनसाधारण की भाषा तक सीमित रखते हैं और कुछ नवीन शब्दों की खोज में बहुत दूर की भाषा का प्रयोग करते हैं। परन्तु जन-सामान्य की भाषा ही अधिक महत्त्वपूर्ण मानी जाती है क्योंकि वह सामान्य जनता की भाषा को ध्यान में रखकर लिखी जाती है। हिन्दी कथा-साहित्य में अपनी विशिष्ट छाप छोड़ने वाले मार्कण्डेय ने अपने कथा एवं उपन्यास साहित्य में जन साधारण की भाषा को ही मुख्य दर्जा दिया है। इन्होंने सहज एवं सरल भाषा का प्रयोग किया है। मार्कण्डेय के कथा-साहित्य में गाँव में बोली जानेवाली भाषा अत्यन्त स्वाभाविक और आकर्षक रूप है। डॉ. प्रतापनारायण टंडन कहानी की भाषा के बारे में कहते हैं-''कहानी की भाषा का दुरूह होना उसकी भावात्मक प्रवाहशीलता में बाधा उत्पन्न कर देता है। सरल, सहज मुहावरों और कहावतों से युक्त भाषा कहानी को व्यावहारिक विश्वसनीयता

प्रदान करती है। क्लिष्ट भाषा न केवल कहानी को नीरस बना देती है, बल्कि उससे कहानी की प्रभावात्मकता भी नष्ट हो जाती है। निरर्थक शब्द-योजना, अकलात्मक शब्दाडम्बर, दुरूह वाक्य-जाल आदि भी कहानी को भाषा-तत्व की दृष्टि से हीन बना देता है।'' कथाकार मार्कण्डेय ने कथा साहित्य में देशज शब्द, तत्सम शब्द, तद्भव शब्द, विदशी शब्द, ग्रामीण शब्द, ध्वन्यात्मक शब्द, अपमानसूचक शब्द, भोजपुरी, फारसी, अरबी, अंग्रेजी आदि कई शब्दों के प्रयोग किए हैं साथ ही लोकोक्ति, मुहावरे और सूक्तियों का भी प्रयोग करना वह नहीं भूलते हैं। ग्रामीण बोली के अनेक शब्दों ने कहानियों में अपनी जगह बनाए रखी है। उन्होंने ढ़िंढ़ोरा, लिट्टी, भूसा, चुनरी, सिकमी, झूरा, संझलौका, पौदर, महरी, बखरी, करहिया, कउड़ा, टहकी, रूपहली, छिछोरापन, पछुआ, मेहरारू, गाँज, भउजी, सरपत, बोरसी, पोखर, भूँय, मरकहा, बहिन, भड़साव, भौजी, सनुआ, सेंत का, अदहन, सिघुरना, गमछा, पोटली, हमवार, भीट, चक, मुर्रा, छितनार, स्वांग, सीवान, चीबोली, लग्गी, टिकुल, भिनसार, मटियाई, मुसहर, पटवारी, पाथर, सुरजियन, नन्हकुआ, चिचिया, पगहा, बछरू, जैहिन्न, देसवा, जागर, पुआल, पोटली, महतो, झिलंगी, परती, सहुअनिया, ताल, मूँगा, बीन्ह, बिस्सा, बल्लम, बनैला, भंडासराध, मरकहा, छिवपोखर, सिंघाड़ा, झापड़, रतौन्ही, खपरैल, भंगेड़ी, करेज, मोट, मनई, फूस, मौनी, दुअन्नी आदि अनेक ग्रामीण शब्दों का प्रयोग किया है।

ग्रामीण शब्दों के अतिरिक्त यौगिक शब्दों का प्रयोग जैसे-जगह-जमीन, बजाते-नाचते, दया-मया, गुम-सुम, सेवा-जतन, जीव-जन्तु, आड़ी-तिरछी, बन्धु-बान्धव, गूँगे-बहरे, टूटी-फूटी, बड़े-बुजुर्ग, सावन-भादों, बीचों-बीच आदि। ध्वन्यात्मक शब्दों का वर्णन भी इस प्रकार है-बाढ़ की ध्वनि-हा ऽऽ-आ ऽऽ ऑम..... हा ऽऽ आम्, अ र् र् र्र् .... ह र् र् र् .... हम्, ऐंड हॉम .... ऐं... हॉम हो ऽऽ हा ऽऽ हुर ... हु र र, हुच्, भरम्..... हुर.... उँम, इसी तरह से गपगप, भड़भड़ाकर, झनझनी, चिपचिपाहट, रुन-झुन, छपाक-छपाक, छपक-छपक, हड़बड़, टुनटुटाना आदि शब्द लय एवं ध्वन्यात्मकता उत्पन्न करने के कारण और अधिक सजीव दिखाई पड़ते हैं। मार्कण्डेय ने कॉलेज, प्रोफेसर, लेक्चर, स्कूल, रिसर्च, स्टेशन, पुलिस, लिपिस्टिक, कम्यूनिज्म, यूनियन, इंजीनियर, मिनिस्टर, हॉस्टल, सिनेमा, कंपनी आदि अंग्रेजी शब्दों का प्रयोग भी किया है। भोजपुरी शब्द इस प्रकार है-लरिकन, बबुआ, भउजी, करज, बिगहवा, बभनौटी, लिट्टी, सरूपवा, कहलू, फउज आदि अनेक शब्द हैं।

लोकोक्ति एवं मुहावरों का प्रयोग भी जगह-जगह पर किया गया है। जैसे-तिरिया और भूँय पौरुख की, माँगे भीख पूछे गाँव की जमा, पानीदार का पानी

भगवान भी रखते हैं, हाथ कंगन को आरसी क्या, मूड़ मुड़ाय होय सन्यासी, सौ सुनार की तो एक लुहार की, मुसया चला है नेता बनने इत्यादि।

मुहावरा-आँखों का दोष मिट जाना, नौ दो ग्यारह होना, पेट के लाले पड़ना, फूट-फूटकर रोना, तीस मार खाँ बनना, नाकों चने चबाना, दो टूक बात करना, मेंहदी रचाये बैठना, पारा-चढ़ना, रोएँ भभर आना, हाथ के बाहर हो जाना आदि अनेक मुहावरे प्रयोग किए गए हैं।

इस प्रकार भाषा शैली में अनेक बोलियों, मुहावरों, कहावतों का प्रयोग मार्कण्डेय के कथा साहित्य में देखने को मिलता है। भाषा का प्रयोग करने में उन्होंने समृद्धि पाई है क्योंकि उनका कथा साहित्य जनसाधारण की ही समस्याओं को नहीं इंगित करता अपितु उनकी भाषा, बोली को भी उपयोग में लाता है।

मार्क्सवादी विचारधारा रखनेवाले मार्कण्डेय के कहानी-साहित्य का सबसे अमूल्य तथ्य है-उनकी कहानियों का उद्देश्य। वह कहानियों के माध्यम से अनेक सन्देश हम तक पहुँचाने का प्रयत्न करते हैं। उनकी कहानी में किसानों की दयनीय स्थिति, स्त्रियों पर अत्याचार, पूँजीपति वर्ग का शोषण, गरीबों के प्रति राजनीतिक चाल, बेराजगारी की समस्या आदि, अनेक प्रकार के चित्रण किए गए हैं। वह कहानियों के जरिये समाज के एक ऐसे रूप से हमें परिचित कराते हैं जो बिलकुल सत्य है। ''हमारे देश में सामाजिक बदलाव की जो प्रगति होनी चाहिए थी, वह नहीं हुई। बहुत कुछ बदला लेकिन जाति, धर्म, अन्धविश्वास जैसी सामाजिक संस्थाएँ नहीं टूटी। यहाँ तक कि सामन्तवादी प्रवृत्तियों में भी कोई खास बदलाव नहीं आया। यही कारण है कि समाज के प्रति यथार्थवादी दृष्टिकोण और गहरी समझ के बावजूद कथाकार 'कफन' और 'पूस की रात' जैसी कहानियों को पार नहीं कर पाए।'' मार्कण्डेय की कहानियों का मुख्य उद्देश्य आजादी के बाद की परिस्थिति को लोगों के समक्ष प्रस्तुत करना तथा किसानों के जीवन को आम जनता के समक्ष प्रस्तुत करना था। वे आजादी के बाद के मोहभंग को बड़ी बारीकी के साथ प्रस्तुत कर यह दिखाना चाहते थे कि आजादी के बाद भी मनुष्य के जीवन में कोई खास परिवर्तन नहीं आया है। अब ऐसे बदलाव की आवश्यकता है जो समाज में दबे-कुचले वर्ग को भी आवाज उठाने पर विवश कर दे।

निष्कर्षत: हम यह कह सकते हैं कि मार्कण्डेय ग्रामीण-जीवन के सफल कहानीकार हैं। उनकी कहानियाँ समाज के प्रत्येक पहलुओं को छूती हुई दिखाई देती है। साथ ही मार्कण्डेय का यथार्थवादी नजरिया प्राय: उनकी सभी कहानियों में देखा जा सकता है।

समीक्षक मार्कण्डेय

नई कहानी आन्दोलन के प्रणेता मार्कण्डेय ने हिन्दी साहित्याकाश में एक अमूल्य निधि प्राप्त की। उन्होंने अधिकतर विधाओं में लिखने का प्रयास किया और सभी में स्वयं को आजमाया। यह बात और है कि कथा-जगत के प्रति उनका गहरा लगाव रहा जिसके चलते वह कथाओं के माध्यम से आमजन के जीवन का बखान करने के साथ ही ऐसे लोगों की बखिया उखाड़ते हैं जो अपने पद, पैसे एवं अपनी ताकत का इस्तेमाल कर मासूम और गरीब लोगों पर अत्याचार करते हैं। कहानी, उपन्यास एवं कविताओं में वह ऐसे चरित्रों का निर्माण करते हुए देखे जा सकते हैं। आजादी के वर्षों बाद कथा-जगत चर्चा का केन्द्र बनी और अनेक प्रकार की कहानियों को बड़ी तादात में लिखनेवाले युवा लेखकों की पाँत में कुछ आलोचक ऐसे थे जो वैयक्तिक एवं सैद्धान्तिक स्तरों पर कहानियों की समीक्षाएँ करते नजर आए। उनमें से युवा मार्कण्डेय भी थे जो कहानियों की समीक्षा तो करते ही थे साथ ही आलोचना करने पर भी नहीं चूकते थे। स्वयं मार्कण्डेय के शब्दों में-''कथा-समीक्षा वैयक्तिक रुचियों के मकड़जाल वाली समीक्षा के साथ ही राजनीतिक लफ्फाजी वाली आत्मप्रक्षेपित समीक्षा के घिसे-पिटे मार्ग से हटकर सामाजिक सन्दर्भों के यथार्थ के विश्लेषण से जुड़ गई।'' मार्कण्डेय के इस कथन से यह स्पष्ट होता है कि जिस कहानी का झुकाव राजनीतिक पक्ष की ओर था अब वही कहानी सामाजिक सन्दर्भों से जुड़ने लगी। मार्कण्डेय को एक समीक्षक के तौर पर भी देखा जा सकता है। उन्होंने राजेन्द्र यादव, कमलेश्वर और उपेन्द्रनाथ अश्क की कुछ कहानियों की समीक्षा 'हिन्दी कहानी: यथार्थवादी नजरिया' में किया है। कहीं पर समीक्षा में व्यंग्यात्मकता का भाव है तो कहीं पर लेखक के प्रति उनकी सहानुभूति। कहानियों व लेखकों की लेखनशैली के प्रति कथाकार या यों कहें कि समीक्षक मार्कण्डेय के विचार एवं दृष्टिकोण को देखा जा सकता है।

कहानियों की समीक्षा करना तो आसान है लेकिन जिस तरह की समीक्षा मार्कण्डेय ने की उस तरह से करना कुछ कठिन जान पड़ता है क्योंकि मार्कण्डेय ने व्यंग्यात्मक अल्फाजों का प्रयोग करने के बावजूद उन समीक्षाओं को इस प्रकार

से प्रस्तुत किया है कि जो पढ़ने में बड़ी ही रोचक जान पड़ती है। राजेन्द्र यादव की कहानी 'जहाँ लक्ष्मी कैद है', 'एक कमजोर लड़की की कहानी', 'लंचटाइम' की समीक्षा वह करते हैं। 'जहाँ लक्ष्मी कैद है' के विषय में वह प्रारम्भ में ही कहते हैं कि ''संग्रह का नाम पढ़ते ही एक झटका लगता है। कहीं ऐसा तो नहीं कि धर्म-निरपेक्ष राज्य में हिन्दुओं के देवता विष्णु की पत्नी को कैद कर लिया गया! और लेखक इस झटके से अवगत है, इसीलिए कहानी शुरू करते ही वह कहता है ''जरा ठहरिये, यह कहानी विष्णु की पत्नी के बारे में नहीं' किसी ऐसी लड़की के बारे में है, जो अपनी कैद से छूटना चाहती है और जिसे सिर्फ वही जानता है।'' मार्कण्डेय के इस वक्तव्य को पढ़कर व्यंग्यात्मकता का ऐसा भाव दर्शाया है जो रोचक जान पड़ता है साथ ही शब्दों का ऐसा निचोड़ है जो इस वक्तव्य के भावों को भलाभाँति उजागर करता है। अत्यन्त ही प्रसिद्ध राजेन्द्र यादव की इस कहानी में रहस्य के दर्शन भी होते हैं। एक ओर जहाँ वह राजेन्द्र की इस कहानी में व्यंग्य करते हैं वहीं दूसरी ओर 'एक कमजोर लड़की की कहानी' की समीक्षा में वह कहते हैं-''इस कहानी में राजेन्द्र यादव का अपना रंग खुलकर सामने आता है। शुरू से आखिर तक चमत्कार, शिल्प में, वाक्य रचना में, घटनाओं के चयन में, पात्रों के चुनाव में, सर्वत्र एक कृत्रिम मनोवेग का ऐसा उत्साह है, जो पाठक को हर ओर से आवेष्टित कर लेता है। जहर देने की हास्यास्पद बात चलाकर ही लेखक सन्तुष्ट नहीं होता वरन् उसकी परिण्ाति में कथा का अन्त करके जिस नकली भावावेग की सृष्टि पाठक के लिए कर देता है, वह असली से कहीं अधिक अर्थपूर्ण हो उठती है।'' अपने समीक्षक रूप को दर्शाते हुए कथाकार मार्कण्डेय ने राजेन्द्र यादव की कुछ कहानियों की ओर रुख करते हुए समीक्षा की है। शहरी जीवन को अपनी कहानियों का मुख्य विषय बनाने वाले राजेन्द्र यादव कथाकार मार्कण्डेय के समकालीन लेखक थे जहाँ उनकी कुछ कहानियों को पढ़ने पर मार्कण्डेय की कहानियों का स्मरण हो आता है। समकालीन लेखकों की पूरी पाँत कहानियाँ तो लिख रही थी लेकिन जिस तरह से मार्कण्डेय ने ग्रामीण-परिवेश की समस्याओं को उजागर किया वैसा कम ही कहानियों में देखने को मिलता है।

राजेन्द्र यादव के बाद वह कमलेश्वर की चार-पाँच कहानियों की भी समीक्षा करते नजर आते हैं। मार्कण्डेय किसी भी बात को कहने के लिए लम्बे-चौड़े शब्दों का प्रयोग करने के बजाय उन्हें अत्यन्त सरल और छोटे शब्दों में कहने के शौकीन थे। कमलेश्वर की 'राजा निरबंसिया', 'देवी की माँ', 'धूल उड़ जाती है', 'आत्मा की आवाज', 'मुर्दों की दुनिया' की समीक्षा मार्कण्डेय ने बड़े ही संक्षिप्त रूप में की है वहीं 'देवी की माँ' में सामाजिक और लेखकीय परिवेश में मेल न होने

की बात कही है। 'धूल उड़ जाती है' कहानी में वर्णित नारी चरित्रों को जयशंकर प्रसाद के नाटकों में चित्रित नारी चरित्रों की भाँति बताया है और 'आत्मा की आवाज' तथा 'मुर्दों की दुनिया' में कथावस्तु को सफलतापूर्वक बताया है। कुल मिलाकर मार्कण्डेय लेखकों की कहानियों में कमियाँ निकालने के बावजूद अन्तत: कहानीकार के पक्ष में अपनी विचारपद्धति को रखते हुए उसे श्रेष्ठता के चरम पर पहुँचा ही देते हैं। ये मार्कण्डेय की अपनी खूबी थी जहाँ वह आलोचना करने के बाद भी लेखक को गौरवपूर्ण स्थान देते नजर आते हैं।

तीन समीक्षा में मार्कण्डेय अन्तिम समीक्षा करते हैं उपेन्द्रनाथ अश्क की कहानियों की। अश्क की 'मेमने', 'नेता के नगर में', 'दालिए' और 'जेहलम के सात पुल' के विषय में लिखते हुए नजर आते हैं। 'मेमने' कहानी में कोकरनाग की यात्रा का वर्णन है साथ ही एक चोर के द्वारा चोरी किए गए मेमने के चित्र को दर्शाते हुए उसके ऊपर किए गए अमानवीय दृश्य को भी दिखाया है। 'दालिए' और 'जेहलम के सात पुल' में शिल्प के चलते उसका सौन्दर्यबोध प्राय: लुप्त-सा हो गया है। यह उच्चकोटि की कहानी होने के बावजूद भी अपनी खामियों के चलते श्रेष्ठता का प्रभाव छोड़ देती है। समीक्षक मार्कण्डेय के शब्दों में-"अश्क की इन कहानियों को पढ़ते हुए इसी पुस्तक में प्रकाशित उनके लेख "मेरी अलोकप्रिय कहानियों पर बार-बार ध्यान जाता है और लगता है कि 'काल्पनिक और यथार्थ जीवन से अनुप्राणित कहानियों को उठाकर उन्होंने कहानी लेखिका और जेहलम के सात पुल' की विशेषता समझाने का प्रयत्न किया है। इतना लिखकर भी मुझ-जैसे अनेक लेखकों को वह आश्वस्त नहीं कर पाते।" इस वक्तव्य को पढ़कर ऐसा लगता है कि मार्कण्डेय अश्क की कहानियों से सन्तुष्ट नहीं हो पाए हैं, परन्तु फिर भी वह कहते हैं कि "अश्क एक सफल नाटक-लेखक है, लेकिन उनकी कहानियों में नाटकीय स्थितियों का दर्शन मुश्किल से ही होगा।" इस तरह एक ओर वह लेखक की खामियों को दर्शाते है तो दूसरी ओर उनकी खूबियों को दिखाना भी नहीं भूलते।

मार्कण्डेय ने तीन लेखकों की कुछ महत्त्वपूर्ण कहानियों की समीक्षा करते हुए अपने एक नवीन रूप को उजागर किया है जिनसे हम कह सकते हैं कि कथाकार मार्कण्डेय का दूसरा रूप भी है और वह है-समीक्षक मार्कण्डेय का।

(क) 'कहानी की बात' के मार्कण्डेय :

हिन्दी गद्य साहित्य में अनेक विधाएँ प्रचलित हैं जिसमें आलोचना का भी मुख्य स्थान है। कथाकार मार्कण्डेय एक आलोचक के रूप में तब दृष्टिगत होते हैं जब

1984 ई. में 'लोकभारती प्रकाशन' से प्रकाशित उनकी एक मात्र आलोचनात्मक कृति 'कहानी की बात' प्रकाश में आई। इस आलोचनात्मक पुस्तक में 'नई कहानियाँ' तथा 'माया' नामक पत्रिका में छठें दशक में कुछ प्रमुख कथाकारों के लेख संकलित हैं। मार्कण्डेय की मृत्योपरान्त सन् 2013 ई. में एक पुस्तक प्रकाशित हुई जिसका नाम था 'हिन्दी कहानी: यथार्थवादी नजरिया'। यह पुस्तक भी 'लोकभारती' इलाहाबाद से प्रकाशित हुई जिसमें सम्पादन और भूमिका का कार्य आनन्द प्रकाश ने किया है। इस पुस्तक में 'नई कहानी' के विषय में कुछ चर्चाएँ की गई हैं तथा राजेन्द्र यादव, कमलेश्वर और अश्क की कुछ चुनिन्दा कहानियों की समीक्षा जो मार्कण्डेय ने की है उसे जस का तस इस पुस्तक में प्रस्तुत किया गया है। मार्कण्डेय की एक मात्र आलोचनात्मक कृति 'कहानी की बात' को इस पुस्तक में पूर्णरूप में सम्मिलित किया गया है। मार्कण्डेय इस पुस्तक में अनेक प्रसिद्ध लेखक-लेखिकाओं की आलोचना करते हैं। चूँकि आलोचना एक प्रमुख विधा है इसलिए आलोचना पर बात करते हुए पुन: मार्कण्डेय की आलोचनात्मक कृति की चर्चा की जाएगी।

आलोचना शब्द की व्युत्पत्ति 'लोच्' धातु में 'अन्' प्रत्यय लगाकर और 'आ' उपसर्ग जोड़ने से होती है। 'आ' का अर्थ है 'चारों ओर' और 'लोचन' का अर्थ है 'देखना'। अत: आलोचना का शाब्दिक अर्थ हुआ-सब ओर देखना। दूसरे शब्दों मे कहें तो किसी साहित्यिक रचना की सम्यक परीक्षा करना, उसके गुण-दोषों का उद्घाटन करना ही आलोचना है। सामान्यत: आलोचना शब्द का प्रयोग लोग अवगुणों से ही लेते हैं लेकिन आलोचना का मतलब किसी भी रचना के गुण एवं दोष दोनों से है। आलोचना की अनेक विद्वानों ने परिभाषा दी है साथ ही अपने विचार भी व्यक्त किए हैं। आलोचना का मतलब न तो गुण से है न ही दोष से बल्कि "आलोचना का सीधा मकसद है-अच्छी रचना का प्रोत्साहन, खराब रचना का रिजेक्शन। जो लोग साहित्य की दुनिया में 'आलोचना' को इनकार करते हैं वे साहित्य में 'देखने' के अधिकार को छीनना चाहते हैं। जैसे समाज और देश के लिए लोकतन्त्र जरूरी है उसी तरह साहित्य की दुनिया में आलोचना की जरूरत है।" अरविन्द त्रिपाठी के इस कथन से स्पष्ट होता है कि साहित्य की दुनिया में आलोचना का होना अत्यावश्यक है। कथाकार मार्कण्डेय ने इस बात को सिद्ध करते हुए आलोचना विधा पर भी काम किया है। आज के समय में यदि कोई कवि या लेखक किसी की कविता अथवा कहानी पर आलोचना कर देता है तो वह या तो उससे नाता तोड़ लेता है या फिर खरी-खोटी सुनाता है जबकि ऐसा नहीं होना चाहिए। क्योंकि लेखककार को जब अपनी कमियों का पता चलेगा तो वह अपनी

अगली रचना में ऐसे दोषों से मुक्त होगा तब उसकी रचना और निखर जाएगी। परन्तु ''वर्तमान आलोचना की रासलीला का परिदृश्य कुछ ऐसा है कि लेखक आलोचकों के बीच नाचता रह जाता है और आलोचक लेखकों के बीच! बस! आलोचना की यह रासलीला भले ही चन्द लोगों को रास आए लेकिन सामान्य पाठक की इसमें कोई दिलचस्पी नहीं होती।''

स्वातन्त्र्योत्तर भारत के वर्षों बाद तक कहानी चर्चा का विषय थी। कुछ आलोचक वैयक्तिक एवं सैद्धान्तिक स्तर पर ही कहानियों की समीक्षाएँ करते नजर आ रहे थे परन्तु तब तक आलोचना का उतना अधिक विकास नहीं हो पाया था, किन्तु धीरे-धीरे आलोचना का विकास हुआ जिसमें ''आलोचक के लिए सबसे पहले एक कहानी का बरीकी से अध्ययन करना जरूरी है। अध्ययन करने के बाद वह उस कहानी पर कुछ लिखेगा तो उसकी समझ लोगों के सामने आएगी और यह समझने में अधिक कठिनाई न होगी कि वह नए यथार्थ को किस तरह समझता है। इसलिए सुरक्षित रास्ता यही है कि बिना कुछ पढ़े हुए ही ऊपरी तौर पर कुछ ऐसी बातें कही जाएँ, जो पढ़ने में भड़कीली लगें, भले उनका कोई अर्थ या सन्दर्भ न रहे।'' मार्कण्डेय ने 'कहानी की बात' में अनेक लेखक, लेखिका की रचनाओं को अलोचकीय ढंग से प्रस्तुत किया है जिसमें उन्हें काफी प्रसिद्धि भी मिली। बच्चन सिंह आलोचना के विषय में अपने मंतव्य को व्यक्त करते हुए कहते हैं कि ''आलोचना न विज्ञान हो सकती है और न रचना। इसलिए आलोचना न तो वैज्ञानिक हो सकती है और न रचनात्मक। वह दोनों के बीच की वस्तु है। आलोचना को फैशनपरस्त लोग रचनात्मक कहने लगे हैं। कविता-कहानी की तरह वह रचनात्मक हो ही नहीं सकती। यों आलोचक के लिए कोई फार्मूला एक सीमा के आगे व्यर्थ हो जाता है।'' इस प्रकार आलोचना के विषय में अनेक लेखकों ने अपने विचारों को व्यक्त करते हुए आलोचना की परिभाषाएँ दी है। यदि सरल शब्दों में कहें तो रचनाकार की किसी भी विधा की रचना में मुख्यत: कहानी अथवा कविता में अपने विचारों के माध्यम से गुण एवं दोषों को चित्रित करना ही आलोचना कहलाती है।

जैसा कि हम जानते हैं कि मार्कण्डेय का एक और रूप है और वह है-आलोचक मार्कण्डेय का। इसी बात की पुष्टि करते हुए बालकृष्ण पांडेय कहते हैं-''ध्यातव्य है कि मार्कण्डेय में कथाकार के अतिरिक्त एक आलोचक भी छिपा था जो शुरू में लोगों को आकृष्ट करने लगा था।'' आलोचक मार्कण्डेय की यह खूबी ही कही जाएगी कि वह अपनी कमियां बखूबी पहचानते थे। वह स्वयं ही अपनी रचनाओं की टिप्पणी 'चक्रधर' नाम से करते नजर आते हैं। आज का

लेखक अपनी कहानियों की टिप्पणी स्वयं करना तो दूर किसी और के करने पर भी उसे कष्ट ही होता है किन्तु कथाकार मार्कण्डेय का यह बड़प्पन ही कहा जाएगा कि वह अपनी कहानी की टिप्पणी दूसरे नाम से करते नजर आते हैं। लेखक को किसी भी रचना की आलोचना करते समय उसका गहराई से अध्ययन करना जरूरी है क्योंकि आलोचक के लिए रचना पर विचार करना ही उसकी मानसिक दृष्टि को उजागर करता है। क्योंकि रचना-सम्बन्धी सारी मान्यताओं को समेटकर ही वह युग सत्य और वास्तविकता को ही संवेदना के धरातल पर ही रखना चाहता है। मार्कण्डेय इस बात की पुष्टि करते हुए कहते हैं कि-''मात्र आलोचक ही एक ऐसी कड़ी है जो इन छोरों को आपस में मिलाता है। उसके सामने नई रचना है और जीवन के सत्य हैं। वह जन-रुचि की व्याख्या करके उसे नई सच्चाइयों की समझ के लिए तैयार कर सकता है। वह रचना के सूक्ष्म सूत्रों की व्याख्या करके अत्यन्त वस्तुपरक दृष्टि से जीवन के दृष्टान्तों द्वारा पाठक की समझ के कुहासे को विच्छिन्न कर यथार्थ को सामने ला सकता है।'' इसी यथार्थ को सामने लाने का कार्य आलोचक मार्कण्डेय ने किया जिसके कारण उनकी एकमात्र आलोचना पुस्तक को पाठकों ने बहुत पसन्द किया और एक आलोचक के रूप में मार्कण्डेय को अपनाया।

मार्कण्डेय की एकमात्र आलोचनात्मक कृति 'कहानी की बात' को हिन्दी समीक्षा विशेषकर प्रगतिवादी समीक्षा के क्षेत्र में उनकी प्रसिद्ध या महत्त्वपूर्ण देन कहना अनुचित न होगा। इस पुस्तक में हिन्दी जगत के प्रसिद्ध कथा-लेखकों पर आलोचनात्मक निबन्ध प्रस्तुत किए हैं। इन लेखों की कुल संख्या चौदह है जो इस प्रकार हैं-'निर्मल वर्मा: अतीत और भविष्य से मुक्त निरे वर्तमान में', 'शेखर जोशी: विछोह या विरक्ति की कथा', 'अमरकान्त: समय नए सवालों के उठाने का', 'राजेन्द्र यादव: सूचनाधर्मी परिवेश में वास्तविकताओं की बुझौअल', 'कृष्णा सोबती: अनोखी रीति इस देहतन की', 'रामकुमार: हर एक की अपनी ही आवाज', 'मोहन राकेश: सामाजिक भाष्य के सामने प्रश्नचिह्न', 'भीष्मसाहनी: बोधहीनता: एक नई सच्चाई', 'भैरव प्रसाद गुप्त: आँख की पट्टी', 'उपेन्द्रनाथ अश्क: अश्क के नाम एक औरत का खत', 'यशपाल: कहानी जीवन के लिए', 'अज्ञेय: शेखुपुरे के शरणार्थी, 'जैनेन्द्र: कहानी वहाँ की', 'पांडेय बेचन शर्मा 'उग्र': अम्मा का नाम गुलाबो'। इस आलोचनात्मक ग्रन्थ का नाम इसमें संकलित शीर्षक पर न होकर कहानी पर आधारित है। इसमें केवल कृष्णा सोबती को छोड़कर बाकी सभी लेखक हैं जबकि कृष्णा सोबती स्त्री-लेखिका हैं। अपनी आलोचना पुस्तक में कहानीकारों के ऊपर अधिक दृष्टि डालते हुए नजर आते हैं जबकि लेखिकाओं में भी कई

लेखिकाएँ उस समय अच्छी कहानियाँ लिख रही थीं किन्तु यदि मार्कण्डेय की दृष्टि उन सभी की ओर नहीं गई और केवल कृष्णा सोबती पर उनकी नजर आकर टिकी तो इसकी जरूर कुछ खास वजह रही होगी। आलोचना दृष्टि के चलते वह मूल्यांकन के प्रतिमानों को इधर-उधर से न लेकर सीधे जीवन से ही लेते हैं इसीलिए उनकी आलोचना दृष्टि में भी शोषण के विरोध का स्वर ही सर्वत्र दिखाई देता है। उन्होंने अपनी कहानियों के माध्यम से भी समाज के ऐसे वर्ग की आलोचना की है जो रूढ़ि-आडम्बर में फँसा है व अन्धविश्वास के चलते अपना सब-कुछ त्याग देता है। मार्कण्डेय पूँजीपति वर्ग की भी अनेक प्रकार से आलोचना करते नजर आते हैं। उनका झुकाव कथा-साहित्य की ओर अधिक था इसीलिए वह कहानियों की ही आलोचना अधिक मात्रा में करते हैं। वह स्वयं लिखते हैं कि ''कहानी जीवन की कला है, उसके बाह्य और अन्तर को बहुत दूर तक झुठलाना भी सम्भव नहीं है। इसलिए जब हम नए जीवन सत्यों की बात करते हैं और उसे कहानी के सन्दर्भ में ढूँढते हैं तो यथार्थ जीवन के प्रकार में ही उसका मानदंड भी ढूँढ़ना होगा ....।'' इस बात को मार्कण्डेय भलीभाँति जानते हैं तभी उन्होंने 'कहानी की बात' की भूमिका के अन्त में अपनी भ्रान्तियों की बात की है। नए कहानीकारों की पूरी पाँत को मार्कण्डेय आलोचना के कठघरे में लाकर खड़ा कर देते हैं और अनेक प्रकार से कहानियों को आलोचित करते हैं।

मार्कण्डेय ने आलोचना पुस्तक में ऐसे दिग्गज लेखकों की आलोचनाएँ की हैं जो हिन्दी कथा-जगत में अपनी अलग ही पहचान बनाए हुए हैं। इस आलोचना पुस्तक में कुछ नई तो कुछ पुरानी कहानियों पर वह सवाल खड़ा करते हैं। यदि देखा जाए तो ''कहानी की बात' न केवल नई कहानी की पहचान और परख का एक प्रयास है, बल्कि एक कहानीकार के आलोचकीय दृष्टि एवं पक्ष का परिचय भी है।'' क्षमाशंकर पांडेय मार्कण्डेय की आलोचना पुस्तक को नई कहानी की पहचान करने का अच्छा प्रयास मानते हैं। 'कहानी की बात' पुस्तक में जहाँ मार्कण्डेय ने चौदह लेखकों की कहानियों की आलोचना की वहीं इसके नवीन संग्रह 'हिन्दी कहानी: यथार्थवादी नजरिया' में नई कहानी के विषय में अपने विचारों को स्पष्ट करते हुए तीन समीक्षाओं का उल्लेख किया है। इस नवीन संग्रह में कुछ और बिन्दुओं को लेकर उन्होंने विचारों को व्यक्त किया है। शिवकुमार मिश्र कहते हैं कि ''कहानी की बात' शीर्षक अपनी किताब में अपनी जिस दृष्टि तथा जिन तेवरों के साथ कहानी की आलोचना में उतरे हैं, इसे भी एक दु:संयोग कहना चाहिए कि अपने बहुधन्धीपन के बाद की कहानी पर मार्कण्डेय की टिप्पणियाँ न केवल कहानी की उनकी सही और खरी समझ का साक्ष्य है, वे विचारोत्तेजक

तथा विमर्श की नई दिशाएँ खोलने वाली भी हैं।'' अन्ततः : हम कह सकते हैं कि मार्कण्डेय की एक मात्र आलोचना पुस्तक ने अनेक पहलुओं से लेखक व पाठक दोनों को जागरूक करने का सफल प्रयास किया।

(ख) 'चक्रधर' और मार्कण्डेय

स्वातन्त्र्योत्तर भारत के पश्चात् देश में कुछ ऐसे युवा रचनाकारों की पीढ़ी आई जो कथा-साहित्य की ओर झुकी थी। कहने का तात्पर्य है कि कहानी की ओर अग्रसर होनेवाले लगभग दर्जन कहानीकारों की एक पीढ़ी आई जिसने कहानी विधा के क्षेत्र में कदम रखा और अपनी कहानियों को समाज की विसंगतियों से जोड़कर प्रस्तुत किया। ऐसे ही कथाकारों में बराइं गाँव में जन्मे मार्कण्डेय आते हैं, जिन्होंने अपनी कहानियों को गाँव से जोड़ा। मार्कण्डेय के कथाकार, उपन्यासकार, आलोचक, कवि एवं सम्पादक रूप के बाद एक और रूप की चर्चा करना आवश्यक है और वह रूप है-टिप्पणीकार मार्कण्डेय का। कथाकार के साथ-साथ मार्कण्डेय ''अपने समय में प्रकाशित होने वाली विभिन्न विधाओं की रचनाओं की खोज-खबर रखने और पाठकों तक पहुँचाने वाले एक सजग पाठक और दायित्वशील संयमी टिप्पणीकार भी थे।'' मार्कण्डेय का यह रूप 'कल्पना' पत्रिका के सम्पादक की ओर से दिया गया था। यह 'साहित्य-धारा' नाम का स्तम्भ लगभग दिसम्बर 1952 में प्रारम्भ किया गया था, किन्तु इस स्तम्भ में 'चक्रधर' मार्च 1954 से लेकर 1959 तक लिखते हैं। यह छद्मनाम 1954 से 1959 तक लगातार चलता रहा किन्तु सम्पादक के अलावा किसी को पता नहीं था कि आखिर 'चक्रधर' नाम से इतनी तीखी टिप्पणी कौन कर रहा है? 'कल्पना' के विविध अंकों में 'चक्रधर' की 'साहित्य-धारा' में न जाने इस बात को जानने के लिए कितने पत्र मिलते रहे, किन्तु सच्चाई का पता न चल पाया। अपने समय में प्रकाशित होनेवाला यह स्तम्भ बहुत चर्चित था और इस स्तम्भ को लोग खूब दिलचस्पी के साथ पढ़ते थे। सन् 1954 के आस-पास प्रकाशित होने वाली पत्र-पत्रिकाएँ, कहानी, उपन्यास, कविता यहाँ तक कि चित्रों पर 'चक्रधर' की पैनी दृष्टि रहती थी और वह अपने स्तम्भ में बेबाक टिप्पणी एवं प्रतिक्रियाएँ व्यक्त किया करते थे।

यह स्तम्भ सम्भवतः लगातार प्रकाशित नहीं हो पाया था, कुछ समय के लिए बीच में बन्द हुआ परन्तु पुनः प्रारम्भ भी हो गया। इस पत्रिका में 'चक्रधर' ने लगभग चौंतीस स्तम्भों में अपनी प्रतिक्रिया को व्यक्त किया है। 'चक्रधर' के विषय में जानने के लिए बहुत लोग आतुर थे। यहाँ तक कि कई लोगों ने उनसे सम्पर्क साधने का अनेकानेक प्रयास भी किया, किन्तु सम्पादक मण्डल के चलते वे सभी

लोग 'चक्रधर' से सम्पर्क नहीं साध सके। 'चक्रधर' ने जब लिखना बन्द कर दिया तो कुछ अंकों तक यह स्तम्भ जारी रहा किन्तु 'चक्रधर' की जगह 'चक्रांग', 'चतुरानन', 'चक्रपाणि' नाम मिलता है। इन नामों से यह नहीं कहा जा सकता कि ये 'चक्रधर' थे या नहीं। 'कल्पना' पत्रिका के इस स्तम्भ में 'चक्रधर' प्रारम्भ से ही एक रहस्य की तरह रहे। कई लोगों को ये लगने लगा इस नाम से पत्रिका के सम्पादक लिख रहे हैं, किन्तु इस बात से मार्कण्डेय के अभिन्न मित्र दुष्यन्त ने पर्दा हटाया। कमलेश्वर अपने लेख 'गहरी दोस्ती के वो दिन' में इस रोचक प्रसंग को बताते हुए कहते हैं-''कल्पना' का एक नियमित स्तम्भ 'साहित्य-धारा' मार्कण्डेय लिखते थे, 'चक्रधर' नाम से और यह बात नितान्त गोपनीय थी। मुझे और दुष्यन्त को भी पता नहीं था कि 'चक्रधर' नाम से 'साहित्य-धारा' मार्कण्डेय लिखता है। यह नाम छद्म है यह अहसास सभी को था शायद इसीलिए बदरीविशाल पित्ती मुझसे और मार्कण्डेय से मिलने के बाद अलग से मार्कण्डेय से मिला करते थे।'' एक दिन दुष्यन्त मार्कण्डेय के यहाँ गए हुए थे और उस दिन जो पत्र दुष्यन्त के हाथ लगा उसी से यह रहस्य खुला कि 'चक्रधर' कौन है? कमलेश्वर बताते हैं कि-''तख्त पर दुष्यन्त ने मार्कण्डेय को गिरा लिया था और मजाक-मजाक में उसकी छाती पर चढ़कर पूछा था-बता साहित्य धारा कौन लिखता है? बता 'चक्रधर' कौन है? और तब मार्कण्डेय ने स्वीकार किया था कि 'चक्रधर' वही है।'' इस तरह दुष्यन्त कुमार ने 'चक्रधर' के रहस्य से पर्दा उठाया और सबके मन की दुविधा को दूर किया।

मार्कण्डेय की पहली कहानी 'गुलरा के बाबा' 'कल्पना' में दिसम्बर 1952 के अंक में छपी थी। ग्रामीण-जीवन को आधार बनाती इस कहानी को न सिर्फ पढ़ा गया बल्कि खूब सराहा भी गया। साहित्य-धारा स्तम्भ भी इसी अंक में प्रारम्भ हुआ, जिसकी सूचना देते हुए सम्पादक बदरीविशाल पित्ती ने कहा है-''इस अंक से हम 'साहित्य-धारा' नाम का एक नया स्तम्भ प्रारम्भ कर रहे हैं। यह स्तम्भ पाठकों और लेखकों के लिए है। संस्कृति और साहित्य की गतिविधि से सम्बन्धित वे सभी विषय, जिनकी ओर साहित्य के निर्माताओं और प्रेमियों का ध्यान आकृष्ट करना आवश्यक हो, इस स्तम्भ के अन्तर्गत आएंगे। इस स्तम्भ के अन्तर्गत भेजी जानेवाली सामग्री संक्षिप्त और तथ्यपूर्ण हो, व्यर्थ की भूमिका या आक्षेप उसमें नहीं होना चाहिए।'' सम्पादक ने स्पष्ट तौर पर बात कहते हुए पत्रिका में 'साहित्य-धारा' स्तम्भ प्रारम्भ कर दिया। नई प्रतिभाओं को भी इस पत्रिका में स्थान दिया गया और अनेक लोग अपनी जिज्ञासानुसार विधाओं की ओर आकृष्ट होने लगे। 'कहानी', 'आज', 'प्रतीक' आदि अनेक पत्रिकाओं में युवा एवं नई प्रतिभाओं

को जगह मिली ''किन्तु उस समय इसको पहली बार वाणी दी 'अप्रैल 54' की 'कल्पना' में 'साहित्य-धारा' के अन्तर्गत 'चक्रधर' नाम से लिखनेवाले एक नए लेखक ने।'' नामवर सिंह के इस वक्तव्य को पढ़कर ज्ञात होता है कि मार्कण्डेय (चक्रधर) अपनी टिप्पणी नई प्रतिभाओं की रचनाओं में भी करते थे। आश्चर्य की बात तो यह है कि 'चक्रधर' ने स्वयं की कहानियों की भी आलोचना की है। किसी दूसरे रचनाकार की रचना में टिप्पणी करना कोई नई बात नहीं किन्तु स्वयं की रचनाओं को भी उसी कठघरे में लाकर खड़ा कर देना और उसकी बखिया उधेड़ना ये मार्कण्डेय ही कर सकते थे। 'कल्पना' की 'साहित्य-धारा' अप्रैल 1954 के अंक में चक्रधर ने मार्कण्डेय की कहानी 'मिस शान्ता' के विषय में अपने विचार व्यक्त किए।

इस कहानी में लेखक ने शांता के चरित्र को बड़े ही मार्मिक एवं नाटकीय रूप में प्रस्तुत किया है। यह मार्कण्डेय की विशिष्ट कहानियों में से एक होने के कारण 'चक्रधर' की टिप्पणी का कारण बनी। इसके साथ ही 'महुए का पेड़' संग्रह की अत्यन्त विशिष्ट कहानी 'अगली कहानी' के विषय में चक्रधर कहते हैं कि- '''कल्पना' में प्रकाशित मार्कण्डेय की 'अगली कहानी' कहानी से ज्यादा निबन्ध के करीब पड़ती है। शुरू से लेकर अन्त तक एक गहरी अनास्था और खीज व्याप्त है। कहीं-कहीं तो लगता है जैसे लेखक स्वयं पर विश्वास नहीं रखता।

'अगली कहानी' के अस्फुट विचारों में जगह-जगह व्यंग्य और विचारोत्तेजना का खासा मजा है और अन्त भी प्रभावशाली है पर लेखक की कई बातों से साधारणत: सहमत नहीं हुआ जा सकता। झुँझलाहट की बात दूसरी है।'' इस तरह चक्रधर के रूप में मार्कण्डेय ने स्वयं को भी नहीं बख्शा और अपनी 'संगीत, आँसू और इनसान', 'अगली कहानी', 'मिस शान्ता' नामक तीनों महत्त्वपूर्ण कहानियों की टिप्पणी की।

चक्रधर ने अपने अभिन्न मित्रों, युवा व नवलेखन में पदार्पण करनेवालों पर भी अपनी तीखी प्रतिक्रिया व्यक्त की है। उन्होंने जनवरी 1956 की 'साहित्य-धारा' में कमलेश्वर की कहानी 'देवी की माँ', धर्मवीर भारती का यात्रा-विवरण 'ठेले पर हिमालय', शेखर जोशी की कहानी 'कविप्रिया', मोहन राकेश की कहानी 'शिकार' प्रभाकर माचवे आदि अनेक व्यक्तित्वों पर उन्होंने अपने विचारों को व्यक्त किया। प्रभाकर माचवे पर बड़ी ही तीखी प्रतिक्रिया व्यक्त करते हुए कहते हैं-''प्रभाकर माचवे का लेख 'हिन्दी में गुण बहुत है सदा राखिये संग' (राष्ट्रवादी) पढ़कर उनके वर्तमान सरकारी पद की प्रतिष्ठा से दबे बिना नहीं रहा जा सकता। कहते हैं, अन्धे को अन्धेरे में बहुत दूर की सूझी, बेचारे तीर दूसरे पर मारना चाहते थे और उलट

गए स्वयं। दूसरों का दोष-निरूपण करते-करते इतने संकटग्रस्त एवं कुटिलमन का पर्दाफाश इस लेख में हो गया है कि लगता है कोई भयानक संकुचित दृष्टि का आदमी यह लेख लिख रहा है। माचवे जी ऐसे उदाहरण एक नहीं अनेक मिल सकते हैं। पर वह झुँझलाहट भी क्या जो राष्ट्रीय हितों के विरुद्ध प्रचार करे। हिन्दी के गुणों को साथ रखने से जो लाभ हिन्दी वालों को नहीं मिले, वे भी तो माचवे जी ले रहे हैं, और क्या चाहिए?'' अपने विषय में ऐसी टिप्पणी पढ़कर माचवे जी बहुत क्रोधित हुए। माचवे जी पर की गई इस टिप्पणी को लेकर सम्पादक-मण्डल में भी बहुत बहसें हुई। स्वयं मार्कण्डेय जी का भी यही मानना था कि 'यह काफी तीखी टिप्पणी थी और इस पर खूब बहस सम्पादक-मण्डल के भीतर भी हुई। मेरे पास भी इससे सम्बन्धित कई पत्र आए।' इस लेख से माचवे जी को बहुत पीड़ा पहुँची और उन्होंने तत्काल इस टिप्पणी के विषय में एक पत्र सम्पादक-मण्डल को भेजा। अपने पत्र में उन्होंने इस बात को भी कहा है कि यदि लेख पर टिप्पणी होती तो कोई बात नहीं थी, किन्तु नीयत के खोट होने की जो बात कही गई है उसके चलते उन्होंने ये पत्र लिखा। माचवे जी के इस पत्र को पाकर सम्पादक महोदय ने खेद व्यक्त करते हुए भविष्य में ऐसे व्यक्तिगत आक्षेप न होने का आश्वासन भी दिया।

इसी क्रम में अप्रैल, 1956 के 'साहित्य-धारा' में अज्ञेय, प्रताप नारायण त्रिपाठी, बालकृष्ण राव की कविता, दुष्यन्त कुमार, रामवतार चेतन, सुरेन्द्र कुमार दीक्षित, पुरुषोत्तम खरे, रामदरश मिश्र आदि कवियों की उन कविताओं पर टिप्पणी व्यक्त की है जो किसी न किसी पत्रिका में प्रकाशित हो चुकी है। अप्रैल, 1956 के अंक में चक्रधर ने रामवतार चेतन की कविता की आलोचना करते हुए कहा है कि-''रामवतार चेतन की 'चार सरल कविताएँ' राष्ट्रवाणी में प्रकाशित हुई हैं। उनमें से एक सात पंक्तियों की रचना का मुलाहिजा कीजिये-'दुनिया क्या है?/एक तमाशा/ईश्वर क्या है?/दूध बताशा!/लखो तमाशा,/चखो तमाशा/यह परिभाषा!' ये पंक्तियाँ एक के नीचे दूसरी छपी है, किन्तु यहाँ हम उसी ढंग से छापकर कागज नहीं बरबाद करना चाहते। हम भी छोटे-मोटे कवि हैं! इस रचना से प्रेरणा मिली और सुनिए-कविता क्या है?/एक तमाशा!/पत्रिका क्या है?/दूध बताशा! लखो तमाशा, इत्यादि।'' ये पंक्तियाँ 'राष्ट्रवाणी' में सम्भवत: मार्च 1956 के अंक में प्रकाशित हुई, जिसमें मार्कण्डेय ने स्पष्ट और व्यंग्यात्मक रूप में अपने विचारों को रखा है। इस वक्तव्य को पढ़ने के बाद रामवतार चेतन ने स्वयं बताया है कि कविता की पंक्ति अशुद्ध छपी है। जहाँ 'चखो तमाशा' के स्थान पर 'चखो बताशा' होना चाहिए।

जुलाई-अगस्त 1956 के विशेषांक में अमृतलाल नागर की रचना के विषय में चक्रधर का कहना है-''अमृतलाल नागर का 'तथागत नई दिल्ली' में पढ़ते हुए

ऐसा लगता है कि जैसे कोई पीछे पड़ गया हो कि अपनी बातों से हमें हँसा कर ही दम लेगा। कभी मिन्नत आरजू करके, कभी धमकी देकर कभी फुसलाकर, कभी लालच देकर, हमें हँसाने की कोशिश करता है, पर हमें हँसी नहीं आती, क्योंकि उसकी बात तो हँसाने वाली है ही नहीं, हम हँसे तो क्यों?'' चक्रधर की ये टिप्पणी पूरी तरह से व्यंग्यपूर्ण कही जा सकती है। चक्रधर ने मार्च 1956 में बैजनाथ जी के लेख के विषय में भी कुछ ऐसे ही व्यंग्य को प्रस्तुत किया है कि ''साहित्यकार (जनवरी) में बैजनाथ सिंह 'विनोद' के लेख 'विद्यापति का काव्य-सौन्दर्य' ने 9 पृष्ठ घेरे हैं। ऐसे लेख क्यों लिखे जाते हैं, समझ में आ सकता है, किन्तु साहित्यकार में क्यों प्रकाशित हों, समझ में नहीं आता।'' इस विषय में कर्ण सिंह ज्ञानी ने अपने पत्र में उपर्युक्त टिप्पणी के विषय में लिखते हुए कहा है-''उपर्युक्त अंश की आपत्तियाँ वास्तव में समझ में नहीं आती। 'ऐसे लेख' से क्या आशय है? 9 पृष्ठ घेरने वाले या काव्य-सौन्दर्य की चर्चा करनेवाले? 'साहित्यकार' में क्यों प्रकाशित हों? पूछा जा सकता है-प्रकाशित क्यों न हो/क्या चक्रधर जी के पास 'साहित्यकार' में लेखन-प्रकाशन की पूर्व निश्चित कोई विधानावली है? या लेख प्रकाशित करने के पहले 'चक्रधर जी' से अनुमति लेना अनिवार्य है ..../'' कर्ण सिंह ज्ञानी ने इस पत्र में चक्रधर जी को भी उसी अन्दाज में उत्तर दिया जिसमें ज्ञानी जी का क्रोध साफ व्यक्त हो रहा है।

''साहित्यधारा' को पढ़ना और समझना बेहिचक कहा जा सकता है कि बींसवी सदी के छठें एवं सातवें दशक की सम्पूर्ण साहित्यिक-सांस्कृतिक सक्रियता को पढ़ना और समझना है। उस दौर के लेखन और दौर की बहसों तथा चिन्ताओं से गुजरना है। जिस ''नई कहानी' को चर्चा में ले आने और उसे पहचान दिलाने का श्रेय डॉ. नामवर सिंह को दिया जाता है, उस 'नई कहानी' की तरफ, कहानी में आ रहे स्वरूपगत बदलावों की तरफ 'कल्पना' अप्रैल 1954 की 'साहित्य-धारा' में ही चक्रधर ने संकेत कर दिया था।'' बलभद्र ने अपने लेख में इस बात को स्पष्ट कर दिया है कि चक्रधर अर्थात् मार्कण्डेय ने 'नई कहानी' के क्षेत्र में भी अहम् भूमिका निभायी है और अनेक 'नई कहानियाँ' भी लिखी हैं और 'नई कहानी' में जिन-जिन विषयों की आवश्यकता थी सामान्यत: वह सारे विषय मार्कण्डेय की कहानी में देखने को मिलता है क्योंकि उनकी कहानियों का मुख्य विषय ग्रामीण-परिवेश था। ग्रामीण-परिवेश में लिखनेवाले मार्कण्डेय के अतिरिक्त दो और कहानीकार थे-फणीश्वरनाथ रेणु और शिवप्रसाद सिंह। ये तीनों एक-दूसरे के करीब थे। इन तीनों की एक त्रयी भी बनती है किन्तु आगे चलकर ये त्रयी बदल जाती है और रेणु तथा शिवप्रसाद का स्थान अमरकान्त और शेखर जोशी ले लेते

हैं। बहरहाल रेणु और शिवप्रसाद मार्कण्डेय के समकालीन होने के साथ ही उनके बहुत नजदीक भी थे। इसके साथ ही जब 50 के बाद के दौर में कहानी की बहसों में ध्यान आकृष्ट होता है तो तीनों कथाकारों के विचारों में अलगाव भी आता है। चक्रधर ने 'साहित्य-धारा' के स्तम्भों में शिवप्रसाद सिंह की अनेक कहानियों की चर्चा की है और साथ ही उनकी 'बिन्दा महाराज' कहानी को पिछले दस पन्द्रह मास की कहानियों में सर्वश्रेष्ठ माना है। इस कहानी के सन्दर्भ में चक्रधर कहते हैं-''बिन्दा महराज की मनोभावना का बड़ा ही सुन्दर और मार्मिक चित्रण किया गया है। कथानक बहुत ही सीधा-सादा है किन्तु श्रेष्ठ कथाकार उसे कितने सजीव, सुन्दर और आकर्षण ढंग से प्रस्तुत कर सकता है, इस कहानी में देखते ही बनता है।'' इसके साथ ही चक्रधर रेणु की भी कुछ कहानियों की चर्चा 'साहित्य-धारा' में करते हैं। जहाँ एक ओर 'सिर पंचमी का सगुन' उन्हें अच्छी लगी वहीं दूसरी ओर 'तीसरी कसम' उन्हें प्रभावित करने में नाकामयाब रही।

वर्तमान युग में शोध करनेवाले छात्रों व तेजी से बँट रही 'डॉक्टर' उपाधि के विषय में से चक्रधर ने अपने मंतव्य को प्रस्तुत किया है। उनके यह विचार बिलकुल सत्य जान पड़ते हैं। चक्रधर के अनुसार-''हिन्दी में आज जितनी उदारता से 'डॉक्टर' की उपाधि बँट रही है, और शोध के जो परिणाम सामने आ रहे हैं, उन्हें देखकर शोध की प्रामाणिकता के सम्बन्ध में शंकालु हो उठना अस्वाभाविक नहीं है। असल में यह कार्य अलग-अलग विश्वविद्यालयों पर नहीं छोड़ा जाना चाहिए। एक केन्द्रीय संस्था शोध-कार्य का नियमन करे और वह प्रतिवर्ष ऐसे विषयों की सूची प्रकाशित कर दिया करे, जो अब तक अछूते हैं और जिन पर शोध अपेक्षित है। एक ही विषय पर एकाधिक व्यक्तियों द्वारा शोध-कार्य चलने में कोई हानि नहीं है। इस प्रकार जो शोधकृति उत्कृष्ट मानी जाए, उस पर उपाधि प्रधान की जाए। इससे अच्छे परिणाम की उपलब्धि के साथ-साथ धन, समय और शोधकर्ताओं की क्रियाशक्ति का अपव्यय भी रुक सकेगा।'' चक्रधर का यह वक्तव्य 'कल्पना' की 'साहित्य-धारा' के दिसम्बर, 1958 में रेखांकित किया गया है। इस वक्तव्य में बहुत ही अच्छी बात कही गई है साथ ही उच्च शिक्षा में 'डॉक्टरेट' की उपाधि पाने वाले योग्य लोगों को ही उसका सही हकदार भी माना गया है। चक्रधर ने साहित्येतर विधाओं पर भी बहुत कुछ कहा है, जिसमें अमृता शेरगिल, नन्दलाल बोस, यामिनी राय, रामकुमार, बेन्द्रे आदि अनेक चित्रकारों के चित्रों पर भी चर्चाएँ की हैं। चक्रधर मार्कण्डेय की 'संगीत आँसू और इनसान', 'मिस शान्ता', 'अगली कहानी' के प्रति अपनी टिप्पणी तो व्यक्त करते हैं किन्तु मार्कण्डेय को वे ग्रामीण-कथानक लिखने वाला अगुआ लेखक भी मानते हैं।

'साहित्य-धारा' के अन्तिम विशेषांक 'मार्च 1959' में वे कहते हैं-''श्री मार्कण्डेय ग्रामीण-कथानकों पर लिखनेवाले अगुआ लेखक माने जाते हैं। कहानीकार के रूप में उनकी उपलब्धियों और सम्भावनाओं का विशिष्ट आधार ये ग्राम कथानक ही हैं। शायद ताजगी की खोज में श्री मार्कण्डेय गाँवों की ओर गए हैं, जैसे आज के फैशनपरस्त लोग कुटीर-उद्योग की बनी चीजों की ओर जा रहे हैं। उनकी कुछ उपलब्धियाँ हिन्दी कथा-साहित्य के लिए सचमुच प्रशंसनीय है। लेकिन अब जैसे-जैसे नवीनता का आकर्षण समाप्त होता जा रहा है उनकी कहानियाँ भी उतनी ही कमजोर पड़ती जा रही हैं। ग्राम-जीवन का कैनवास और बहुरंगीपन तो अनन्त है लेकिन हमारी आँखें कितना और क्या देख पाती हैं इस पर हमारी उपलब्धियों की मात्रा और सीमा निर्धारित होती है।'' यदि 'साहित्य-धारा' के महत्त्व की बात कही जाए तो उस समय 'साहित्य-धारा' को तमाम लोग इसलिए पसन्द करते थे क्योंकि इस स्तम्भ के माध्यम से पत्रिकाओं के प्रकाशन के साथ ही अनेक रचनाकारों की रचनाओं के प्रकाशन की जानकारी भी प्राप्त हो जाती थी और साथ ही चक्रधर की बेबाक व रोमांचक टिप्पणियाँ भी पढ़ने को मिलती थी। इस स्तम्भ में मार्कण्डेय की कुछ ऐसी कहानियों के नाम दिखाई पड़ते हैं जो 'कल्पना' के स्तम्भ के अतिरिक्त कहीं नहीं दिखाई दिए। 'लोककला और उत्पादन की शक्तियाँ' नामक शीर्षक का आलेख भी इसी में है। 'साहित्य-धारा' के महत्त्व को बताते हुए बलभद्र कहते हैं-''साहित्य-धारा' का महत्त्व इसको पढ़कर ही समझा जाता है। यह इसलिए महत्त्वपूर्ण नहीं है कि इसके लेखक मार्कण्डेय हैं, बल्कि इसलिए है कि उस दौर की साहित्यिक सक्रियता को समझने का यह एक दस्तावेज है। अपने वास्तविक नाम से अगर यह स्तम्भ वे लिखते तो शायद इस तरह नहीं लिख पाते। इतना मुखर, इतना स्पष्ट।'' बलभद्र के इस कथ्य में बिलकुल सही बात कही गई है। वास्तव में यदि मार्कण्डेय अपने इसी नाम से टिप्पणियाँ लिखते तो उसमें इतनी स्पष्टता व व्यंग्यात्मकता नहीं होती।

मार्कण्डेय से बलभद्र का संवाद 'काशी प्रतिमान' नामक पत्रिका में 'कथा आलोचना तो मूलतः परिश्चम से आई विधा है' शीर्षक लेख में प्रस्तुत किया गया है, जिसमें बलभद्र मार्कण्डेय से 'साहित्य-धारा' और चक्रधर के बारे में पूछते हैं। मार्कण्डेय बताते हैं-''चक्रधर 1952-53 में हिन्दी की तत्कालीन सर्वश्रेष्ठ पत्रिका 'कल्पना' में प्रकाशित होने वाली 'साहित्य-धारा' के लेखक का एक ऐसा नाम था जो शायद उस समय इस कारण रखा गया था कि निरपेक्ष भाव से प्रकाशित होने वाली रचनाओं पर बात करने की स्वतन्त्रता बनी रहे। यह स्तम्भ इतना अधिक चर्चित था कि लोग प्रायः 'कल्पना' आते ही उसी को पढ़ना पसन्द करते थे। इसमें

हिन्दी कविता, नाटक कहानी के साथ विभिन्न कलाओं पर भी समय-समय पर समीक्षात्मक टिप्पणियाँ दी गई थी। चार वर्षों तक यह कालम चलता रहा लेकिन सहसा विवाद के घेरे में आ जाने के कारण 'चक्रधर' ने इसे स्वयं ही लिखना बन्द कर दिया।'' अनेक कड़ी टिप्पणियों के कारण विवादों के घेरे में आना स्वाभाविक था, किन्तु 'चक्रधर' ने अपनी असलिएत का पता चल जाने के बाद 'साहित्य-धारा' में लिखना बन्द कर दिया। मार्कण्डेय जैसा व्यक्तित्व हिन्दी साहित्य जगत में नगण्य है।

(ग) मार्कण्डेय की 'कथा'

कथाकार मार्कण्डेय हिन्दी साहित्य जगत में अनेक प्रसिद्ध कहानियों को लिखने के कारण जाने जाते हैं। आजादी के बाद की परिस्थितियों को वह जिस तरह से कथा-साहित्य में दर्शाते हैं वह श्लाघनीय है। मार्कण्डेय की सबसे बड़ी खूबी यह थी कि उन्होंने केवल कथा या उपन्यास के क्षेत्र में ही अपने आपको नहीं आजमाया अपितु आलोचक, कवि, एकांकीकार एवं सम्पादक के रूप में भी स्वयं को प्रस्तुत किया है। यह बात अलग है कि उनकी पहचान कथाकार के रूप में ही अधिक है। कथाकार के रूप में प्रसिद्धि पाने का सबसे बड़ा कारण उनके आठ कहानी-संग्रह हैं जिसमें उन्होंने अनेकानेक विषयवस्तु को लेकर कहानियाँ रची तथा सबसे अधिक प्रिय विषय 'ग्रामीण-परिवेश' को अपनी कहानियों में स्थान दिया। वैसे तो मार्कण्डेय कथाकार के रूप में प्रख्यात हो चुके थे, किन्तु फिर भी उन्होंने अपने सम्पादक रूप को भी पहचान दिलाई और लोग उन्हें कथाकार मार्कण्डेय से 'कथा' पत्रिका के सम्पादक मार्कण्डेय के रूप में भी जानने लगे।

मार्कण्डेय ने अपने व्यक्तित्व को एक नई पहचान तब दी जब वह सम्पादक के रूप में दिखाई पड़े। वह कथाकार और उपन्यासकार के अतिरिक्त सम्पादक के रूप में भी बहुत चर्चित रहे। मार्कण्डेय का इस पत्रिका को निकालने के पीछे एक उद्देश्य था कि वह नए युवा लेखकों को इसमें स्थान देना चाहते थे और वह उन्होंने किया भी। जब मार्कण्डेय ने इस पत्रिका को निकालने की योजना बनाई तो उसमें कई लोगों ने उनका समर्थन किया। ''कथा' मार्कण्डेय के व्यक्तित्व एवं सोच के अनुरूप ही गम्भीर जनप्रतिबद्ध नजरिए की पत्रिका थी। ढ़लती उम्र में भी वे 'कथा' के लिए जिस कर्मठता व संकल्पबद्धता के साथ काम करते वह अद्‌भुत था। 'कथा' के माध्यम से उन्होंने कई युवा लेखकों को प्रोत्साहित किया।'' मार्कण्डेय के प्रोत्साहन से अनेक लोगों ने अपनी लेखनशैली को विस्तार दिया।

मार्कण्डेय जी ने सन् 1969 ई. में सितम्बर-नवम्बर में 'कथा' नाम की एक त्रैमासिक पत्रिका का सम्पादन इलाहाबाद से प्रारम्भ किया। यह पत्रिका थी तो त्रैमासिक किन्तु आर्थिक दिक्कतों के कारण यह अनियतकालीन पत्रिका हो गई। वर्तमान समय तक 'कथा' के बीस अंक प्रकाशित हो चुके हैं, किन्तु मार्कण्डेय के जीवनोपरान्त 'कथा' के चौदह अंक ही प्रकाशित हुए। पन्द्रहवां अंक संस्मरण अंक है जिसकी सम्पादक उनकी पुत्री 'सस्या सिंह' हैं और उसके बाद के अंकों के सम्पादक 'अनुज' हैं। यह पत्रिका अब दिल्ली से निकलती है। अपने जीवन तक मार्कण्डेय ने इस पत्रिका को सुचारु रूप से निकाला। मार्कण्डेय इस पत्रिका में सम्पादक के रूप में बड़े ही कम शब्दों में सम्पादकीय लिखते थे और सह सम्पादक के रूप में सन्तोष चतुर्वेदी जी ने इस पत्रिका में अपना सहयोग दिया। 'कथा' पत्रिका में कहानी, कविता, आलोचना के अलावा भी समाज की अनेक विसंगतियों को भी प्रदर्शित किया गया है। 'कथा' का प्रत्येक अंक कुछ न कुछ नया लेकर ही निकाला गया जिसमें समाज में व्याप्त भुखमरी, गरीबी, अशिक्षा आदि को मुख्य रूप से स्थान दिया गया है। कथा पत्रिका निकालने में मार्कण्डेय का एक गम्भीर मन्तव्य था। उस मन्तव्य को पूरा करने के लिए ही उन्होंने इस पत्रिका का सम्पादन किया।

हितेश कुमार सिंह 'कथा' के विषय में कहते हैं कि-''मार्कण्डेय जी ने 'कथा' को सिर्फ साहित्य के बन्धन में ही न बाँधकर उसे राजनैतिक, सामाजिक आदि अनेक विषयों में विस्तार देने का भरपूर प्रयास किया।'' हितेश सिंह के इस वक्तव्य से यह पता चलता है कि कथा पत्रिका में उन्होंने अधिकांशत: विषयों को समाहित करने का प्रयत्न किया है। कथाकार मार्कण्डेय की ''कथा' साहित्यिक हिन्दी पत्रकारिता में सामाजिक परिवर्तन और बदलाव की आकांक्षा को समर्पित पत्रिका थी। अत: यह स्वाभाविक था कि उसमें ऐसे साहित्य को महत्त्व दिया जाए जिसकी इस सामाजिक सांस्कृतिक परिवर्तन में स्पष्ट भूमिका हो। लेकिन उसके लिए मार्कण्डेय स्थूल राजनीति की ओर नहीं जाते।'' इस पत्रिका के माध्यम से मार्कण्डेय ने समकालीन साहित्यिक परिदृश्य पर विचारों को प्रस्तुत करने का सुगम मार्ग अपनाया है।

दुर्गा सिंह ने 'प्रगतिशील साहित्य की जिम्मेदारी' में मार्कण्डेय की 'कथा' के चौदह सम्पादकीय को अपनी इस पुस्तक में सम्मिलित किया है। 'कथा' के प्रवेशांक में प्रसिद्ध कथाकार शेखर जोशी, अमरकान्त, रवीन्द्र कालिया, दूधनाथ सिंह आदि लेखकों की कहानियाँ प्रकाशित हुई और सुरेन्द्र चौधरी, नीलकान्त, परमानन्द श्रीवास्तव, विजय मोहन सिंह आदि लोगों के लेख प्रकाशित हुए।

'कथा' का यह अंक चर्चा में रहा। इस अंक में डॉ. रामविलास शर्मा द्वारा लिखित 'निराला की साहित्य-साधना' (प्रथम खंड) जीवनी पर तीन समीक्षाएँ भी छपी हैं। ये समीक्षाएँ भगवत शरण उपाध्याय, प्रकाश चन्द्र गुप्त और रमेश कुंतल मेघ की हैं। इसके साथ ही देवेन्द्र कुमार की 'खास कर उन्हीं अर्थों में', लीलाधर जंगूडी की 'हर तरह होना है', हर्ष की 'स्थिति', गिरिधर राठी की 'बलात्कार' तथा विश्वनाथ त्रिपाठी की 'खबरें' आज की विसंगतियों एवं यथार्थ से रू-बरू कराती हैं। 'कथा' का यह पहला अंक अनेक लेखकों की लेखनशैली के साथ प्रस्तुत किया गया है। मार्कण्डेय ने कथा पत्रिका के माध्यम से अनेक सन्दर्भों को सुलझाने का प्रयत्न भी किया है। वह स्वयं कहते हैं-''कथा' द्वारा कुछ ऐसे ही प्रयत्न होंगे, अपने ही परिवेश से चारों ओर जुड़ने और जोड़ने के, इसलिए विषय का बन्धन 'कथा' पर नहीं है।'' मार्कण्डेय इस बात को भलीभाँति जानते हैं कि जिस प्रयास की वह कोशिश करना चाहते हैं वह अभी इस पहले अंक में पूर्ण नहीं हो पाया है तभी अंक के सम्पादकीय में वह कहते हैं-''यह अंक हमारी बात पर पूरा नहीं उतरता, सिर्फ साहित्य की पत्रिका का भ्रम पैदा करता है। नाम से वह और छोटा, सिर्फ कहानी, उपन्यास मात्र रह जाता है लेकिन वस्तुत: यह देश-कथा है। इसलिए अशिक्षा, गरीबी, शोषण और भूख की कथा है।'' मार्कण्डेय पहले अंक की सम्पादकीय में इस बात को स्पष्ट कर देते हैं कि यह 'कथा' जनसामान्य की 'कथा है।

'कथा' का दूसरा अंक जून 1970 ई. को प्रकाशित हुआ। यह अंक अपने समय से कुछ विलम्ब में निकला। इस अंक की सम्पादकीय में स्वयं सम्पादक मार्कण्डेय स्वीकारते हैं कि ''अनेक विवशताओं के कारण 'कथा' का यह अंक देर से और उच्चकोटि की रचनाओं और नए स्तम्भों को छोड़कर प्रकाशित हो रहा है।'' आज के समय में तत्कालीन तथाकथित बुद्धिजीवियों द्वारा हो रही सामाजिक क्षति पर गम्भीर चिन्तन व्यक्त किया है। समाज में जिस प्रकार लेखकों, कलाकारों के स्तर से न्यूनता आ रही है उसके लिए मार्कण्डेय ने धनिकों की मोटी नौकरियों, पाठ्य-पुस्तकें, पुरस्कार एवं पदवियों को ही जिम्मेदार माना है। बड़ा पुरस्कार केवल इसलिए अस्वीकार कर दिया जा रहा है क्योंकि प्रतिभावान लेखकों ने अर्थवाद के चंगुल में फँसकर स्वयं के कार्यों से हार मान ली है और उनकी प्रतिष्ठा में भी अब कमी आ चुकी है। कथा के इस अंक में मार्कण्डेय ने 'भारत में समाजवाद: दिशा और दृष्टि' नामक एक राजनीतिक संवाद में कई विद्वानों के विचारों को चित्रित किया है। इसके अतिरिक्त सुरेन्द्र नाथ द्विवेदी, मधु लिमये, त्रिदिव कुमार चौधरी, बी.टी. रणदिवे आदि के लेख वास्तविक समाजवाद की

रूपरेखा को उजागर करता है। इस अंक में 'नवलेखन पर धारावाहिक बहस' के अन्तर्गत डॉ. विजयमोहन ने अपने लेख 'मुनासिब कार्यवाई' में समकालीन लेखन की समस्याओं की बड़ी ही विशिष्टता के साथ रेखांकित किया है। इसी शैली से मेल खाता रमेश कुंतल मेघ का 'नवयुवा चिन्तन तथा लेखन का नवारंभ' और चन्द्रभूषण तिवारी ने अपने लेख 'व्यवस्था विरोधी यथार्थ और सृजन के नए सन्दर्भ' में अपने विचारों को व्यक्त किया है।

उपर्युक्त लेखों के अतिरिक्त अमरकान्त, भीष्म साहनी और शेखर जोशी की क्रमशः 'बस्ती', 'रास्ता' और 'मेंटल' को भी सम्मिलित किया गया है। यशपाल के व्यक्तित्व एवं कृतित्व पर सुरेन्द्र चौधरी का लेख 'व्यक्ति और समाज' में यशपाल के विषय में जानकारी प्राप्त होती है। इसके अतिरिक्त राजीव सक्सेना 'मैले को सफेद और सफेद को मैला', विमल कुमार ने 'पीढ़ियों का द्वन्द्व', प्रकाश चन्द्र गुप्त ने 'लम्बी काव्य यात्रा के चरण चिह्न', परमानन्द श्रीवास्तव ने 'मनोग्रन्थियों का समाजशास्त्र', डॉ. बेचन ने 'ग्रामीणों के संघर्षपूर्ण जीवन का चित्र', प्रतिभा अग्रवाल ने 'एक महत्त्वपूर्ण प्रयोग' नाम से अनेक लेख, काव्य-संग्रह, नाटक आदि पर अपने-अपने विचार रखे हैं।

सन् 1971 ई. में 'कथा' का तीसरा अंक आया जिसमें मार्कण्डेय ने बड़ी ही गम्भीर विषयवस्तु पर लिखा है। भारत देश की जनता बड़े ही कष्ट से गुजर रही थी। बंगाल की बेगुनाह जनता मारी गई और पाकिस्तान अपने ही देश के लोगों का विध्वंस कर रहा था। ऐसी स्थिति को देखकर मार्कण्डेय बहुत चिन्तित हुए। नवलेखन पर लिखने वालों में नीलकान्त, श्रीराम तिवारी, सुरेन्द्र चौधरी ने क्रमशः 'नवलेखन के अन्तर्विरोध', 'उन्हें छोड़ कैसे बढ़ा जा सकता है', 'युवा लेखन: अन्तर्विरोधों के बीच' नाम से लेख लिखे। समाज में मनुष्य एवं लेखक की स्थिति को भैरव प्रसाद गुप्त ने 'मुनासिब कार्रवाई' के अन्तर्गत अपनी प्रतिक्रिया को व्यक्त किया है। गुप्त जी ने इस लेख में कहा है 'शक्ति विरोध में नहीं उद्‌देश्य में होती है क्योंकि विरोध किसी उद्‌देश्य की प्राप्ति के लिए होता है।' मंगलेश डबराल का आलेख शमशेर बहादुर सिंह की साठवीं वर्षगांठ पर 3 जनवरी 1971 में की गई गोष्ठी की स्मृति को ताजा करता है। इसके अतिरिक्त कमलेश दत्त त्रिपाठी (आधुनिक रंगमंच के अनुरूप आलेख), लक्ष्मीकान्त वर्मा (नई दिशा की खोज), डॉ. बालकृष्ण मालवीय (मंच विधान, नेपथ्य एवं अभिनय) नामक लेख अभिज्ञान शाकुन्तलम् नाटक के अभिनय एवं निर्देशन पर टिप्पणी प्रकाशित की गई है। रामविलास शर्मा, अमृतलाल नागर, सुमित्रानन्दन पन्त, नेमिचन्द्र जैन, केदारनाथ अग्रवाल ने गुप्त जी पर संस्मरण एवं श्रद्धांजलि प्रस्तुत की है। इस

अंक के सम्पादकीय में मार्कण्डेय कहते हैं-"साहित्य और कला के क्षेत्र में काम करनेवाले लोगों का एक मुख्य भाग सुख-सुविधा की तलाश में जन-मानस की सच्चाईयों के निर्माण का मार्ग छोड़कर ऐसे कार्यों में पहले से लगा हुआ है जिनसे वास्तविकतामूलक दृष्टि गौण हो जाए और लेखन को व्यापक जीवन और समाज के कार्यकलापों से हटाकर लेखक की दृष्टि को भी धुँधला कर देने की सम्भावना पैदा कर रही है जो जन-संघर्षों में ही मानवीय विकास की दिशा देखते रहे हैं। विचारणीय है कि अब से क्या मार्क्सवादी लेखकों के लिए मात्र रणनीति ही वास्तविकता के अंकन का आधार बनेगी और सिद्धान्त की वैज्ञानिक पद्धति सच्चाईयों की तलाश और परिभाषा के लिए गौण हो जाएगी।" इस तरह मार्कण्डेय ने 'कथा' के प्रत्येक सम्पादकीय में एक अलग ही समस्या को लेकर अपने विचारों को व्यक्त किया है। 'पुस्तकें और लेखक' में विश्वनाथ त्रिपाठी ने ज्ञान प्रकाश के कहानी संग्रह 'अँधेरे का सिलसिला' पर 'रोशनी-रहित अँधेरे का सिलसिला' नामक लेख में सामाजिक गुत्थियों को चित्रित किया है। परमानन्द श्रीवास्तव ने 'घर का गणित और बेघर होने की नियति' नामक शीर्षक में ममता कालिया के उपन्यास 'बेघर' पर लिखा है। पन्त के 'गीतहंस' नामक काव्य-संग्रह पर विश्वम्भर मानव, इन्द्रनाथ ने अपने मंतव्य को प्रस्तुत किया है इसके साथ ही परमानन्द श्रीवास्तव की रिव्यू आलोचना में प्रस्तुत की गई है।

तीन वर्ष के लम्बे अन्तराल के बाद 'कथा' का चतुर्थ अंक सबके समक्ष प्रस्तुत हुआ। यह पत्रिका बेबाक तरीके से लोगों के विचारों को जगह देती थी और सम्पादक कटु से कटु लेखों को निकालने में भी किसी भी प्रकार की हिचक महसूस नहीं करता। अफसोस जताते हुए कथाकार मार्कण्डेय इसकी सम्पादकीय में कहते हैं-"कथा का एक अरसे से रुका हुआ प्रकाशन फिर से शुरू किया जा रहा है। यह अंक एक अरसे से छपा पड़ा था और हम अनेक बाधाओं में घिरे हुए थे और आज भी वैसे ही घिरे हुए हैं, फिर भी हमें आशा है कि आगामी अंकों में हम अपने सहयोगियों, मित्रों तथा पाठकों की अपेक्षाएँ पूरी कर सकेंगे।" बड़े ही सहज एवं सरल शब्दों में मार्कण्डेय ने अपनी परिस्थिति को बताकर अपने प्रति सहानुभूति जरूर अर्जित की है। इस अंक में मार्कण्डेय ने ऐसे लोगों पर प्रहार किया है जो धनिक वर्ग के समक्ष अपने घुटने टेक देता है। मार्कण्डेय के मुताबिक ऐसा शासन किस काम का जो अपने बल का प्रयोग भी नहीं कर पाता। जनता का ऐसे शासन से विश्वास उठ जाना स्वाभाविक है क्योंकि जो सत्ता अपनी जनता से झूठे वादे करके उन्हें उसी नरक में ढ़केली रहती है जहाँ से वह निकलना चाहते हैं तो ऐसे शासन के होने से कोई मतलब नहीं।

इस अंक में हृदयेश की कहानी 'एक छोटा आदमी', निर्मला कुसुम की 'कमर तक ऊँचा मकान', और सच्चिदानन्द धूमकेतु की कहानी 'ये टूटे हुए चेहरे' नाम से प्रकाशित हुई है। इसके साथ ही समीक्षक राजीव सक्सेना ने पाब्लोनेरुदा पर एक समीक्षा 'एक महाद्वीप की नियति और स्वप्नों का कवि' नाम से की। रत्ना सोनी ने मशहूर नाटककार ब्रेख्त के ऊपर 'बरटाल्ट ब्रेख्त और उनका रंगमंच' नाम से नाटक की समीक्षा को प्रस्तुत किया जिसमें उन्होंने नाटक और उसके मंचन पर अपने विचार व्यक्त किए हैं। इसके अलावा 'पुस्तकें और लेखक' कॉलम में डॉ. रघुवंश का लेख 'सामाजिक परिस्थितियों की व्यक्तिगत अनुभूतियाँ' नाम से प्रकाशित है जो कि निर्मल वर्मा के निबन्ध-संग्रह 'हर वारिस के बाद' को लेकर लिखा गया। परमानन्द श्रीवास्तव ने तीन उपन्यासकारों कृशन चन्दर, गोविन्द मिश्र, गिरिराज किशोर के क्रमशः 'बोरबन क्लब', 'वह अपना चेहरा' और 'यात्राएँ' तीनों का सम्मिलित रिव्यू 'सीमित दुनिया के अनुभव या सीमित अनुभवों की दुनिया में' बड़े ही स्पष्ट रूप में व्यक्त किया है। 'कथा' पत्रिका में प्रत्येक विषय क्षेत्र को लेकर लेखकों ने विचार व्यक्त किए हैं। उपर्युक्त लेखकों के अतिरिक्त भी डॉ. कमलेश दत्त त्रिपाठी, शिवकुमार मिश्र, विजेन्द्र नारायण सिंह, सत्यप्रकाश मिश्र, रामकृपाल पांडेय, जगदीश गुप्त आदि महान लोगों के लेख से 'कथा' पत्रिका ने बहुत कम समय में अपना सर्वोत्कृष्ट स्थान बनाया है।

सम्पादक मार्कण्डेय ने 'कथा' के पांचवे अंक में भी अनेक महत्त्वपूर्ण लोगों के लेख को प्रत्येक अंक की भाँति सम्मिलित किया है। मार्कण्डेय साहित्य को एक नवीन दिशा प्रदान करना चाहते थे, किन्तु समाज में जिस तरह से साहित्य की स्थिति होती जा रही है वह एक जटिल प्रश्न है। मार्कण्डेय ने पाँचवें अंक की सम्पादकीय में साहित्य के प्रति गहरी चिन्ता व्यक्त की है। उन्होंनें बताया कि आज के समय में साहित्य "बाजार सस्पेन्स, अपराध, मार-दहाड़ जैसी चटपटी सामग्री से पटा हुआ है।" पाठक इस बात को लेकर भ्रमित हो रहे हैं कि क्या पढ़ने योग्य है और क्या नहीं? क्योंकि साहित्य के नाम पर अब कुछ भी नहीं बचा है। मार्कण्डेय ने रचना के सन्दर्भ में विचारों की बात को प्रमुखता दी है क्योंकि बिना विचार के रचना करना सम्भव नहीं। मार्कण्डेय कहते हैं कि "ऐसी रचना न तो समय के ताप को सह सकती है, न अधिक गहरी मानवीय सच्चाईयों को अभिव्यक्त कर सकती है। इसलिए यथार्थ की अभिव्यक्ति के लिए लीक से हटना होगा।" इस सम्पादकीय में साहित्य के प्रति अपनी चिन्ता को व्यक्त करते हुए समाज में साहित्य की वास्तविकता को बड़े ही स्पष्ट एवं व्यंग्यात्मक शब्दों में व्यक्त किया है। 'कथा' के चौथे अंक में जिस नवलेखन साहित्य को बन्द कर दिया गया था

उसे पुनः इसमें जगह दी गई। इस बहस में सर्वप्रथम 'नवलेखन और प्रतिबद्धता' नाम से आनन्द प्रकाश का लेख आता है जिसमें उन्होंने गरीबी, भ्रष्टाचार, भूख, सामाजिक विषमताओं को व्यक्त किया है साथ ही निम्नवर्ग के लोगों, रिक्शा चलाने या बोझ ढ़ोने वाले लोगों के प्रति आत्मीयता व्यक्त की है। इसी सन्दर्भ में प्रभात कुमार त्रिपाठी, परमानन्द श्रीवास्तव का क्रमशः 'युवा लेखनः भाषा का संकट' एवं 'प्रश्नों से घिरा हुआ लेखन' में नवलेखन के संकट एवं निराकरण को अपने शब्दों में व्यक्त किया है। 'आचार्य रामचन्द्र शुक्ल' नाम से रामकृपाल पांडेय ने शुक्ल जी के व्यक्तित्व एवं उनके अनेक रूपों की चर्चा की है। इसराइल की कहानी 'फिर उसी कहानी की' में पारिवारिक समस्याओं को उजागर किया गया है और साथ ही भैरवप्रसाद गुप्त ने 'भारतेन्दु की याद' में हरिश्चन्द्र को स्मरण करते हुए उनके प्रति अपने विचार व्यक्त किए हैं। कथाकार के रूप में अपनी पहचान बनाने वाले मार्कण्डेय के कहानी-संग्रह 'बीच के लोग' पर सुरेन्द्र चौधरी ने 'यथार्थ की क्रान्तिकारी पंक्तिबद्धता की तलाश', यशपाल के उपन्यास 'मेरी तेरी उसकी बात' पर डॉ. बच्चन सिंह का लेख 'बेमेल तथ्यों की ऊब' सतीश जमाली के कथा-संग्रह प्रतिबद्ध पर मधुरेश जी ने 'व्यवस्था के विरोध की रणनीति' एवं गिरिराज किशोर के उपन्यास 'दो' पर ओमप्रकाश ग्रेवाल की समीक्षा 'अस्तित्ववादी बोध का एक और संस्करण' सराहनीय है। विश्वम्भर नाथ मानव ने 'आवारा मसीहा' पर 'हिन्दी का गौरव ग्रन्थ' नाम से तथा 'तमस' पर कर्णसिंह चौहान ने 'मानव विडम्बना और सामाजिक यथार्थ' नाम से लेख प्रस्तुत किए हैं।

लगभग पन्द्रह वर्ष के सुदीर्घ अन्तराल के बाद मई 1990 ई. में कथा पत्रिका का छठा अंक प्रकाश में आया। इस अंक में एक नएपन को भी जोड़ा गया जो सम्पादकीय 'प्रवेश' नाम से निकलती थी अब उसे बदलकर 'अपनी बात' रखा गया। सम्पादक ने जीवन और समाज से जुड़ी हुई प्रगतिशील साहित्यिक चिन्तन-दृष्टि में विसंगतियों को कोई अनहोनी नहीं माना है किन्तु उसे एक स्वाभाविक क्रिया जरूर मानते हैं। रचनाकार को अनेक संघर्षों का सामना भी करना पड़ता है क्योंकि वह समाज के यथार्थवादी एवं कटु पहलुओं को अपने लेखन मात्र से व्यक्त करता है। स्त्रियों को भोग की वस्तु मानकर जिस प्रकार उसके साथ अभद्रता की जा रही है वह भी पशुवृत्ति के समान माना है। सम्पादक ने आजादी के बाद के उस परिदृश्य की भी बात की जहाँ यथार्थ ही रचना का मुख्य आधार था क्योंकि आजादी के बाद ''नई कहानी के लेखकों ने यथार्थ के साक्ष्य की बात उठाकर आधुनिकतावादियों की मृत्युगामी रचनात्मक दृष्टि और प्रगतिवादियों की काल्पनिक क्रान्तिधर्मिता से दोहरा

संघर्ष किया। स्वतन्त्रता प्राप्ति के बाद के भारत की एक वास्तविक तस्वीर इस समय लिखी गई कहानियों में देखी जा सकती हैं।''

इस संग्रह में 'बोधिसत्व' की ग्यारह कविताओं को सम्मिलित किया गया है और हरीशचन्द्र पाण्डे, निशीथ और अमित कुमार सिंह की कविताएँ भी इस अंक में छपी है। इसके साथ ही केदारनाथ सिंह के कविता-संग्रह 'अकाल में सारस' पर दूधनाथ सिंह की एक टिप्पणी 'कठिन दिनों की कविताई' छपी है। आनंद प्रकाश गुप्त ने भैरव प्रसाद गुप्त के कृतित्व एवं उनके व्यक्तित्व पर एक लम्बा लेख लिखा है। कहानी में शेखर जोशी की कहानी 'नौरंगी बीमार है', नीलकान्त की 'नट' और देवीप्रसाद मिश्र की 'सुलेमान कहाँ है' नाम से इस संग्रह में प्रकाशित की गई हैं। कहानी के साथ ही दूधनाथ सिंह के प्रसिद्ध नाटक 'यमगाथा' पर डॉ. बच्चन सिंह एवं कमलेश दत्त त्रिपाठी ने समीक्षाएँ प्रस्तुत की हैं। 'पुस्तके और लेखक' में सुरेन्द्र चौधरी, परमानन्द श्रीवास्तव, सत्यप्रकाश मिश्र, बालकृष्ण पांडेय, दयाशंकर की क्रमश: 'भारतीय सर्वहारा की पतली सतह पर', 'जीवन के पक्ष में कविता', 'समकालीन आचोलना का मुहावरा', 'ईमानदार बौद्धिक की अभिशप्त डायरी', 'अतीत और वर्तमान से जुड़ी स्मृतियाँ' शीर्षक से लिखी गई समीक्षाएँ इसमें प्रस्तुत की गई हैं।

सम्पादक महोदय मार्कण्डेय ने 'कथा' के अगले अंक में 'सम्पादकीय शीर्षक' 'अपनी बात' को बदलकर 'सम्पादकीय के बहाने' कर दिया। यह अंक अक्टूबर 1992 को प्रकाश में आया। इसके सम्पादकीय में मार्कण्डेय ने उस अस्सी प्रतिशत जनता की पीड़ा की बात कही है जो हर प्रकार से दु:खी थी। वह जनता ऐसे रोगों से ग्रस्त थी जो साम्प्रदायिकता, धर्म, अन्धविश्वास, अशिक्षा और बिना किसी पनाह के अपना जीवन व्यतीत कर रही थी। दूरदर्शन जैसे राष्ट्रीय चैनल के अतिरिक्त अनेक चैनलों के प्रारम्भ होने एवं उसमें अश्लील चीजों को दिखाने पर भारी क्षोभ व्यक्त किया है। सम्पादक का मानना है कि पूँजीवादी शक्तियों के चलते हमारी संस्कृति बिगड़ती जा रही है। इस अंक में अनेक नवीन विषयों को लेकर लिखा गया है। सम्पादक मार्कण्डेय कथा-7 के अंक के विषय में कहते हैं-''इस अंक में धर्म पर एक पुरानी परिचर्चा दी गई है। उसमें हिस्सा लेने वाली विभूतियों के परिचय यह मानकर नहीं दिए गए हैं कि पाठकों का इतिहास बोध इतना क्षीण नहीं है।'' जिस परिचर्चा को इस अंक में प्रकाशित किया गया है वह 'माया' पत्रिका में 1965 ई. में प्रकाशित हो चुकी थी। धर्म सम्बन्धी विषय पर सुमित्रानन्दन पन्त ने 'धर्म का भविष्य' गोवलकर जी ने 'धर्म सम्बन्धी कुछ विचार' और दामोदर गोस्वामी ने 'क्रान्ति की आवश्यकता' में अपने विचारों को व्यक्त किया है। पन्त जी

ने अपने लेख में मनुष्य धर्म को ही वास्तविक धर्म माना है जबकि रहमान साहब ने 'धर्म और विज्ञान' में धार्मिक व वैज्ञानिक धर्म में अन्तर बताया है।

बोधिसत्व के काव्य-संग्रह 'सिर्फ-कवि नहीं' पर संकलित कविताओं में नामवर सिंह, सत्यप्रकाश मिश्र तथा लाल बहादुर वर्मा ने अपने विचारों को व्यक्त किया है। इसके साथ ही तीन कविताएँ-'गेंद', 'चिट्ठी' एवं 'पूरब-पश्चिम' भी छपी हैं। कवि अनिल सिंह की 'पहला उपदेश', 'महान कवि', 'घर की औरतें', 'उसके बारे में', 'एक हम उम्र दोस्त के प्रति' आदि कविताएँ प्रकाशित की गई हैं। कविताओं के साथ ही इस अंक में प्रत्येक अंक की भाँति कहानियाँ भी प्रकाशित की गई हैं, जिसमें दूधनाथ सिंह की 'काशी नरेश से पूछो', सुरेश कांटक की 'ठाकुर जी' तथा कवि रूप में जाने जानेवाले हरीशचन्द्र पाण्डे की प्रथम कहानी 'दस चक्र राजा' को स्थान दिया गया है। रामजी राय ने 'एक यूरो-इण्डियन का आत्मबिम्ब' नामक लेख निर्मल वर्मा की पुस्तक 'भारत और यूरोप' को लेकर लिखा गया है जबकि शेखर जोशी के कहानी-संग्रह 'नौरंगी बीमार है' पर आनंद प्रकाश ने 'आलोचना के सामने प्रश्न बनती रचना' पर अपने विचार व्यक्त किए हैं। इसके अतिरिक्त अरुण माहेश्वरी, परमानन्द श्रीवास्तव, सत्यप्रकाश मिश्र, सदानंद शाही आदि लेखकों के लेखों को इस संग्रह में प्रकाशित किया गया है।

'कथा' का अंक-8 पाँच वर्ष के बाद 1997 ई. में प्रकाशित हुआ। इस अंक में पुन: सम्पादकीय का शीर्षक बदलकर 'दो शब्द' रख दिया गया। लेखक होने के कारण तथा साहित्य से जुड़े रहने के कारण भी मार्कण्डेय के हृदय में साहित्य के प्रति गहरी आत्मीयता थी, किन्तु समाज में साहित्य की स्थिति को देखकर वह इतने दु:खी हैं कि उनकी पीड़ा हर बार सम्पादकीय में दिखाई पड़ जाती है जहाँ साहित्य की स्थिति को वे व्यंग्यात्मक रूप में व्यक्त करते हैं। इस अंक में बी.टी. रणदिवे का साक्षात्कार सत्तर के दशक में लिया गया था किन्तु ये कुछ कारणों से प्रकाशित नहीं हो पाया था। इस साक्षात्कार को 'आज के भारत के लिए एक नया विश्वविद्यालय' नाम से प्रकाशित किया गया है, जिसमें रणदिवे ने अपने विचार व्यक्त करते है।

सातवें अंक में छपी अनिल कुमार की चौदह कविताओं की भाँति इस अंक में भी अरुण कमल की 'जिस पर बीता', 'सन्निपात', 'प्रधान की अनिद्रा', 'देवभाषा', 'रसोई', 'एक अजीब दिन' आदि कुल चौदह कविताएँ छपी हैं। इसके साथ ही सन्तोष कुमार चतुर्वेदी की 'भोर का सपना', विवेक निराला की 'मैं लौट रहा हूँ', शिवेन्द्र की 'तुम्हारे कितना न बन पाने पर' और श्री प्रकाश शुक्ल की 'अपनी तरह के लोग' नामक कविताएँ संकलित हैं। 'स्मरण' में कुल तीन लेख

दिए गए हैं जिसमें अरुण माहेश्वरी ने अपना लेख बी.टी. रणदिवे पर दूसरा लेख भैरव प्रसाद पर तथा तीसरा लेख ए.आर. देसाई पर लिखा है। यह तीनों लेख अपने-अपने रूप से उत्कृष्ट हैं।

कहानी में रवीन्द्र नाथ कालिया की 'जरा सी रोशनी', हरीशचन्द्र पाण्डे की कहानी 'वह फूल छूना चाहती है' तथा सुरेश कांटक की 'वह काला बदरंग चेहरा' नामक तीन कहानियों को महत्त्वपूर्ण स्थान दिया गया है। छायावादी कवि निराला पर भी कुछ कविताएँ, पत्र एवं लेख को स्थान दिया गया है। 'पुस्तकें और लेखक' में रामविलास शर्मा एवं केदारनाथ अग्रवाल के बीच हुए संवाद को शिवकुमार मिश्र ने 'साक्षी है शताब्दी के छह दशकों का समय' में व्यक्त किया है साथ ही सुरेन्द्र चौधरी, डॉ. बच्चन सिंह, नंद किशोर नवल, नीलकान्त सत्यप्रकाश आदि लेखकों के लेख सम्मिलित हैं। सम्पादक मार्कण्डेय ने 'दो शब्द' में साहित्य के प्रति अपनी संवेदना को व्यक्त किया है। उनका मानना है कि "बहुत दबाव है- संस्कृति के समूचे ताने-बाने पर। साहित्य पर तो और भी। सच्चाईयों का मोहरा पूँजीपतियों, साम्राज्यवादियों, उनके दलालों और पिट्ठुओं की चपेट में है। अब तो वे उसे बेधड़क अपनी चालों में इस्तेमाल कर रहे हैं। सीना ठोंककर लोकतान्त्रिक संस्थाओं की खिल्लियाँ उड़ाने पर उतर आए हैं। उनका इरादा इस महादेश की मान्य, जनवादी लोक-नीति को बदल देने का है। मुट्ठी भर नकाबपोश तन्त्र का संचालन कर रहे हैं, सरकार चाहे जिस किसी की हो।" मार्कण्डेय ने इस वक्तव्य में पूँजीपतियों, साम्राज्यवादियों और दलालों पर करारा व्यंग्य करते हुए साहित्य की स्थिति को भी चित्रित किया है।

सन् 1999 ई. में 'कथा' का अंक-9 प्रकाशित हुआ। इस अंक में ही सहायक सम्पादक के रूप में सन्तोष कुमार चतुर्वेदी के नाम को जोड़ा गया। सन्तोष कुमार चतुर्वेदी युवा कवि के रूप में जाने जाते हैं जिन्हें मार्कण्डेय ने अपना सान्निध्य प्रदान किया। सन्तोष जी ने 1999 ई. से 2010 ई. तक पूरी मेहनत और लगन के साथ इस पत्रिका में काम किया किन्तु मार्च 2010 में मार्कण्डेय के निधन के पश्चात् वह 'कथा' पत्रिका के सम्पादक मण्डल से अलग हो गए और वर्तमान समय में स्वयं की एक पत्रिका 'अनहद' नाम से निकालने लगे। मार्कण्डेय और सन्तोष जी का रिश्ता पिता-पुत्र से कम नहीं था। काम के प्रति सन्तोष जी की रुचि देखकर मार्कण्डेय को बड़ी प्रसन्नता होती थी।

मार्कण्डेय ने इस अंक की सम्पादकीय में प्रिंट मीडिया विशेषकर अखबारों और इलेक्ट्रॉनिक मीडिया में साहित्य के लिए कम स्थान को देखकर चिन्तित हैं। वह यह भी मानते हैं कि कथा, कविता एवं उपन्यास की विषय-वस्तु अब यथार्थ

से जुड़ने लगी है। इसका कारण बताते हुए वह कहते हैं कि-''गरीबी, अशिक्षा, बेरोजगारी ने आज अनेक लेखकों को सामाजिक परिस्थितियों के यथार्थ की ओर आकृष्ट किया है। एक बार फिर वे तात्कालिक हालात पर गहराई से सोच-विचार कर रहे हैं। इधर खासकर कविताओं, कहानियों और उपन्यासों पर ऐसे प्रभाव परिलक्षित हो रहे हैं, जो हमें आज के जीवन की सच्चाईयों से रू-बरू करते हैं।'' तत्कालीन समय की शिक्षा व्यवस्था को लेकर वीरभारत तलवार ने 'शिखा पर औपनिवेशिक राज्य का नियन्त्रण' नामक लम्बे लेख में शिक्षा की व्यवस्था पर अपने विचार व्यक्त किए हैं। इस अंक में अशोक वाजपेयी, बोधिसत्व तथा पंकज चतुर्वेदी की कविताएँ सम्मिलित हैं। सन्तोष कुमार चतुर्वेदी का एक आलेख छपा है जो कि प्रख्यात कथाकार शेखर जोशी के पहल सम्मान-17 पर आद्धृत है। इस सम्मान समारोह में सम्मिलित मार्कण्डेय, पहल सम्मान के संयोजक ज्ञानरंजन, रामकमल राय आदि के दिए गए वक्तव्यों को भी इसमें स्थान दिया गया है तथा अमरकान्त के बधाई पत्र को भी सम्मिलित किया गया है। लेख के बाद इस अंक में विद्यासागर नौटियाल की कहानी 'यह बामणपन टूटे', नासिरा शर्मा की 'पाँचवाँ बेटा', ममता कालिया की 'सुरक्षा का आतंक', सतीश जमाली की 'जंग जारी' तथा कृष्ण मोहन की 'इंकार' नामक इन पाँच कहानियों को स्थान दिया गया है। उपन्यास विधा में भी भैरव प्रसाद गुप्त के उपन्यास 'छोटी सी शुरुआत' पर आनंद प्रकाश एवं लाल बहादुर वर्मा ने क्रमशः 'भैरव प्रसाद गुप्त का अपने वक्त से सवाल जवाब' तथा 'बड़ी सी शुरुआत छोटी हो गई' में साहित्य, समाज एवं इतिहास की दृष्टि से महत्त्वपूर्ण प्रश्नों को उठाया है। इसके साथ मैत्रेयी पुष्पा के 'चाक' नामक प्रसिद्ध उपन्यास पर परमानन्द श्रीवास्तव एवं खगेन्द्र ठाकुर ने क्रमशः 'गल्प के स्वभाव तथा वृत्तान्त के स्वरूप में हस्तक्षेप किए बगैर' तथा 'आधुनिक संस्कृति के निर्माण की कथा' नामक लम्बे शीर्षक के लेख में गाँव के यथार्थ को उजागर किया है। 'कथा' के इस अंक में प्रणय कृष्ण का लम्बा लेख 'परम्परा और अज्ञेय की प्रेम कविता' तथा अरुण माहेश्वरी का 'एक अहम प्रश्न लेखक की विचारधारा का है' नाम से छपा है जिसमें माहेश्वरी जी ने भैरवप्रसाद गुप्त तथा अलका सरावगी के उपन्यासों का तुलनात्मक विवेचन किया है। 'पुस्तकें और लेखक' में अरुण कमल के काव्य-संग्रह 'नए इलाके में', प्रदीप सक्सेना की पुस्तक 'सन सत्तावन और नवजागरण' पर क्रमशः राजेश जोशी व वीर भारत तलवार ने अपने-अपने लेखों में चर्चा की हैं इस अंक में नासिरा शर्मा, विद्यासागर नौटियाल तथा प्रणय कृष्ण की रचनाएँ एवं लेख को पहली बार स्थान मिला है।

'कथा' का दसवां अंक 2000 में प्रकाश में आया। यह अंक प्रत्येक अंक की अपेक्षा जल्दी ही प्रकाशित हुआ। सम्पादकीय में मार्कण्डेय ने यह भी बताने का प्रयास किया है कि इस अंक के माध्यम से वह पाठक तक बहुत कुछ पहुँचाना चाहते थे किन्तु नहीं पहुँचा पाए। इस अंक की सम्पादकीय जो कि दुर्गा प्रसाद सिंह की किताब 'प्रगतिशील साहित्य की जिम्मेदारी' में 'साहित्य के अछूते प्रसंग' नाम से छपी है। अपनी समस्या को इन वक्तव्यों के माध्यम से मार्कण्डेय बड़े ही सहज शब्दों में व्यक्त करते हैं और सम्पादकीय में 'साहित्य में नकली तथा बनावटी चेहरों की उपस्थिति में 'चिन्ता व्यक्त करने के साथ ही इस बात का सुकून महसूस करते हैं कि समाज के निचले वर्ग को अब कथा एवं उपन्यासों में प्रमुख स्थान मिल रहा है। भक्तिकालीन कवि कबीर के सन्दर्भ में शुकदेव सिंह ने 'कबीर के बोल : समंद आकासां धावा' शीर्षक लेख में विस्तारपूर्वक बात की है, जिसमें उनकी भाषा, बोली, ज्ञान आदि सम्मिलित है। इसके अतिरिक्त हरीशचन्द्र पाण्डे, सन्तोष कुमार चतुर्वेदी, बोधिसत्व, रविकान्त आदि कवियों की कविताएँ भी प्रकाशित की गई हैं तथा सुरेश कांटक, सोहन शर्मा, वसु मालवीय, रश्मि कुमार तथा प्रभात रंजन की क्रमशः 'चाल', 'मिसिर मालिक की जमीन', 'छायाएँ बड़ी हो गईं, 'अभिनय' तथा 'लापता' नामक कहानियाँ भी प्रकाशित हुई। नागार्जुन के स्मरण में विजयबहादुर सिंह ने उनके जीवन की कुछ घटनाओं को 'वह मिलीटरी का बूढ़ा घोड़ा' मे संकलित किया है। नीलाभ के द्वारा लिखा गया नाटक 'यर्मा' के विषय में अनिल रंजन भौमिक के जीवनवृत्त को बताकर नीलाभ ने अपने विचारों को व्यक्त किया है। समालोचना में नासिरा शर्मा के दो कहानी-संग्रह 'सबीना के चालीस चोर' तथा 'खुदा वापसी' पर परमानन्द श्रीवास्तव ने 'मुस्लिम समाज जो गजल ही नहीं, मर्सिया भी है' नाम से अपनी टिप्पणी की है। नासिरा शर्मा के कहानी-संग्रह के साथ ही कमलकान्त त्रिपाठी के दो उपन्यास (पाहीघर, बेदखल) की समीक्षा वीरेन्द्र यादव ने की है। पुस्तकें और लेखक में सत्यप्रकाश मिश्र ने 'रातदिन गर्दिश में है सात आसमान' (असगर वजाहत-सात आसमान), खगेन्द्र ठाकुर ने 'नारी भक्ति की नई कथा' (मैत्रेयी पुष्पा-झूला नट), राजकमल राय ने 'नारी की शाश्वत नियति का एक साक्षात्कार (वीणा सिन्हा-प्रथप्रज्ञा) नामक शीर्षकों पर उपन्यास की विषय-वस्तु को लेकर चर्चा की है तथा आलोचक मधुरेश की पुस्तक 'नई कहानी: पुनर्विचार' पर कृष्णमोहन ने समीक्षा व्यक्त की है और ममता कालिया ने सरला महेश्वरी की पुस्तक 'नारी प्रश्न' पर 'नारी चेतना पर सार्थक चिन्तन' नाम से एक समीक्षा लिखी है।

सन् 2006 में कथा-11 दिसम्बर में प्रकाशित हुई। कथा-9 में मार्कण्डेय ने 'दो शब्द' में इस बात की प्रसन्नता व्यक्त की है कि निचले वर्ग के लोगों को पात्रों

के रूप में उपन्यास एवं कहानियों में स्थान दिया जा रहा है, किन्तु जब मार्कण्डेय किसान वर्ग के जीवन को किसी भी प्रकार के बदलाव से जुड़ता हुआ नहीं देखते तो दुख के साथ वह अपनी बात रखते हुए कहते हैं कि ''हमारे समय का रचनाकार अपनी रचनाशीलता में इस भयावह सच को व्यक्त नहीं कर पा रहा है।'' इस अंक में उपन्यास सम्राट प्रेमचन्द की जयंती के उपलक्ष्य में दो लेख शिवकुमार मिश्र (प्रेम की समकालीनता) और नंद किशोर नवल (प्रासंगिकता का सवाल और प्रेमचन्द) प्रस्तुत किए गए हैं। कविता के कुछ नवीन शीर्षक भी इसमें सम्मिलित किए गए हैं। निर्मला पुतुल और स्व0 अनन्ता सिंह नामक दो कवयित्रियों की कविताओं को भी दर्शाया गया है। मार्कण्डेय के अन्दर यह खूबी थी कि वह नवीन लेखों व कविताओं को छापने में तनिक भी नहीं हिचकिचाते थे। कवि के रूप में भी कुछ लोगों की कविताएँ हैं जिसमें युवा कवि सन्तोष कुमार चतुर्वेदी की 'बरगद', हीरालाल की 'कुएँ में', 'सोच', रविकान्त की 'समय', 'फिर धूप अच्छी लगने लगी', अंशुल त्रिपाठी की 'पिघलती हुई घड़ियाँ', 'आसवारी' आदि कवि की कविताओं को दर्शाया गया है। इसके साथ ही ममता कालिया की 'छोटे खिलाड़ी' हरीशचन्द पाण्डे की 'इस पार' मैत्रेयी पुष्पा की 'गुल्लू', मनीष द्विवेदी की 'रुपया' आदि कहानीकारों की कहानियों को इस अंक में प्रकाशित किया गया है।

'स्मृतिशेष' में ओम प्रकाश ग्रेवाल के मृत्योपरान्त उनकी याद में चंचल चौहान, आनंद प्रकाश तथा रमेश उपाध्याय के क्रमशः 'ओमप्रकाश ग्रेवाल: आलोचनात्मक परिप्रेक्ष्य', 'ओम प्रकाश ग्रेवाल और आलोचकीय व्यवहार की भूमिका' तथा 'ओम प्रकाश ग्रेवाल के न रहने का मतलब' नामक शीर्षक से तीन लेखों पर उनके जीवन और उनके आलोचनात्मक रूप को शब्दबद्ध किया गया है। इतिहासकार लालबहादुर वर्मा ने 'आज का भारत: ऊपर से, नीचे से, बाएँ से, दाएँ से अलग-अलग' में भारत देश की वर्तमान स्थिति पर नजर डाली है। नवसाम्राज्यवाद एवं भूमण्डलीकरण से जूझ रही कविता पर बलभद्र सिंह ने 'भोजपुरी में विस्थापन के काव्य-प्रसंग' जैसे नवीन विषय पर लेख लिखा है। 'पुस्तकें और लेखक' में विष्णु खरे के काव्य-संग्रह 'काल और अवधि के दरमियान' पर नंद किशोर ने, अनिल कुमार सिंह के काव्य-संग्रह 'पहला उपदेश' पर परमानन्द श्रीवास्तव ने, हरीशचन्द्र पाण्डे के काव्य-संग्रह 'एक बरुंश कहीं खिलता है' पर प्रणय कृष्ण ने तथा श्रीप्रकाश के उपन्यास 'रूप-तिल्ली' की कथा पर चन्द्रप्रकाश ने अपने-अपने विचारों को व्यक्त किया है। इसके अतिरिक्त परमानन्द श्रीवास्तव, मैनेजर पांडेय, केदारनाथ सिंह, नामवर सिंह आदि लोगों के लेख व विचारों को व्यक्त किया गया है।

कथा-12 का प्रकाशन 2007 में हुआ। नई कहानी आन्दोलन के बाद समान्तर कहानी और अ-कहानी में इस बात को उठाने का प्रयत्न किया है कि किस तरह नए-नए लोग इन विषयों पर लिख रहे हैं, किन्तु वर्तमान समय में लिखी जा रही रचनाओं को मार्कण्डेय हर आन्दोलन से मुक्त मानते हैं। मार्कण्डेय कहते हैं कि ''रचना तो लड़ना जानती है। सारे दाँव-पेंच में माहिर है। लड़ती रही है और लड़ती रहेगी।'' रचना में किसी भी प्रकार का बन्धन नहीं चल सकता शायद इसीलिए कविताएँ, कहानियाँ और उपन्यास एक-दूसरे से आगे होने के चक्कर में बेधड़ल्ले से लिखे जा रहे हैं। आगे निकलने के चक्कर में कोई ऐसी विधा नहीं है जिसने सबका ध्यान अपनी ओर आकृष्ट कर लिया हो। इसीलिए इन विधाओं में एक अलगाव की स्थिति दिखाई पड़ रही है। बहरहाल यह अंक कुछ नवीन विषय-वस्तुओं को लेकर पुनः प्रकाशित हुआ। इस अंक में 'पूर्व सम्पादकीय' नाम से एक नए अध्याय में वीर भारत तलवार के लेख 'बगावत और वफादारी' को सम्मिलित किया है। इसके साथ ही मलिक मुहम्मद जायसी के ऊपर लिखे गए लेखों को भी दर्शाया गया है, जिसमें हेरम्ब चतुर्वेदी का 'जायसी एवं उनका समय' नामक लेख में जायसी के जीवनवृत्त और उनके समय काल पर चर्चा की है। बच्चन सिंह ने अपने लेख 'कवि के बोल तथा विरह की छाया' में जायसी को कवि रूप में दर्शाते हुए उनके विरह के प्रिय विषय को व्यक्त किया है। जायसी पर तीसरा लेख वागीश शुक्ला का 'जायसी और अलाउद्दीन' नाम से छपा है, जिसमें उन्होंने अकबर एवं शेरशाह के चरमोत्कर्ष का वर्णन करते हुए अनेक विषयों का जिक्र किया है। इन तीन लेखकों के लेख में जायसी के विशाल चरित्र को दर्शाया गया है साथ ही उनके कृतित्व की ओर भी दृष्टि डाली गई है। 'कथा' के इस अंक में 'आज के कवि' नाम से इस शीर्षक में उन कवियों की कविताओं को सम्मिलित किया गया है जो अभी नए थे। कहने का तात्पर्य है कि नवयुवा कवि की नवीन कविताओं को भी 'कथा' पत्रिका ने जगह देकर उनका प्रोत्साहन बढ़ाया। इन नए कवियों की कविताओं में सुधांशु उपाध्याय की 'एक लकड़ी उदास', 'बड़े काम', हीरालाल की 'उम्मीद', 'तुम', विवेक निराला की 'स्मृतियों के भीतर और बाहर', उद्‌भ्रान्त की 'मारामारी' आदि को स्थान दिया गया है। 'पुस्तकें और लेखक' में राजेन्द्र यादव के उपन्यास 'एक था शैलेन्द्र' पर नीलकान्त ने 'सेक्स का कूड़ादान', 'कुणाल सिंह के कहानी-संग्रह 'रुनातन बाबू का दाम्पत्य' पर मधुरेश ने 'बुरे और कठिन समय में कहानी' नाम से समीक्षाा व्यक्त की है। साथ ही देवेन्द्र आर्य के दो गज़ल-संग्रह, सुरेश कांटक एवं उदय प्रकाश के कहानी-संग्रह पर क्रमशः विश्वनाथ प्रसाद तिवारी, बलभद्र एवं विजय बहादुर सिंह ने अपने विचारों को

व्यक्त किया है। उपर्युक्त लेखकों के अलावा भी और लेखकों एवं लेखों को इस संग्रह में समाहित किया गया है।

साहित्य जगत में पुन: कथा-13 का अवतरण 2008 ई. में प्रकाशित हुआ। सहायक सन्तोष कुमार चतुर्वेदी के जुड़ने पर इस पत्रिका में एक बदलाव आया और वह बदलाव था समय की नियमितता का। जहाँ कथा कई-कई सालों के अन्तराल में निकलती थी वहीं 1999 के बाद वह लगभग हर साल प्रकाशित होने लगी। कथा एक ठोंस पत्रिका थी और उस समय कथा में लेखों का छपना गौरव की बात मानी जाती थी। इसकी सम्पादकीय 'दो शब्द' में मार्कण्डेय ने बड़े ही कम शब्दों में अपने विचारों की पुष्टि की है। वह प्रारम्भ में ही बताते हैं कि कथा का यह अंक विदर्भ के किसानों पर केन्द्रित है। कथा समय एवं समाज की वास्तविकता को उजागर करनेवाली बहुत ही महत्त्वपूर्ण पत्रिका है। सम्पादक कथा के विषय में बताते हुए कहते हैं-"कथा आज की स्थितियों की सच्चाइयों को उजागर करने के लिए ही सम्पादित होती है और देर-देर से प्रकाशित होने पर भी पाठक उसे हमेशा अपने साथ पाते हैं।" कथा के इस अंक में 'पूर्व सम्पादकीय', 'विशिष्ट अध्ययन', 'स्मृतिशेष', 'कला संस्कृति', 'तीन कहानियाँ', 'समालोचना', 'कविताएँ' तथा 'पुस्तकें और लेखक' नामक शीर्षक के अन्तर्गत विभिन्न लोगों के लेखों को समाहित किया गया है।

विदर्भ के किसानों की स्थिति एवं उनकी परिस्थितियों को 'पूर्व सम्पादकीय' में प्रकाशित किए गए सरजू प्रसाद मिश्र के लेख 'विदर्भ के किसानों की आत्महत्याएँ' एवं पुण्य प्रसून वाजपेयी के लेख 'बंजर अर्थव्यवस्था' में व्यक्त किया गया है। छायावाद की प्रसिद्ध कवयित्री महादेवी वर्मा को 'विशिष्ट अध्ययन' के अन्तर्गत नंद किशोर नवल, विजय बहादुर सिंह एवं मृदुला गर्ग के क्रमश: 'महादेवी वर्मा का आलोचनात्मक गद्य', 'सपने सिर्फ पुरुष के नहीं होते' तथा 'महादेवी का द्विपक्षी रचना-संसार' नामक इन तीन लेखों के माध्यम से महादेवी के विषय में बहुत कुछ नवीन जानकारी पढ़ने को मिलती है। यहाँ तक कि मृदुला गर्ग ने अपने लेख में महादेवी वर्मा की तुलना फ्रांस की लेखिका 'सिमोन द बोवा' से किया है। 'स्मृतिशेष' में डॉ. बच्चन सिंह को स्मरण करते हुए मार्कण्डेय जी के पत्र को सम्मिलित किया गया है इसके साथ ही विजय मोहन सिंह ने 'स्मृतियों में डॉ. बच्चन सिंह' पर अपना संस्मरण प्रस्तुत किया है और शिवकुमार मिश्र ने 'डॉ. बच्चन सिंह: वैदुध्य और इंसानियत का मणिकांचन संयोग था जिनका सारस्वत व्यक्तित्व' नामक लेख में बच्चन सिंह के जीवन के विषय में बताया है। जहाँ एक ओर कहानियों में ममता कालिया की 'इलाज', सुरेश कांटक की 'निदान', कैलाश बनवासी की 'उसकी दुनिया', श्याम बिहारी श्यामल की 'सीधान्त' एवं विमलचन्द्र

पांडेय की 'चश्मे' को सम्मिलित किया गया है, वहीं दूसरी ओर राजेश जोशी की 'दाढ़ी की दिक्कतें', 'मुश्किल आसानियाँ' आदि कविताओं के अतिरिक्त राकेश रंजन, शिवकुटी लाल वर्मा, देवेन्द्र आर्य, हीरालाल, विजय प्रताप सिंह आदि नए कवियों की कविताएँ भी प्रकाशित की गई हैं। 'पुस्तकें एवं लेखक' में नमिता सिंह, आनंद प्रकाश, कुँवर पाल सिंह, परमानंद श्रीवास्तव, राजेन्द्र कुमार आदि अनेक लोगों के लेख इस अंक में दिए गए हैं। हरीश भादानी की 75वीं सालगिरह पर अरुण माहेश्वरी ने उनके विशाल व्यक्तित्व की छवि का अंकन किया है।

मार्कण्डेय के सम्पादकत्व में कथा का अंक-14 अन्तिम अंक रहा क्योंकि मार्कण्डेय का मार्च 2010 में देहावसान हो गया। शायद मार्कण्डेय को इस बात का अंदाजा भी नहीं रहा होगा कि यह अंक सम्पादकीय उनकी अन्तिम सम्पादकीय है। यह अंक अक्टूबर 2009 को प्रकाशित हुआ। इस अंक की सम्पादकीय में मार्कण्डेय ने बड़े ही सहज एवं सरल शब्दों में अपने जिज्ञासु लोगों द्वारा पूछे गए सवाल का उत्तर दिया है। वह यथार्थवादी दृष्टिकोण रखते हुए समाज की सच्चाई को उजागर करते हुए कहते हैं-"स्वतन्त्रता के इतने दिनों बाद भी सामन्तवादी सारे संस्थागत परिवर्तनों को रोककर पहाड़ की तरह खड़ा है। भूमि-सुधार का सपना आज तक पूरा नहीं हुआ। जातिवाद दिन-पर-दिन बढ़ता ही जा रहा है। अब तो लोग दिन-पर-दिन उसका साथ देकर लोकतन्त्र को जातिवाद का औजार बना चुके हैं। हम थोड़ी और गहराई से देखें तो अब वे हमारे देश की राजनीति में अगुआ की भूमिका अदा कर रहे हैं।" इस तरह अपने विचारों को रखते हुए मार्कण्डेय रचनाकार से सब-कुछ समझने की अपेक्षा करने की बात करते हैं।

इस अंक में समालोचना के दो कॉलम दिए गए हैं। समालोचना एक में चन्द्रकान्त देवताले की कुछ कविताओं को प्रकाशित करते हुए उन पर दो लेख भी प्रकाशित किए हैं। समालोचना दो में अशोक वाजपेयी की कुछ कविताओं को छापने के साथ ही उनके काव्य-संग्रह 'दुःख चिट्टी रसा है' पर परमानन्द श्रीवास्तव एवं पंकज चतुर्वेदी ने अपने विचार व्यक्त किए हैं। आज के कवि में केशव तिवारी, नीलेश रघुवंशी, रविकान्त, अंशुल त्रिपाठी और विजय प्रताप सिंह की कविताओं को सम्मिलित करने के साथ ही कुमार अम्बुज (मन्दिर चौराहा), हरीशचन्द्र पांडेय (कुंता), प्रत्यक्ष (स्वप्नगीत) आदि कहानियों को समाहित किया गया है। 'पुस्तकें और लेखक' में कृष्णदत्त पालीवाल ने गोपाल चतुर्वेदी के व्यंग्य-संग्रह 'धांधलेश्वर' पर 'संस्कृति-सभ्यता' के लोकाकाण्ड में 'रावण की विजय' नाम से लेख प्रस्तुत किया। इसके अलावा वीर भारत तलवार की पुस्तक 'झारखंड के आदिवासियों के बीच' पर श्रीप्रकाश ने 'झारखंड के आदिवासियों पर एक जरूरी किताब' के नाम

से लेख प्रस्तुत किया है। खगेन्द्र ठाकुर, मधुरेश, बलराज पांडेय, चन्द्रप्रकाश पांडेय, सुधांशु उपाध्याय आदि लोगों के लेखों को सम्मिलित किया गया है।

इस तरह कथा के चौदह अंक मार्कण्डेय के सम्पादकत्व में प्रकाशित हुए। मार्कण्डेय ने कथा के प्रत्येक अंक को पूरी ईमानदारी और लगन के साथ निकाला जिसके कारण यह पत्रिका 'मील का पत्थर' साबित हुई। इस पत्रिका के विषय में भगवान सिंह कहते हैं-"कथा एक अनियतकालीन पत्रिका रही है, उसके प्रत्येक अंक को वह अपनी निजी कृत की तरह बड़ी आत्मीयता से प्रकाशित करते थे।" मार्कण्डेय की पत्रिका प्रारम्भ में कुछ विलम्ब से प्रकाशित हुई लेकिन 1999 के बाद इसमें स्थिरता आई और यह हर साल प्रकाशित होने लगी। डॉ. कमलेश सिंह ने शिवकुमार मिश्र से जब मार्कण्डेय के विषय में साक्षात्कार किया तो उन्होंने मार्कण्डेय के सम्पादक रूप के विषय में सफलता पूछी। शिवकुमार मिश्र ने कमलेश को इसका उत्तर देते हुए कहा-"कथा पत्रिका का सम्पादन मार्कण्डेय की विशिष्ट उपलब्धि है। 'कथा' के जरिए मार्कण्डेय ने समकालीन साहित्यिक परिदृश्य पर गम्भीर विषय के लिए मार्ग प्रशस्त किया। अखिल भारतीय स्तर पर चर्चित बहुतेरे रचनाकार 'कथा' पत्रिका की देन है। नई रचनाकार-प्रतिभाओं के लिए 'कथा' ने वे सारे अवसर दिए जो जरूरी थे। कथा विधा के अलावा साहित्य की दीगर विधाओं से जुड़े सवाल तथा समस्याएँ भी उसमें विमर्श के केन्द्र में रही। 'कथा' पत्रिका अपने समय की विशिष्ट पत्रिका मानी गई, जिसे इस विशिष्टता तक पहुँचाने में मार्कण्डेय ने सभी तरह के साधन जुटाए।" कथा के अंक-14 की सम्पादकीय में स्वयं मार्कण्डेय भी कहते हैं- "'कथा' में हम सदा उसके लिए वह जमीन तैयार करते रहते हैं। अब तो कहा भी जाने लगा है कि 'कथा' अकेली पत्रिका है जो भारतीय रचनाशीलता की सम्पूर्णता के लिए कठिन परिवर्तनों की घोर हामी है।" इस तरह कथा पत्रिका का हर अंक अपनी अलग पहचान बनाता हुआ विशिष्ट दिखाई पड़ता है।

निष्कर्षत: कहा जा सकता है कि मार्कण्डेय सम्पादक रूप में भी अपनी विशिष्ट पहचान बनाते हैं। अपनी इस पत्रिका के माध्यम से वह समाज की अनेकानेक विसंगतियों एवं परिदृश्यों को भी दर्शाते हैं। यह एक ऐसी साहित्यिक पत्रिका है, जिसमें अनेक दिग्गज साहित्यकारों, कवियों लेखकों आदि अनेक लोगों के लेख सम्मिलित होने के साथ ही मार्कण्डेय की कम शब्दों में सम्पादकीय भी देखने को मिलती है। इस तरह मार्कण्डेय कथाकार, उपन्यासकार, कवि, एकांकीकार, आलोचक एवं सम्पादक के रूप में अपनी सशक्त उपस्थिति दर्ज कराते हैं।

स्वातन्त्र्योत्तर हिन्दी कथाकारों में ग्रामीण-जीवन को अपनी कहानियों का विषय बनाने वाले मार्कण्डेय अपना विशिष्ट स्थान रखते हैं। आजाद भारत की दयनीय

स्थिति को देखकर मार्कण्डेय को बहुत ही ठेस पहुँची। वह भारत देश के ऐसे लोगों को आजाद देखना चाहते थे जो पूरी तरह से अत्याचार का शिकार थे। उपन्यास सम्राट प्रेमचन्द के उपन्यासों एवं कहानियों का प्रमुख विषय ऐसी जनता के प्रति था जो पूरी तरह से शोषण एवं अत्याचार को सह रही थी। आजादी के पूर्व की विसंगतियों एवं विषमताओं को प्रेमचन्द ने बड़े ही यथार्थवादी रूप में चित्रित किया है। उन्होंने अपनी रचनाओं में कहीं-कहीं ऐसे पात्रों को भी उल्लिखित किया है, जिनमें अपने हक के लिए लड़ने का साहस है। कहने का तात्पर्य है कि प्रेमचन्द ने कुछ ऐसे पात्रों को भी दृश्यांकित किया है, जिनमें प्रगतिवादी विचारधारा दिखाई पड़ती है। ऐसी ही कुछ परम्परा ग्रामीण-कथाकार मार्कण्डेय की रचनाओं में दृष्टिगत होती है। मार्कण्डेय ने कहानी एवं उपन्यासों के माध्यम से अनेकानेक पात्रों का सृजन किया है, जिनमें से अधिकांश पात्र तो शोषित पात्रों के अन्तर्गत आते हैं और कुछ ऐसे भी हैं जिनमें प्रगतिवादी चेतना दिखाई पड़ती है और वह अपने हक के लिए स्वयं जागरुक होने का प्रयास करते हैं। यदि सुरेन्द्र प्रसाद के शब्दों में कहें तो "प्रगतिवादी चेतना के आलोक में आगे बढ़ने वाले रचनाकारों, विशेषकर मार्कण्डेय की सबसे पहली उपलब्धि यह है कि उन्होंने अपने कथा-साहित्य में प्रेमचन्द की विरासत की तो रक्षा की ही, एक योग्य उत्तराधिकारी के रूप में उन्होंने बहुत कुछ मौलिक और महत्त्वपूर्ण जोड़कर सवंर्धित भी किया।" कहने का तात्पर्य यह है कि प्रेमचन्द की विषय-वस्तु को अपनी कहानियों में प्रमुखता देनेवाले मार्कण्डेय ने कुछ नवीन विषय-सन्दर्भों को अपनी कहानियों में जगह देते हुए उसे यथार्थ के रूप में प्रस्तुत किया।

मार्कण्डेय ने पचास वर्ष की दीर्घ अवधि में ही अनेक विधाओं पर लिखने का प्रयास जारी रखा, जिसमें कहानी उनकी प्रिय विधा के रूप में सामने आई। कहानी के माध्यम से उन्होंने समाज के भोगे हुए यथार्थ को बड़ी ही तन्मयता के साथ चित्रित किया है। स्त्री-शोषण, प्रेम-विवाह, पुनर्विवाह, अनमेल-विवाह, निम्नवर्ग पर अत्याचार, भुखमरी,गरीबी आदि अनेक विषयों को उन्होंने अपनी रचनाओं में दर्शाया है। इसके साथ ही ऐसे पात्रों को भी स्थान दिया है जो इन सबका विरोध करते हैं। मार्कण्डेय की अनेक कहानियों की विषय-वस्तु को पढ़कर यह कहने में कोई हर्ज नहीं कि पचास के दशक के अनेक समकालीन कहानीकारों के बीच भी मार्कण्डेय अपनी महत्त्वपूर्ण छवि बनाते हैं अर्थात् पचास के दशक के बाद के महत्त्वपूर्ण कथाकारों में मार्कण्डेय अग्रणी हैं। उन्होंने अपनी कहानियों को ग्रामीण-परिवेश से जोड़कर उसे पाठक के समक्ष प्रस्तुत किया।

●●●